田野调查实景图

卡萨马市一家餐馆的 ubwali(玉米粥)

中非一家亲——笔者与赞比亚小朋友在一起(2011年10月12日于姆巴拉)

北方省姆巴拉市郊 KAWALA 的一所小学

坦噶尼喀湖上泛舟的儿童

2020年度教育部人文社会科学研究规划基金项目(20YJA740039)成果

赞比亚本巴语语法调查研究

童芳华◎著

中国科学技术大学出版社

内容简介

本书是国内针对非洲本土语言——本巴语展开全面语法调查研究的第一本专业书籍，从调查、学习、写作到成书，前后历时十二年，内容涵括了本巴语的类标记、名词、代词、形容词、动词、副词、介词、连词以及句类句式等，揭示了本巴语的诸多语法特点。

本书基于田野调查，例词例句丰富，语法描述翔实、研究视角独特，有望带领读者走进充满魅力的本巴语世界。本书适用于高等院校语言学专业的教师、研究生以及在赞华人华侨等。

图书在版编目(CIP)数据

赞比亚本巴语语法调查研究/童芳华著. —合肥：中国科学技术大学出版社，2023.5

ISBN 978-7-312-05605-5

Ⅰ. 赞⋯ Ⅱ. 童⋯ Ⅲ. 奔巴语—语法—调查研究—赞比亚 Ⅳ. H823.4

中国国家版本馆 CIP 数据核字(2023)第 025070 号

赞比亚本巴语语法调查研究
ZANBIYA BENBAYU YUFA DIAOCHA YANJIU

出版	中国科学技术大学出版社 安徽省合肥市金寨路 96 号，230026 http://press.ustc.edu.cn https://zgkxjsdxcbs.tmall.com
印刷	安徽国文彩印有限公司
发行	中国科学技术大学出版社
开本	710 mm×1000 mm 1/16
印张	20.5
插页	2
字数	367 千
版次	2023 年 5 月第 1 版
印次	2023 年 5 月第 1 次印刷
定价	80.00 元

前　　言

长期的语言学田野调查带给我许许多多的感悟:

其一,我们确实生活在一个多彩的语言世界。语言的多样性是世界多样性的直接体现之一。据美国民族语言网(www.ethnologue.com)的统计数据,地球上已知的现存语言总数为7151门。这些形形色色的语言共同构成了五彩斑斓的人类语言画卷。在国内,中国人几乎每到一个陌生的地方,都能够听到一种有别于自己家乡话的汉语方言或者少数民族语言。与此相类似的是,当我们漫步在世界其他角落时,也几乎可以毫无悬念地听到一种充满异域风情的语言。汉语是我们的母语,是我们一生的挚爱。但是,这并不妨碍我们去探索、感知并且欣赏其他语言的美。

其二,中国人要建立以汉语为中心的全球语言高速网。长期以来,受制于各种主客观条件,我们习惯于在国际上"借道"英语、法语等语种同世界人民展开交流。这种借道可以带来一时的便利,但从长远来看,至少存在两大弊端。一是承接了当地民众对于这些语种的负面情绪。由于历史原因,许多第三世界国家虽然以英语、法语等作为官方语言,但其普通民众,甚至是学术界,对于这些舶来语言的情感是复杂的——有认可,也有排斥。此外,由于教育的不均衡性,许多当地民众的英语、法语讲得并不好。鉴于此,这些欧洲语言并不是——在很长一段时间内不可能是、更不应该永远是——我们在这些国家坐享其成的语言通行证。二是"过滤"了太多蕴含在汉语以及各国本土语言当中原汁原味的东西。例如,本巴语的"结婚"一词也有 upa("男娶")同 upwa ku/kuli("女嫁")的区别,umuti 一词既是"树"也是"药材",等等。这些单词或短语无时无刻不在折射着本巴人的生活、情感和认知。诚如语言学家帕默尔所言:语言忠实反映了一个民族的全部历史、文化,忠实反映了它的各种游戏和娱乐、各种信仰和偏见,这一点现在是十分清楚的了。

其三,汉语同其他语言之间是可以实现互联互通的。外语的可知性以及不同语言之间的可互联互通性,应该看作是辩证唯物主义可知论的一项内容。人类学认为:作为人类大家庭的共同成员,任何一个"你"和"他/她",都是在另外一种自然和社会环境下成长起来的"我",反之亦然。因此,对于中国人而言,无论我们面对的外语看起来有多么复杂,只要假以时日,就一定能够在任何陌生的语言环境当中充分掌握当地人的语言,从而在自己的母语——汉语和相关外语之间开辟出一条由此及彼的通道。

其四,要建成以汉语为中心的全球语言高速网绝非易事。人类语言大家庭的成员是如此之多,研究每一门语言所可能消耗的时间和精力是如此之巨,没有几代人的付出,高速网的建成是难以实现的。长期以来,我们在国内汉语方言、国内少数民族语言、中国周边跨境语言调查与研究领域一直保持着传统的优势地位,同国际上影响力较大的语种,如英语、法语、俄语、西班牙语、日语等,也基本上实现了"无缝对接"。但是,汉语同一些区域性大语种之间的交流则"差强人意"。举例而言,2015 年 5 月 14 日,印度总理莫迪访问中国期间,在西安大兴善寺用古吉拉特语(Gujarātī)题写留言,经四种语言接力转换才被译出。事实上,这种在中国被誉为"天书"的古吉拉特语在全球拥有 4600 万使用者,为世界第 23 大语言。至于一些影响力很小甚至是完全不知名的语言,如北美的纳瓦霍语(Navajo)、南美的阿拉瓦语(Arawak)、南太平洋的毛利语(Maori)、非洲的布须曼语(Bushman)等,国内学术界基本上"无人问津"。

对陌生语言展开语法调查就像是一次奇幻的星际之旅。心灵通达彼岸的强烈意愿以及因此而付出的所有努力，最终带来的不仅仅是惊喜，还有疲惫、困惑和无助。文中谬误在所难免，恳请将来的志同道合者不吝批评指正。

本书的出版得到了2020年度教育部人文社会科学研究规划基金项目"本巴语语法研究"（20YJA740039）的支持，衷心希望更多的学者投身到小语种的调查和研究中来。

作　者

2022年12月25日

对 译 说 明

本书包含大量本巴语实例。实例依照其在全文当中的顺序进行编号,编号置于实例左侧。实例的基本字号为"小五"。

为了在把握实例语义的同时厘清其语法结构,所有实例均同时采用对译和意译两种翻译方法。实例下方放置对译的内容。如果空间许可,意译的内容置于实例右侧,如果不许可则移至对译内容下方。例如:

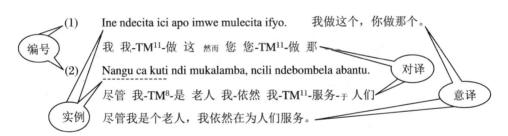

实例大多为语法层次很高的句子或短语。由于语言的层次性,句子或短语都是由语法层次较低的词或词素构成的。如上所示,我们的对译对象不是句子和短语,而是作为句子或短语"细胞"的词或词素。

根据其词义、形态、句法功能等特点,词可以分为不同的词类。主要包括名词、代词、形容词、动词、副词、介词、连词、叹词,共计八类。

根据其位置、黏附对象、词法功能等特点,词素也可以分为不同的类别。主要包括动名词标记,动词"四形"当中除原形之外的过去形、敬祈形、虚拟形标记,动词"八式"当中除"逆动式"之外的而动式、彻底式、使动式、加强式、互动式、被动式、反身式标记、动词前缀、后缀、一致关系标记、时态标记,等等。

针对不同的词类或词素,我们将采用不同的对译方式。对译方式共计三种,具体为直译式、上标式和缩略式。

其一,直译式。

直译式的适用对象包括:词类当中的名词(动名词除外)、代词(关系代词除外)、形容词(关系形容词--o¹和--ntu除外)、动词、副词、介词、连词、叹词以及词素当中的"动词八式"标记(逆动式除外)、动词前缀、后缀。

其中,介词、连词、除"逆动式"之外的"动词八式"标记、动词前缀、后缀在直译的同时,字号处理为"六号"。

其二,上标式。

上标式的适用对象包括:动名词标记、过去形、敬祈形、虚拟形。其中,动名词标记采用左上标方式,过去形、敬祈形、虚拟形采用右上标方式。

(3) **Uku**lolela ta**kw**afwilisha.　　　　等待是无济于事的。

　　　动名词等待　不-它-TM^8-有帮助

（左上标）

(4) Ukwat**e** ishuko!　　　　祝你好运!

　　你-有 虚拟形 运气

（右上标）

其三,缩略式。

缩略式的适用对象包括:一致关系标记、关系代词以及时态标记。

一致关系标记采用缩略式 **CM**(Concord Marker)。例如:

(5)　intulo **ya** nsansa　　　　快乐的源泉

　　源泉 **CM**-的 快乐

(6)　iŋombe **ishi**kota　　　　母牛

　　牛　 **CM**-母的

（缩略式）

主格关系代词指向第一、第二人称名词时采用缩略式 **RP**¹(Relative Pronoun)。

(7)　　ifwe, **fwe ba**kosa　　　　　　　　强壮的我们

　　　　我们 **RP¹**-TM⁸-强壮

(8)　　imwe, **mwe ba**lepwisha isukulu　　即将毕业的你们

　　　　你们 **RP¹**-TM¹¹-完成 学业

主格关系代词指向第三人称名词时，功能上和 **CM** 无异，采用缩略式 **RP¹/CM**。

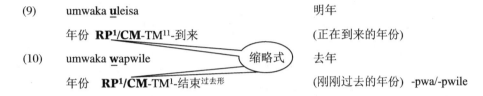

(9)　　umwaka **u**leisa　　　　　　　　　明年

　　　　年份 **RP¹/CM**-TM¹¹-到来　　　　（正在到来的年份）

(10)　　umwaka **w**apwile　　　　　　　　去年

　　　　年份 **RP¹/CM**-TM¹-结束过去形　　（刚刚过去的年份） -pwa/-pwile

宾格关系代词采用缩略式 **RP²**。

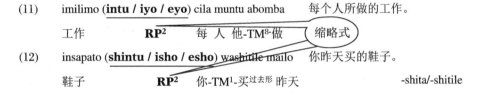

(11)　　imilimo (**intu / iyo / eyo**) cila muntu abomba　　每个人所做的工作。

　　　　工作　　**RP²**　　每 人 他-TM⁸-做

(12)　　insapato (**shintu / isho / esho**) washitile mailo　　你昨天买的鞋子。

　　　　鞋子　　**RP²**　　你-TM¹-买过去形 昨天　　　-shita/-shitile

时态标记采用缩略式 **TM**（Tense Marker）**加序号右上标**的标注方式。以下为各时态综合信息一览表，表中的 **V** 表示动词，**PP** 表示人称代词：

本巴语主要时态综合信息一览表

序号	缩略	中文名	时态标记		
			肯定	否定	
				"我"	非"我"
①	TM¹	往日过去时	-a-V过去形	(n)sha-V过去形	ta-PP-a-V过去形
②	TM²	往日进行时	-ale-V	(n)shale-V	ta-PP-ale-V
③	TM³	往日完成时	-ali-V过去形	(n)sha-V过去形	ta-PP-a-V过去形
④	TM⁴	今日回顾过去时	-ø-V过去形	(n)shi-V过去形	ta-PP-V过去形
⑤	TM⁵	今日回顾进行时	-acila-V	(n)shacila-V	ta-PP-acila-V
⑥	TM⁶	今日回顾完成时	-aci-V	(n)shaci-V	ta-PP-aci-V

续表

序号	缩略	中文名	时态标记 肯定		时态标记 否定 "我"	时态标记 否定 非"我"
⑦	TM⁷	今日当前唤起时	na- -V		(n)shi-V过去形	ta-PP-V过去形
					(n)shila-V	ta-PP-la-V
⑧	TM⁸	今日当前一般时	-a-V		(n)shi-V过去形	ta-PP-V过去形
⑨	TM⁹	今日当前完成时	-ali-V		(n)sha-V	ta-PP-a-V
⑩	TM¹⁰	今日即将时	-ala-V		(n)sha-V虚拟形	ta-PP-a-V虚拟形
⑪	TM¹¹	今日进行/将来时	-le-V	进行时	(n)shile-V	ta-PP-le-V
				将来时	(n)sha-V虚拟形	ta-PP-a-V虚拟形
⑫	TM¹²	今日惯常时	-akula-V		(n)shakula-V	ta-PP-akula-V
⑬	TM¹³	来日将来时	-ka-V		(n)shaka-V虚拟形	ta-PP-aka-V虚拟形
⑭	TM¹⁴	来日惯常时	-kala-V		(n)shakale-V	ta-PP-akale-V
⑮	TM¹⁵	连日一般时	-ø-V		(n)shi-V	ta-PP-V
⑯	TM¹⁶	连日惯常时	-la-V		(n)shi-V	ta-PP-V

以下为部分时态标记采用缩略式的句子实例：

(13) Ndatemwa (n-**la**-temwa) sana ukuba na iwe. 和你在一起我总是很开心。
    我-**TM¹⁶**-开心   非常   动名词在 和……一起 你

(14) Akasuba katula (ka-**ø**-tula) ku kabanga. 太阳从东边升起。
    太阳   它-**TM¹⁵**-升起   自 东方   缩略式加序号右上标

(15) Nkalamilolela (n-**kala**-mi-mona). 我会始终等着您。
    我-**TM¹⁴**-您-等待

(16) Tukamonana (tu-**ka**-monana) mailo. 明天见！
    我们-**TM¹³**-见-相 明天   -mona/-monana

(17) Finshi nakulacita (n-**akula**-cita)? 从今往后我该怎么办？
    什么 我-**TM¹²**-做

以下为各类对译方式的综合实例。为便于动词的学习，我们在译文的右下方将例句当中出现的动词过去形、敬祈形、虚拟形、而动式、被动式等和它们的原形一起以左右对照(原形在左)、中间添加正斜杠的方式列出。

对译说明

(18) **Uku**kwata ifibusa kw**ali**cindama.　　　　　有朋友很重要。
　　　动名词(左上标)　动名词有　　朋友　它-**TM**[9]-重要

(19) C**ali**cindama **uku**kwata ifibusa.　　　　　有朋友很重要。
　　　它-**TM**[9]-重要　动名词有　朋友

(20) **Uku**kusha abana mulimo **uwa**kosa.　　　　培养孩子是件不容易的事情。
　　　动名词培养　孩子　事情　**RP**[1]/**CM**-**TM**[8]-不容易
　　　　　　　　　　　　　　　　主格关系代词缩略式

(21) Tulingile **uku**temwa abafyashi **be**su.　　　我们应该爱自己的父母。
　　　我们-应该　动名词爱　父母　**CM**-我们的
　　　　　　　　　　　　　　　　一致关系标记缩略式

(22) Ifyo aland**ile**, fy**ali**mfik**ile** sana pa mutima.　　他所说的话深深触动了我的心。
　　　所　他-**TM**[1]-说过去形　它-**TM**[3]-我-触及过去形　很　在　心　　　-landa/-landile; -fika/-fikile
　　　　　　　　　　　　　　　　　　　过去形等右上标

(23) Ici c**a**ishibikw**e** kuli bonse.　　　　　　这件事已经为众人所知了。
　　　这事　它-**TM**[1]-知道-被过去形　被　大家　　　　　　　-ishibikwa/-ishibikwe

(24) Naf**yelwe** mu December 1973.　　　　　我出生于1973年12月。
　　　我-**TM**[1]-出生过去形　于　12月 1973年　　　　　　　-fyalwa/-fyelwe

(25) Afw**ile** nalimo mu 1982.　　　　　　他大概是1982年去世的。
　　　他-**TM**[1]-死过去形　大概　在　1982年　　　　　　　-fwa/-twile

(26) Ingil**eni**!　　　　　　　　　　　　请进！
　　　进敬祈形　　　　　　　　　　　　　　　　　原形　　过去形
　　　　敬祈形等右上标　　　　　　　　　　　　　　　　-ingila/-ingileni

(27) Mw**a**shibuk**eni**!　　　　　　　　　早上好！
　　　您-**TM**[8]-起床敬祈形　　　　　　　　　　　　-shibuka/-shibukeni

(28) Mw**a**bomb**eni**!　　　　　　　　　忙着呢！干得不错！
　　　您-**TM**[8]-工作敬祈形　　　　　　　　　　　　-bomba/-bombeni

(29) Ul**aale** bwino!　　　　　　　　　晚安！
　　　你-睡觉虚拟形　好　　　　　　　　　原形　　敬祈形
　　　　虚拟形等右上标　　　　　　　　　　　　　　-laala/-laale

(30) Ukwat**e** ishuko!　　　　　　　　祝你好运！
　　　你-有虚拟形　运气　　　　　　　　　　　　-kwata/-kwate

目　　录

前言 ……………………………………………………………（1）

对译说明 ………………………………………………………（5）

第 1 章　语音 …………………………………………………（1）
  1.1　音质音位 ………………………………………………（3）
  1.2　非音质音位 ……………………………………………（4）
  1.3　音节 ……………………………………………………（6）
  1.4　音变 ……………………………………………………（7）
  1.5　反音变 …………………………………………………（13）

第 2 章　类标记 ………………………………………………（15）
  2.1　成员及分组 ……………………………………………（17）
  2.2　功能 ……………………………………………………（18）

第 3 章　名词 …………………………………………………（29）
  3.1　词头组合 ………………………………………………（31）
  3.2　生命度 …………………………………………………（54）
  3.3　式 ………………………………………………………（55）

第 4 章　代词 …………………………………………………（61）
  4.1　人称代词 ………………………………………………（63）
  4.2　一致关系标记 …………………………………………（64）
  4.3　物主代词 ………………………………………………（66）

4.4　指示代词 ··（71）
　　4.5　关系代词 ··（73）
　　4.6　不定代词 ··（77）

第 5 章　形容词 ···（81）
　　5.1　成员及分类 ··（83）
　　5.2　已然形 ···（84）
　　5.3　排序 ··（86）
　　5.4　名词化/代词化 ··（87）
　　5.5　例释 ··（88）

第 6 章　动词 ··（115）
　　6.1　四形 ··（117）
　　6.2　八式 ··（128）
　　6.3　十六时 ···（138）
　　6.4　动名词 ···（153）
　　6.5　特殊动词 ··（161）
　　6.6　动词词缀 ··（181）

第 7 章　副词 ··（185）
　　7.1　时间副词 ··（187）
　　7.2　方位副词 ··（189）
　　7.3　方式副词 ··（190）
　　7.4　程度副词 ··（192）
　　7.5　概括副词 ··（194）

第 8 章　介词 ··（197）
　　8.1　后置简单介词 ··（199）
　　8.2　前置简单介词 ··（200）
　　8.3　复合介词 ··（216）
　　8.4　动名介词 ··（218）

第 9 章　连词 ··（221）
　　9.1　名词性连词 ··（223）

| 9.2 | 形容词性连词 | (226) |
| 9.3 | 副词性连词 | (227) |

第 10 章　句类句式 (233)

10.1	判断句	(235)
10.2	存在句	(238)
10.3	比较句	(241)
10.4	被动句	(244)
10.5	感叹句	(246)
10.6	疑问句	(251)

常用词汇表 (267)

参考文献 (303)

后记 (307)

图 表 目 录

图

图 1 本巴语名词内部结构图 …………………………………………… 19

表

表 1 本巴语元音音位 IPA 及正字法 ……………………………………… 3
表 2 本巴语辅音音位 IPA 及正字法 ……………………………………… 3
表 3 教育部与民间机构长元音正字法差异对照表 …………………… 5
表 4 本巴语单词词根的主要声调类型 ………………………………… 7
表 5 本巴语元音融合规则表 ……………………………………………… 8
表 6 本巴语元音半元音化规则表 ………………………………………… 8
表 7 /ʃi/、/tʃi/元音半元音化规则及新老正字法对照表 ……………… 9
表 8 本巴语元音和谐律及加强式实例 ………………………………… 10
表 9 本巴语鼻音和谐律及而动式实例 ………………………………… 12
表 10 本巴语类标记组合综合信息表 …………………………………… 17
表 11 本巴语词头组合生命度差异对照表 ……………………………… 54
表 12 本巴语类标记-词头-名词长短式综合信息表 …………………… 56

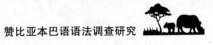

表 13	本巴语名词词头-主格人称代词-宾格人称代词基本对应规则表	63
表 14	本巴语名词词头——一致关系标记对应规则表	65
表 15	本巴语归属形容词汇总表	66
表 16	本巴语维度形容词汇总表	71
表 17	本巴语名词词头——指示代词对应规则表	72
表 18	本巴语先行词词头——主格关系代词对应规则表	74
表 19	本巴语先行词词头——宾格关系代词对应规则表	75
表 20	本巴语不定数量形容词汇总表	78
表 21	本巴语一致关系标记——不定数量形容词结合规则表 1	78
表 22	本巴语一致关系标记——不定数量形容词结合规则表 2	79
表 23	本巴语典型形容词分类汇总表	83
表 24	形容词---ø 已然形汇总表	89
表 25	形容词---ine 已然形汇总表	98
表 26	形容词---isa 已然形汇总表	100
表 27	形容词---lya 已然形汇总表	103
表 28	形容词---no 已然形汇总表	106
表 29	形容词---o^2 已然形汇总表	108
表 30	动词过去形词尾基本变化规则表 1	118
表 31	动词而动式词尾基本变化规则表	129
表 32	动词彻底式词尾基本变化规则表	131
表 33	动词使动式词尾基本变化规则表	132
表 34	动词加强式词尾基本变化规则表	133
表 35	动词互动式词尾基本变化规则表	135
表 36	动词被动式词尾基本变化规则表	136
表 37	动词过去形词尾基本变化规则表 2	137
表 38	动词逆动式词尾基本变化规则表	138
表 39	本巴语主要时态一览表	139
表 40	本巴语主要时态名称及标注方式综合表	139

表 41	本巴语动词-ba 时态变化规则表	161
表 42	本巴语特殊动词-cili 主格人称代词添加规则表	164
表 43	本巴语主语词头-主格人称代词—一致关系标记基本对应规则表	180
表 44	形容介词---ena 形态变化规则表	199
表 45	本巴语常用复合介词一览表	216
表 46	本巴语先行词词头——形容词性连词对应规则表	226
表 47	疑问形容词---isa 已然形汇总表	260
表 48	疑问形容词---nga 已然形汇总表	264

第 1 章　语　　音

本巴语在语音上具有如下特点：

① 音质音位数量较少，元音只有 5 个，辅音只有 18 个；

② 非音质音位中有调位和时位，但没有重位；

③ 有三种音节类型，即开音节、自成音节的辅音 m 或 n、以辅音 m 或 n 作为韵尾的闭音节；

④ 音变现象较为普遍。

本巴语的语音具有一定的类型学价值。首先，就音位数量、音节构成及调位特点而言，本巴语同英语、法语、德语等欧洲语言相去甚远，与汉语、壮语、日语等东方语言较为接近。其次，本巴语单词的词根以多音节为主，单一音节像汉语一样有着比较固定的调值，不同音节之间又像日语一样呈现出一定的高低起伏变化，这些特点非常值得进一步研究。

本巴语没有自源文字。十九世纪，基督教大主教兼学者 Edward Steere 为本巴语引入了拉丁字母。基本的拉丁字母共 26 个，本巴语根据实际情况剔除了 q、r、v、x、z 这 5 个字母，新增了 1 个扩展字母 ŋ，最终确定的字母总数为 22 个。从主体上来看，本巴语的文字具有音位文字的性质，即发音与文字之间保持着极高的一致性。

1.1 音质音位

音位可以分为音质音位和非音质音位两大类。其中,音质音位包括元音和辅音。

1.1.1 元音

本巴语共有元音音位 5 个,其 IPA 和正字法见表 1。IPA 置于左侧"//"当中,正字法置于右侧,两者之间添加"→"表示对应关系。

表 1 本巴语元音音位 IPA 及正字法

舌位高低 \ 舌位前后	前 (不圆唇)	央 (不圆唇)	后 (圆唇)
高	/i/→i		/u/→u
中	/e/→e		/ɔ/→o
低		/a/→a	

1.1.2 辅音

本巴语共有辅音音位 18 个,其 IPA 及正字法见表 2。

表 2 本巴语辅音音位 IPA 及正字法

发音方式 \ 发音位置		双唇	唇齿	齿龈	齿龈后	颚	舌根
塞音	清	/p/→p		/t/→t			/k/→k
	浊	/b*/→b		/d/→d			/g/→g
擦音	清		/f/→f	/s/→s	/ʃ/→sh		
	浊	/β*/→b					

续表

发音方式 \ 发音位置		双唇	唇齿	齿龈	齿龈后	颚	舌根
塞擦音	清				/tʃ/→c/ch**		
	浊				/dʒ/→j		
鼻音	浊	/m/→m		/n/→n		/ɲ/→ny	/ŋ/→ng'/ŋ***
边音				/l/→l			
无擦通音		/w/→w				/j/→y	

* /b/和/β/互为条件型音位变体,/b/只出现在/m/后面,其余场合则发/β/。
/β/是令许多中国人头疼的发音,其发音要领是双唇用力、正对但不接触,气息在双唇间隙中挤出。

** /tʃ/的正字法存在 c 和 ch 两种可能,ch 仅用来拼写人名、地名及少数专用名词,普通名词用 c 来拼写。

*** /ŋ/的正字法存在 ng'和 ŋ 两种可能,没有任何区别。受计算机字库的限制,目前大多机构选择 ng'。

1.2 非音质音位

本巴语的非音质音位只包括调位和时位,没有重位。

1.2.1 调位

调位又叫声调。和汉语一样,本巴语也是一种声调语言。威廉·拉蒙德(William Lammond)曾经这样写道:"本巴语当中确实存在声调;当地人任何时候都能够准确把握它们;毫无疑问,声调对于说好这一门语言非常重要。"①

本巴语单词的词根以多音节为主。单个音节的声调基本稳定,最常见的调

---

① Lammond, William. Lessons in Chibemba, Being One Hundred Easy Graded Lessons, Second Edition [M]. Brussels: A. Vromant & Co, 1930: Preface to 2nd Edition.

值有:42、55、22。多个音节组合之后,大致生成四种声调类型:高低型、低高型、平缓型、波浪形。其中,高低型和低高型是声调类型的主体,前者可以继续划分为55-22、42-22两小类,后者可以继续划分为22-55、22-42两小类。其他声调类型相对较少。

声调标识不会出现在正字法当中。赞比亚教育部在其审定、出版、发行的《赞比亚的语言》一书当中明确指出:"除字典这样的工具书之外,在文章当中不需要标示声调,因为实践证明,额外的注音符号对于流畅的阅读有害无益。"[1]

1.2.2 时位

时位就是长短音,主要表现在元音上,是由发音延续时间的长短所构成的音位。

本巴语具有明显的时位特征。音质音位要素完全相同的单词,在不同时位和调位的共同作用下,有着不同的词义。例如,动词/pe^{22}pa^{22}/的意思是"祈祷",而/pe:^{42}pa^{22}/的意思则是"吸烟"。不过,不同部门或机构在时位的正字法问题上存在较大分歧,见表3。

表3 教育部与民间机构长元音正字法差异对照表

长元音			/a:/	/i:/	/u:/	/e:/	/ɔ:/
正字法	教育部	①	aa	ii	uu	ee	oo
	民间机构	②	a	i	u	e	o
		③	ā	ī	ū	ē	ō
		④	â	î	û	ê	ô

赞比亚教育部规定以第一种方式即双写元音字母的方式来标注长元音。但是,田野调查结果显示:到目前为止,这一规定并没有得到充分的贯彻,第二种方式即传统的单写方式依然广受民间机构以及普通百姓的青睐。本文遵循田野调查的结果。

---

[1] Ministry of Education. Zambian Languages[M]. Lusaka: Zambia Educational Publishing House, 1977: 34.

1.3 音节

音节是构成语音序列的单位,也是语音中最自然和最小的语音结构单位。

一个完整的音节,是由音质音位和非音质音位共同构成的。例如:本巴语单词 shaani(/ʃa:^{42}ni^{22}/)包含 shaa(/ʃa:^{42}/)和 ni(/ni^{22}/)两个音节。其中,第一个音节由音质音位的辅音/ʃ/、元音/a/以及非音质音位的长音/a:/、声调 42 共同构成;第二个音节由音质音位的辅音/n/、元音/i/以及非音质音位的短音/i/、声调 22 共同构成。

本巴语音节同汉语等东方语言相似。基本结构为:

$$音节 = \begin{cases} 1.(辅音_{节首})元音_{节峰}^{声调+长短音}(m/n_{节尾}) \\ 2.\ m/n^{声调} \end{cases}$$

就音质音位而言,本巴语音节具有如下特点:

其一,全体元音以及辅音 m、n 均可自成音节;

其二,开音节是音节的主体,节首辅音可能有,也可能无;

其三,闭音节相对较少,且只能以 m 或 n 作为结尾。

例句(1)、(2)为注音实例:

(1) Bali shani mukwai?   他们好吗?您好吗(敬体)?
  βa^{22} li^{55} ʃa:^{42} ni^{55} mu^{55} kwa^{22} i^{22}

(2) Bwino. Uli shaani na iwe?   好。你呢?你好吗?
  βwi^{42} no^{22} u^{22} li^{22} ʃa:^{42} ni^{55} na^{42} i^{22} we^{22}

声调是本巴语音节不可或缺的组成部分,但当前正字法对声调不予标注。

表 4 是单词词根的主要声调类型。

表4　本巴语单词词根的主要声调类型

序号	类型	调值	实例		
1	高低型	55-22	/n⁵⁵ga²²/	/kan⁵⁵ʃi²²/	/i⁵⁵ʃi²²na²²/
		42-22	/ʃa⁴²ni²²/	/kwi⁴²sa²²/	/βwi⁴²no²²/
2	低高型	22-55	/βu²²ʃe⁵⁵/	/ni²²we⁵⁵/	/ka²²li⁵⁵βu⁵⁵/
		22-42	/di²²gi²²li⁴²/	/i²²pu²²ʃa⁴²/	/ka²²βa²²lwe⁴²/
3	平缓型	22-22	/ku²²no²²/	/fi²²kon²²do²²/	/mo²²na²²na²²/
4	波浪形	22-42-22	/i²²tʃu⁴²po²²/	/tan²²da⁴²la²²/	/u²²βwe⁴²ʃo²²/

1.4 音　变

音变(Sandhi)是指在连续的语流当中,相邻的音素、音节或声调之间因互相影响而发生变化的现象。本巴语的音变现象非常普遍。[①] 以动词 leta 为例,常速下,后接名词的第一个音节为/a/时依然读作/leta/,为/u/和/i/时则分别读作/letɔ/和/lete/。

音变在视觉上一览无遗,这是由本巴语音位文字的性质所决定的。例如,当动词 leta 由于音变而读作/letɔ/或/lete/时,文字上也就相应地拼写为 leto 和 lete。

音变大大增加了本巴语的学习难度。其一,音变规则本身就需要一个较长时间去学习和适应;其二,音变会引发单词视觉上的不稳定性,使得初学者即使是在工具书的帮助下,有时候也难以确定部分音变单词的"庐山真面目"。

音变分为元音音变和辅音音变两大类:

1.4.1　元音音变

元音音变包括元音融合、元音半元音化以及元音和谐三小类。

[①] 在年轻群体当中,音变现象呈一定的下降趋势。

1.4.1.1 元音融合

元音融合是两个相邻的元音融合为一个元音的音变现象。本巴语元音融合规则见表5。其中,有/i/或/e/参与的融合,除了两个/i/构成长元音/iː/之外,结果都是/eː/;有/u/或/o/参与的融合,除了两个/u/构成长元音/uː/之外,结果都是/ɔː/。

表5 本巴语元音融合规则表

融合条件	/a/+/a/	/i/+/i/	/u/+/u/	/a/+/i/,/a/+/e/, /e/+/e/,/e/+/i/	/a/+/u/,/a/+/ɔ/, /ɔ/+/ɔ/,/ɔ/+/ɔ/, /ɔ/+/u/
融合结果	/aː/	/iː/	/uː/	/eː/	/ɔː/
正字法	a	i	u	e	o

元音融合发生在单词层面。例如,单词 amenshi 由词头 ama- 和词根 -inshi 结合并音变而成,单词 amolu 由词头 ama- 和词根 -ulu 结合并音变而成。

元音融合还发生在短语或句子层面,例如:

(3) abana besu（ba-esu） 我们的孩子
    孩子们   CM-我们的

(4) Alibondepe（a-ali-ba-undepe）. 他治好了他们的病。
    他-TM³-他们-治愈过去形   -undapa/-undepe

1.4.1.2 元音半元音化

元音半元音化规则见表6。

表6 本巴语元音半元音化规则表

条件	/i/+/a/ /e/+/a/	/i/+/e/	/i/+/ɔ/ /e/+/u/ /e/+/ɔ/	/i/+/u/	/u/+/a/ /ɔ/+/a/	/u/+/i/ /ɔ/+/i/	/u/+/e/ /ɔ/+/e/
结果	/ja/	/je/	/jɔ/	/ju/	/wa/	/wi/	/we/
正字法	ya	ye	yo	yu	wa	wi	we

例如:

(5) iminwe yandi（i-andi） 我的手
    手   CM-我的

（6） umweo **wa**ndi（**u-a**ndi） 我的生命
生命　　　　CM-我的

元音半元音化时如果前接辅音/ʃ/或/ʧ/,正字法存在新老差异,见表7。

表7　/ʃi/、/ʧi/元音半元音化规则及新老正字法对照表

条件		/ʃi/				/ʧi/			
		+/a/	+/e/	+/ɔ/	+/u/	+/a/	+/e/	+/ɔ/	+/u/
结果		/ʃa/	/ʃe/	/ʃɔ/	/ʃu/	/ʧa/	/ʧe/	/ʧɔ/	/ʧu/
正字法	老	shya	shye	shyo	shyu	chya	chye	chyo	chyu
	新	sha	she	sho	shu	ca	ce	co	cu

老正字法出现在20世纪初期的语法书籍及文学作品当中[①],今天依然为部分人名、地名所沿用。20世纪中叶之后,绝大多数书籍,包括本文,均采用新正字法。试对比:

（7）（老）iŋanda **shye**su（**shi-e**su）
　　（新）iŋanda **she**su（**shi-e**su）　　我们的房子
　　　　 房子　　　　CM-我们的

（8）（老）iŋombe **shyo**nse（**shi-o**nse）
　　（新）iŋombe **sho**nse（**shi-o**nse）　　所有的牛
　　　　 牛　　　　　CM-所有的

1.4.1.3　元音和谐

元音和谐是指在单词的屈折或派生过程中,为保持同词根在语音衔接上的自然性和流畅性,所添加的词缀在元音的使用上必须做出特定选择的语音现象。与元音和谐相关的规则,我们称之为元音和谐律。

元音和谐也普遍存在于阿尔泰、乌拉尔等语系语言当中。如阿尔泰语系的满语、哈萨克语、维吾尔语,乌拉尔语系的芬兰语、匈牙利语等。

---

① 采用旧正字法且影响力较大的语法书籍有两本,其一为:Lammond, William. Lessons in Chibemba, Being One Hundred Easy Graded Lessons, Second Edition[M]. Brussels: Vromant & Co. 1930. 其二为:Schoeffers F, Madan A C, Sheane J H W. A Grammar of the Bemba Language as Spoken in North-East Rhodesia[M]. Edited by JH West Sheane. Arranged, with Preface, by AC Madan. Oxford: Clarendon Press,1907.

元音和谐同元音融合以及元音半元音化的区别在于：元音和谐是元音在不同音节之间的和谐或共鸣现象，是上一个元音对下一个元音的跨音节、单向、非接触式影响；元音融合和元音半元音化是相邻两个元音之间彼此趋同或"妥协"的现象，是前后元音之间的近距离、双向、接触式影响；元音融合的结果是长元音，元音半元音化的结果是半元音。

本巴语动词的部分句法屈折和词法派生必须遵循元音和谐律。主要涉及动词"四形"当中的过去形，"八式"当中的而动式、彻底式、加强式、被动式、逆动式。

以动词加强式为例，在添加派生后缀-sha 之前，首先必须根据元音和谐律将动词词尾 a 变更为元音 i 或 e。当动词倒数第二个音节的元音为 a、i 或 u 时，变更为-i；为 e 或 o 时，变更为-e。如表 8 所示。

表 8　本巴语元音和谐律及加强式实例

元音和谐律		加强式实例		
		基本形	准派生状态(-i-/-e-)	添加-sha
a	同 i 和谐	wama	wami-	wamisha
		tamba	tambi-	tambisha
i		fita	fiti-	fitisha
		sumina	sumini-	suminisha
u		uma	umi-	umisha
		dula	duli-	dulisha
e	同 e 和谐	enda	ende-	endesha
		lepa	lepe-	lepesha
o		bomba	bombe-	bombesha
		sosa	sose-	sosesha

1.4.2　辅音音变

辅音音变包括双唇擦音塞化、齿龈边音塞化、齿龈边音鼻化（鼻音和谐）、齿龈鼻音双唇化四小类。

1.4.2.1 双唇擦音塞化

双唇擦音/β/前接双唇鼻音/m/时,必须读作双唇塞音/b/。由于/β/和/b/互为音位变体(allophones),在正字法当中都记作 b。例如:动词—bepa 和名词 icimbepa 当中的 b 分别读作/β/和/b/。

1.4.2.2 齿龈边音塞化

当边音/l/前接鼻音/n/时,必须自动音变为塞音/d/,正字法相应地拼写为 d。例如:

(9) **Nd**i (**n-**li) fye bwino.　　　　我还好。
　　 我-CM⁸-是 还 好

(10) **Nd**efwaya (**n-**le-fwaya) ukwikala mu calo candi.
　　 我-TM¹¹-想 动名形 生活 在 国家 CM-我的
　　 我想生活在自己的国家。

(11) Teti **nd**ande (**n-**lande) iciBemba.　　我不会讲本巴语。
　　 不会 我-讲虚拟形 本巴语　　　　　　　　　-landa/-lande

(12) Ni**nd**wala (na-**n-**lwala).①　　　　哎呀,我病了。
　　 TM⁷-我-病

(13) **Nd**ekeni (**n-**lekeni) ne mwine.　　别管我!让我一个人静静!
　　 我-让敬祈形　　 我 自个儿　　　　　　　　 -leka/-lekeni

(14) **Nd**eteleniko (**n-**leteleni-ko) amenshi ya cifulefule. 拿杯温水给我。
　　 我-拿-给敬祈形-来着 水 CM-的 微温　　　　 -leta/-letela/-leteleni

边音塞化在词汇层面也很普遍。如以下实例:

(15)　　名词复数　　　　　名词单数　　　　　词义
　　　 in**d**upwa (in-lupwa)　ulupwa (u-lupwa)　家庭
　　　 in**d**imi (in-limi)　　ululimi (ulu-limi)　语言

在本巴语当中,在边音塞化规则的作用下,即使 n 和 l 分属两个不同的音节,/nl/总是自动转化成/nd/的形式。例如:

(16)　—en**d**a(散步)　　　**Nd**ola(恩多拉)　　　ulutan**d**a(星星)

---

① 时态标记 Na-("已经",缩略为 TM⁷)和人称标记-n 结合时,需要音变为 Nin-,有时也弱读为 Ni-。

—la**n**da(说;讲)   i**n**dalama(钱)   umula**n**du(原因)

1.4.2.3 齿龈边音鼻化(鼻音和谐)

齿龈边音鼻化也叫鼻音和谐,是指在单词的屈折或派生过程中,即将添加的词缀音节为保持同原有词根音节衔接上的自然性和流畅性,在前接包含鼻音的音节时,必须将齿龈边音/l/改为齿龈鼻音/n/的语音现象。与鼻音和谐相关的规则,我们称之为鼻音和谐律。

有些派生后缀的添加不但要遵循元音和谐律,而且要遵循鼻音和谐律。以动词而动式后缀-ila/-ela 的添加为例,首先必须根据元音和谐律将动词词尾变更为元音 i 或 e,再添加 la。当词根最后一个音节当中的辅音为鼻音 m 或 n 时,必须将-la 改为-na,见表9。

表9 本巴语鼻音和谐律及而动式实例

鼻音和谐律			而动式实例		
			动词基本形	准派生状态	添加-na
鼻音	m	同 n 和谐	fuma	fumi-	fumina
	n		pona	pone-	ponena

1.4.2.4 齿龈鼻音双唇化

齿龈鼻音/n/后接双唇音/b/、/p/或唇齿音/f/时,必须变为双唇鼻音/m/。具体包括:

其一,后接/b/。例如:

(17) Leeta imbalala **m**byale(**n**-byala-e).   把花生拿给我种吧!
         拿来 花生   我-种^{虚拟形}   -byala/-byale

(18) **M**beleleni(**n**-beleleni) uluse.   请原谅我!
         我-给予^{敬祈形}   仁慈   -belela/-beleleni

其二,后接/p/。例如:

(19) Wi**m**pamfya!(u-i-**n**-pamfya)   别烦我!
         你-别-我-打扰

(20) **M**peelako amenshi ya kunwa.   请给我一点喝的水!
         我-给-来着 水 CM-的^{动名词} 喝

其三,后接/f/。例如:

(21) M̲fwaya（n̲-fwaya）ukuba umushilika. 我想当兵。
我-TM¹⁵-想 动名词成为 士兵

(22) Natotela pa ku̲mfunda（ku-n̲-funda）icisungu. 谢谢你教我英语。
谢谢 因为 动名词我-教 英语

1.5 反音变

音变现象似乎都和人生理上的"发音惰性"有关。其共同特点是在不影响语言符号传情达意之功能的前提下,适当"牺牲"语言符号语音上的稳定性,保证语流中各音素或音节之间衔接上的自然性和流畅性。①

反音变与音变刚好相反。其内容和特点是:当语言符号的表意功能受到挑战和威胁时,人们反其道而行之,在那些可能引发歧义的音位之间添加"障碍物",以阻止这些音位的结合,维系其原有的独立性和稳定性。反音变涉及音位的添加,具体分为以下两种情况:

1.5.1 辅音/g/或/dʒ/的添加

在谓语词节当中,人称代词 n-(我)后面所接谓语动词如果以元音作为第一个音节,n 同该元音之间必须添加辅音/g/或/dʒ/,分别拼写为 g 和 j。具体添加规则如下:

其一,元音 a 之前添加 g 或 j 均可。其中,添加 g 的情况更为普遍。例如:

(23) Ngafweniko! / Njafweniko!（n-afweni-ko） 请救我!救命啊!
我-帮助敬祈形-来着 -afwa/-afweni

其二,元音 o、u、w 之前添加 g。在正字法当中,g 后面有时添加"'"。例如:

---

① 这种"自然性"和"流畅性"通常仅代表母语使用者的感受,并不一定能够得到非母语使用者的认可。

(24) Bushe ngowe（**n-o**we）mu uyu umumana?
　　　请问 我-洗澡^{虚拟形} 在 这 河里　　　　-owa/-owe
　　　我可以在这条河里洗澡吗？

(25) Ng'umfweni（**n-u**mfweni）!　　　　　请听我说!
　　　我-听^{敬祈形}　　　　　　　　　　　-umfwa/-umfweni

其三,元音 e、i 之前添加 j。例如：

(26) Njeleleniko（**n-e**leleni-ko）!　　　　对不起! 请原谅(我)!
　　　我-原谅^{敬祈形}-来着　　　　　　　-elela/eleleni

(27) Ninjipekanya（na-**n-i**pekanya）.　　嗯,我准备好了。
　　　TM⁷-我-准备

1.5.2　半元音/j/的添加

以元音/a/作为第一个音节的动词,在短语或者句子当中前接时态标记-a-、-le-等开音节语法成分时,必须在元音/a/前面添加半元音/j/,正字法中拼写为 y。例如：

(28) Umwana wandi nomba al**eya**mfula（a-**le-a**mfula）.
　　　孩子 CM-我的 现在 他-TM¹¹-爬
　　　我的孩子正在爬。

第 2 章 类 标 记

《尚书·泰誓上》有云:"惟天地万物父母,惟人万物之灵。"人的出现,是自然演化中的伟大成果和壮丽事件之一,其中浓缩和凝聚了自然历史的精华。自然历史进程赋予人各种潜能素质,人则通过现实的实践活动在与自然的交互作用中把这些潜能素质铸就成自身独有的本质力量。这些本质力量表现为人的理性、好奇心、感觉能力、思维能力、语言能力、意志力、想象力和创造力,等等。人,犹如茫茫太空中的一朵奇葩,绽放在我们这个美丽的蓝色星球上。

人的本质力量当中包含一种特殊的分类本能。正是由于这种本能,人们远在知道什么是分类学以前,就已经在思想上对自己所在的世界进行了分类。这种分类的烙印,无论是自发的还是自觉的,无论是针对物质世界的还是针对精神世界的,都被深深地打在了与他们的思维有着密切联系的语言之上。人是分类的动物:在某种意义上可以说,整个讲话过程只不过是把各种现象(没有两种现象在每一个方面都是相同的)根据看到的相似点和相异点分成不同的类而已。在命名过程中我们又看到了同样根深蒂固而又非常有用的倾向——识别相像性并且通过名字的相似来表达现象的相似。①

任何一种语法现象都包含一定的语法意义,这是它的内容;而内容必须借

---

① Otto J. Language: Its Nature, Development and Origin[M]. London: George Allen & Unwin Limited, 1956: 388-389.

助一定的形式表现出来,这就是语法形式。通过语法形式表达出来的语法意义的类别叫语法范畴。① 用来呈现语法范畴即语法意义类别的语法形式,我们称之为类标记(Category Marker)。

本巴语是一种类标记分布极其普遍的语言。例如:

Ifimbusu	**fy**esu	**fy**aba	**ify**abusaka.②
主语名词	定语形容词	谓语动词	表语形容词
类标记 厕所	类标记 我们的	类标记 是	类标记 的-干净

我们的厕所总是干净的。

在上文中,主语名词 ifimbusu、定语形容词 fyesu、谓语动词 fyaba、表语形容词 ifyabusaka 都携带有类标记(i)fi 或其语音变体(i)fy。

由此可见,本巴民族是一个类意识非常强烈的民族。他们将这种类意识以类标记的形式嵌入自己的母语——本巴语当中,使得本巴先辈们古老的类意识经久而不衰,历久而弥新。

---

① 马学良.语言学概论[M].武汉:华中理工大学出版社,1990:145,152.
② 此处的表语---abusaka 是由形容介词---a 和名词 busaka 构成的形容词性结构体,也叫"的"结构。本巴语的"的"结构后置于中心名词,与中国少数民族语言佤语类似。

2.1 成员及分组

本巴语共有区别性类标记22个,它们是:(ø)ø、(ø)ba、(ø)i、(a)ba、(a)ka、(a)ma、(i)ci、(i)fi、(i)fu、(i)li、(i)mi、(i)mu、(i)n^1、(i)n^2、(i)n^3、(i)u、(u)bu、(u)ku、(u)lu、(u)mu^1、(u)mu^2、(u)tu。第一个音节被打上括号()表示"可能省略",符号ø表示"零"或者"无"。

类标记是语音、语法、语义的综合体。

语音上,所有类标记均由两个音节构成。在一些语法环境下,两个音节处于并存的自然状态。这一并存状态,我们称之为"长式"。在另一些语法环境下,第一个音节必须被省略。这种被省略的简约状态,我们称之为"短式"。

语法上,类标记与数、人称和生命度有着密切的联系。数分为复数和单数两类。具有复数和单数匹配关系的类标记,我们称之为"类标记组合"。

语义上,每一个类标记组合都带有一种原始、朦胧和朴素的语义倾向[①]。例如,类标记组合 aba-/umu-表示与"人或人的身份、角色"相关的类概念;类标记组合 ifi-/ici-一般表示"较大的事物";类标记组合 utu-/aka-表示"较小的事物",等等。

表10为本巴语类标记组合综合信息表。

表10 本巴语类标记组合综合信息表

组合		成员		人称归属	语义倾向	生命度
序号	名称	复数	单数			
①	ifu	i-fu	ı-n^1	第一	我	100%
②	imu	i-mu	i-u	第二	你	100%

[①] 一种分类标准越是"原始"、朦胧和朴素,越有可能在语言领域上升到语法范畴的高度。参见:邓晓华,童芳华.类标记的跨语言对比[J].山西大学学报,2018(3):60-68.

续表

组合		成员		人称归属	语义倾向		生命度
序号	名称	复数	单数				
③	aba	a-ba	u-mu¹	第三	他/她/它	人	100%
④	ba	ø-ba	ø-ø			人或事物	73%
⑤	ama	a-ma	ø-i			仅事物	0%
			i-li				
			u-bu				
			u-ku				
⑥	ifi	i-fi	i-ci			较大的事物	2%
⑦	imi	i-mi	u-mu²			事物	1%
⑧	in	i-n²	i-n³			事物或人	14%
			u-lu				
⑨	utu	u-tu	a-ka			较小的事物	6%

注：1. 在以上信息表当中，音节之间的连字符只是为了呈现类标记的"双音节"特点及音节构成。该连字符在正字法当中不会出现。

2. 类标记(ø)ø、(ø)ba、(ø)i 没有长式和短式的区别。零符号 ø 的使用及添加是为了维持"所有类标记均由两个音节构成"这一描述的延续性，该符号在正字法当中不会出现。

3. 部分类标记之间虽然存在形态上的雷同现象，但综合语义、语法等信息，实际上完全是不同的类标记，我们在其第二个音节的右上角打上不同的数字以示区别。该数字在正字法当中不会出现。

2.2 功　能

类标记在本巴语的语法系统当中具有极其重要的语法地位。来看一个例句：

(29) **Ifimbusu　　fyesu　　fyaba　　ifyabusaka**. 我们的厕所总是干净的。
　　　主语名词　　定语形容词　　谓语动词　　表语形容词
　　类标记厕所　　类标记我们的　　类标记是　　类标记的-干净

如以上例句所示,类标记出现在主语名词、定语形容词、谓语动词以及表语形容词当中。区别起见,出现在名词当中的类标记,无论该名词执行什么样的句法功能——是充当主语还是充当宾语等,我们都称之为"词头"(Noun Head);出现在谓语动词前面的类标记,无论该类标记指向主语还是宾语,我们都称之为"人称代词"(Personal Pronoun);出现在定语和表语当中的类标记,无论该定语或表语是由形容词、形容介词,还是由动词来充当,我们都称之为"一致关系标记"(Concord Marker)。

如此一来,类标记的语法功能可以概括为:名词词头、人称代词以及一致关系标记。

2.2.1 名词词头

类标记的第一个功能是:与名词词根相结合,构成完整的名词。由于出现在词根的左侧,相当于名词的"头部",我们称之为"名词词头"(Noun Head),简称"词头"。

名词词头属黏着词素,是名词不可或缺的组成部分。一切本巴语名词都是"词头＋词根"的结合体。以 abantu 为例,名词的内部结构可以用图1表示。

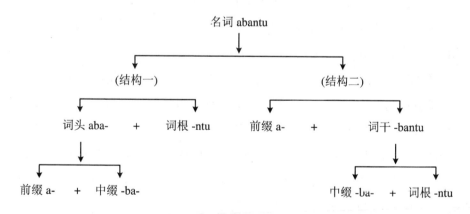

图 1　本巴语名词内部结构图

对于本巴语的传承者而言,名词词头具有独特而不可替代的历史、人文和心理色彩。

名词词头是名词的"姓",是名词作为某一"家族"成员与生俱来的古老徽章。正是由于这种"姓"的存在,每一个本巴语名词所特有的"家族"归属可谓是一目了然、不言而喻。紧随词头之后的,是名词的词根。词根相当于名词的"名",是名词通过"姓"确定其"家族"归属之后,在所属"家族"内部区分于其他成员的唯一符号或代码。举例而言,名词 abantu 的词头是 aba-,词根是-ntu;名词 abafyashi 的词头是 aba-,词根是-fyashi;abantu 和 abafyashi 同属"aba 家族";名词 umuntu 的词头是 umu-,词根是-ntu;名词 umufyashi 的词头是 umu-,词根是-fyashi,umuntu 和 umufyashi 同属"umu 家族",等等。

"家族"势力如此强大,以至于外来名词也难逃"姓"的"束缚"。本巴语当中活跃着许多外来名词。这些外来名词大部分以音译的方式从英语当中借入。外来名词要进入本巴语的词汇系统,除了接受本巴语的语音改造,词头的分配及添加也是一道重要的程序。例如,名词组合 bakii/kii(钥匙)的词根-kii 借自英语的 key,进入本巴语之后添加了词头组合 ba-/ø;名词组合 amaofesi/iofesi(办公室)的词根-ofesi 借自英语的 office,添加了词头组合 ama-/i-,等等。

特定复数词头和特定单数词头之间存在习惯性的复单数配对关系。或者说,特定的复数"家族"一般以特定的单数"家族"作为"联姻"对象,反之亦然。这些具有复单数配对关系的词头,我们称之为词头组合。词头组合是类标记组合在名词当中的具体表现。例如,aba"家族"的成员一般以 umu[1]"家族"①的成员作为匹配对象,如复数名词 abantu 的单数形式为 umuntu,复数名词 abafyashi 的单数形式为 umufyashi,等等。又如,imi"家族"的成员一般以 umu[2]"家族"的成员作为匹配对象,如复数名词 imiti 的单数形式为 umuti,复数名词 imimana 的单数形式为 umumana,等等。再如,utu"家族"的成员一般以 aka"家族"的成员作为匹配对象,如复数名词 utubushi 的单数形式为 akabushi,复数名词 utukolwe 的单数形式为 akakolwe,等等。

本巴语词头具有独特的类型学价值。以数的标记性(Markedness)为例,在汉语、苗语等语言当中,大部分名词的复数和单数均为无标记项;在英语、法语等语言当中,名词复数为有标记项,单数为无标记项,且复数标记大多位于词尾;相比之下,本巴语名词的复数和单数同为有标记项,且标记全部位于词头。

---

① 以 umu-作为词头的名词都是单数名词,但分为两类:一类与"人"密切相关,所对应的复数形式以 aba-作为词头,这一类 umu 记作 umu[1];另一类几乎都与"人"无关,所对应的复数形式以 imi-作为词头,这一类 umu 记作 umu[2]。一个 umu 类名词具体属于哪一类,需要根据它的语义以及所对应的复数形式来确定。请参见 3.1.7 部分"Imi 组"的相关介绍。

2.2.2 人称代词

类标记的第二个功能是:黏着在谓语动词的前面,与之构成谓语词节。在本巴语汉语的对比和对译过程中,这些类标记基本上能够同汉语的"你""我""他"等人称代词相匹配,我们据此称之为"人称代词"(Personal Pronoun)。

人称代词有主格和宾格之分。指向主语的人称代词是主格人称代词,指向宾语的人称代词是宾格人称代词。

2.2.2.1 主格人称代词

主格人称代词是本巴语谓语词节不可或缺的组成部分。为了建立、维系并呈现主谓之间语义及语法上的连贯性,任何情况下,本巴语谓语动词前面都必须添加一个主格人称代词。试对比:

汉语 主谓结构 =
(第一、二、三人称)主语名词 + 谓语动词(√)
(第一、二人称) 主语名词 + 主格人称代词-谓语动词(×)
(第三人称) 主语名词 +(主格人称代词-)谓语动词(√)

本巴语 主谓结构 =
主语名词 + 谓语动词(×)
主语名词 + 主格人称代词-谓语动词(√)

例如:

(30) Ifwe tuli fye bwino.　　　　　我们挺好的。
　　 我们 我们-TM[8]-是 还 不错

(31) Ine ndi fye bwino.　　　　　　我挺好的。
　　 我 我-TM[8]-是 还 不错

(32) Abafyashi bandi balintemwa.　　我的爸爸妈妈(他们)爱我。
　　 爸爸妈妈 CM-我的 他们-TM[9]-我-爱

(33) Akasuba katula ku kabanga.　　太阳(它)从东方升起。
　　 太阳 它-TM[15]-升起 从 东方

在汉语使用者眼里,以上本巴语句子具有不同程度的"冗余性"。具体分为

两种情况:

其一,第一、第二人称名词同代词之间的绝对冗余。汉语没有所谓第一、第二人称名词的语法概念,也就不存在所谓第一、二人称名词同主格人称代词并存的可能。因此,诸如"我们我们挺好的"或"我我挺好的"这样的表达方式,是完全不能接受的。

其二,第三人称名词同代词之间的相对冗余。汉语虽然没有第三人称名词的语法概念,但能够接受"我的爸爸妈妈爱我"以及"我的爸爸妈妈他们爱我"这样的句子。只是相对于前者而言,后者略显冗余而已。

本巴语的这种"双主语"冗余现象并不是个案。来看两个艾努语实例[①]:

(34)　sɛn ʁenept͡ʃisen.　　　　　　　你是牧羊人。
　　　你 牧羊人-你

(35)　mɛn ʁenept͡ʃimen.　　　　　　我是牧羊人。
　　　我 牧羊人-我

又如景颇语[②]:

(36)　ŋai³³ ko³¹ t͡ʃin³¹ pho̞³¹ mǔ³¹ ʃa³¹ ʒai⁵⁵ n³¹ ŋai³³.　　我是景颇人。
　　　我 啊 景颇 　人 　是 我

(37)　ŋai³³ t͡ʃe³³ sa³³ ŋai³³.　　　　　　我懂了。
　　　我 懂 了 我

本巴语虽然认可"双主语"现象,但为了表达的简洁性,常常省略名词主语。具体分为以下两种情况:

其一,当主语为第一、第二人称名词时,由于主语名词同主格人称代词之间"一对一"的排他性对应关系,主语名词的保留或省略在语法上都是成立的。其中,省略是常态,而保留往往会带给人一种强调、对比、补充说明的感觉。

(38)　~~Imwe~~ Muli shani?　　　　　你们好吗?
　　　你们 你们-TM⁸-是 如何

(39)　~~Ifwe~~ Tuli fye bwino.　　　　我们挺好的。
　　　我们 我们-TM⁸-是 还 不错

---

① 赵相如,阿西木.艾努语研究[M].北京:民族出版社,2011:50-51.
② 戴庆厦.景颇语参考语法[M].北京:中国社会科学出版社,2012:196,211.

(40) ~~Iwe~~ Uli shani? 你好吗？
~~你~~ 你-TM⁸-是-如何

(41) ~~Ine~~ Ndi fye bwino. 我挺好的。
~~我~~ 我-TM⁸-是 还 不错

其二，当主语为第三人称名词时，主语名词的省略在语法上也是成立的。但是，由于主语名词同主格人称代词之间"多对一"的共享型对应关系，若是在上下文信息尚不充分的情况下贸然省略主语，整个句子的语义就会变得朦胧不清。例如：

(42) Aleenda panono panono. 他/她/它正在慢慢地走着。
Ta-TM¹¹-走 慢慢地

(43) Alitemwa ukulya inswa. 他/她/它喜欢吃飞蚁。
Ta-TM⁹-喜欢 ᵈᵒⁿᵍᵐⁱⁿᵍᶜⁱ吃 飞蚁

只有在信息充分时，主语名词的省略才在语法和语义上同时可行。例如：

(44) Nacimona fulwe ulucelo. 我早上看见了一只乌龟。
我-TM⁶-看 乌龟 早上

~~Fulwe~~ Aleenda panono panono. （乌龟）它正在慢慢地爬。
~~乌龟~~ 它-TM²-走 慢慢地

(45) Ndaya mu kukola inswa na umukashi wandi.
我-TM¹⁶-去 为 ᵈᵒⁿᵍᵐⁱⁿᵍᶜⁱ抓 飞蚁 和 妻子 CM-我的
我经常和我的妻子去抓飞蚁。

~~Umukashi wandi~~ Alitemwa ukulya inswa.
妻子 CM-我的 她-TM⁹-喜欢 ᵈᵒⁿᵍᵐⁱⁿᵍᶜⁱ吃 飞蚁
（我的妻子）她喜欢吃飞蚁。

本巴语动词一旦充当谓语，就必须以词节的形式存在。动词是谓语词节的核心，前面黏附有主格人称代词和时态标记两个"不可或缺"的组成部分。有时候，动词前还有可能出现宾格人称代词以及否定标记这样两个"应需而现"的成分。如此一来，谓语词节整体上所可能呈现出的形态变化，以及这种形态变化的丰富性是不言而喻的——作为其中一种不可或缺的黏着成分，主格人称代词自然是"功不可没"。

词头不同的主语名词对应不同的主格人称代词。为方便对比,进而突出谓语词节由于不同主格人称代词的添加而发生的巨大形态变化,我们在以下实例当中采用同一个动词——lya 的同一个时态"今日进行时"(时态标记为-le-):

(46) Ba<u>puushi</u> <u>ba</u>lelya bakoswe.　　　几只猫正在吃老鼠。
　　　猫　它们-TM[11]-吃 老鼠

(47) Puushi <u>a</u>lelya bakoswe.　　　一只猫正在吃老鼠。
　　　猫　它-TM[11]-吃 老鼠

(48) <u>In</u>sofu <u>shi</u>lelya icaani.　　　几只大象正在吃草。
　　　大象　它们-TM[11]-吃 草

(49) <u>In</u>sofu <u>i</u>lelya icaani.　　　一只大象正在吃草。
　　　大象　它-TM[11]-吃 草

(50) I<u>fyuni</u> <u>fi</u>lelya amataba.　　　几只小鸟在吃玉米。
　　　小鸟　它们-TM[11]-吃 玉米

(51) <u>Icuni</u> <u>ci</u>lelya amataba.　　　一只小鸟在吃玉米。
　　　小鸟　它-TM[11]-吃 玉米

2.2.2.2 宾格人称代词

宾格人称代词与主格人称代词不同,它是一种"应需而现"的存在。其一,句子当中如果没有宾语,就没有宾格人称代词的需求,就不可能出现宾格人称代词。其二,句子当中即使有宾语,宾格人称代词的出现与否依然受到诸多因素的影响,如宾语名词的具体人称以及宾语名词是否第一次出现等,难以一概而论。反观主格人称代词,只要句子当中有由动词参与构成的谓语词节,就一定有主格人称代词的"身影"。

汉语和本巴语的谓宾结构存在较大差异。试对比:

汉语：　谓宾结构 = 谓语 + 宾语(名词或代词)

　　　　　　　　　①主格人称代词-宾格人称代词-谓语 + 宾语名词
本巴语：谓宾结构 = ②主格人称代词-宾格人称代词-谓语 + 宾语名词
　　　　　　　　　③主格人称代词-宾格人称代词-谓语 + 宾语名词

宾格人称代词的使用分为以下几种情况:

其一,在强调、对比、补充说明等情况下,宾格人称代词和宾语名词可以并存。此时的本巴语句子处于"双宾语"状态,具有一定的冗余性。例如:

(52) Nali<u>ku</u>temwa i<u>we</u>.　　　　　　　我爱你。
　　　我-TM⁹-你-爱 你

(53) Ali<u>n</u>temwa i<u>ne</u>.　　　　　　　他爱我。
　　　他-TM⁹-我-爱 我

(54) Nali<u>ba</u>temwa a<u>ba</u>fyashi bandi.　　我爱我的爸爸妈妈。
　　　我-TM⁹-他们-爱 父母 CM-我的
　　　　　　　　　　　　　　　　　　　　　(对第三者说)

(55) Nali<u>ba</u>temwa <u>Ba</u> Jenny.　　　　　我爱珍妮。
　　　我-TM⁹-她-爱 小姐 珍妮
　　　　　　　　　　　　　　　　　　　　　(对第三者说)

其二,当宾语为第一、第二人称名词时,一般省略宾语名词,保留宾格人称代词。

(56) Nali<u>mi</u>temwa ~~imwe~~.　　　　　　我爱您。
　　　我-TM⁹-您-爱 ~~您~~

(57) Nali<u>ku</u>temwa ~~iwe~~.　　　　　　　我爱你。
　　　我-TM⁹-你-爱 ~~你~~

(58) Bali<u>tu</u>temwa ~~ifwe~~.　　　　　　　他们爱我们。
　　　他们-TM⁹-我们-爱 ~~我们~~

(59) Ali<u>n</u>temwa ~~ine~~.　　　　　　　　他爱我。
　　　他-TM⁹-我-爱 ~~我~~

其三,当宾语为第三人称名词,且该名词第一次出现在话语当中时,通常保留宾语名词,省略宾格人称代词。例如:

(60) Nali~~ba~~temwa a<u>ba</u>fyashi bandi.　　我爱我的爸爸妈妈。
　　　我-TM⁹-~~他们~~-爱 父母 CM-我的

(61) Nali~~ba~~temwa <u>Ba</u> Jenny.　　　　　我爱珍妮。
　　　我-TM⁹-~~她~~-爱 小姐 珍妮

(62) Nali~~ci~~temwa ici i<u>ci</u>muti.　　　　　我喜欢这棵树。
　　　我-TM⁹-~~它~~-喜欢 这 树

(63) Nali~~fi~~temwa sana ifikope ifi.　　　我很喜欢这些照片。

我-TM⁹-它们-喜欢 照片 这

其四，在宾语为第三人称名词，且该名词信息已经非常充分的情况下，通常保留宾格人称代词，省略宾语名词。例如：

(64) U<u>mu</u>kashi wandi alomfwa ishiwi lyandi. Na ine nali<u>mu</u>temwa sana ~~umukashi wandi~~.
妻子 CM-我的 她-TM¹⁶-听 话 CM-我的 也 我 我-TM⁹-她-爱 很 ~~妻子 CM-我的~~

我的妻子(她)听我的话。我也很爱她。

(65) Ukukwata <u>in</u>dalama no ku<u>shi</u>bomfya ~~indalama~~ bwino kwalicindama.
ᵈᵒⁿᵍᵐⁱⁿᵍ有 钱 并且 ᵈᵒⁿᵍᵐⁱⁿᵍ它-使用 钱 好 这-TM⁹-重要

有钱并且把它用好，这非常重要。

宾格人称代词所充当的，可能是直接宾语，也可能是间接宾语。

充当直接宾语时，宾格人称代词是谓语动词唯一的作用对象。例如：

(66) Nali<u>ku</u>pata (n-ali-ku-pata).　　　　　我恨你。
我-TM⁹-你-恨

(67) Mu<u>n</u>konke!　　　　　　　　　　　跟我来吧！
您-我-跟随ᵛⁱʳᵗᵘᵃˡ　　　　　　　　　　-konka/-konke

充当间接宾语时，宾格人称代词是谓语动词两个作用对象当中生命度更高的那个。例如：

(68) <u>N</u>jebeni na fimbi!　　　　　　　　　请告诉我更多事情。
我-告诉ʲⁱⁿᵍqⁱⁿᵍ 加 其他事　　　　　　　　-eba/ebeni

(69) Kuti natemwa uku<u>kw</u>ipushako icipusho.　我想要问你一个问题。
将 我-TM⁸-想要 ᵈᵒⁿᵍᵐⁱⁿᵍ你-问-来着 问题

2.2.3 一致关系标记

类标记的第三个功能是：黏着在定语或表语的前面，与之构成定语词节或表语词节。此处的类标记"冗余"色彩极为浓厚，很难与汉语的"你""我""他"等人称代词相匹配，我们据此不再称之为人称代词，而是根据它们语法上的一致关系标记功能，并称之为一致关系标记(Concord Marker，对译时标注为CM)。

本巴语形容词有一个共同特点：前方预留有一个语法槽(该语法槽用符号

"---"表示),用来安放同中心名词词头相一致的一致关系标记。一致关系标记的存在,加上"定语后置律",使得本巴语由形容词参与构成的中定结构及主表结构同汉语差异极大。

汉语:　　定中结构 = 定语形容词 + 中心名词
　　　　　主表结构 = 主语名词 + 表语形容词

本巴语:　中定结构 = 中心名词 + **一致关系标记**-定语形容词
　　　　　主表结构 = 主语名词 + **一致关系标记**-表语形容词

本巴语形容词的形态在实际运用过程中具有"不稳定性"。这是由定语形容词所添加的一致关系标记必须随着中心名词的变化而变化所导致的。来看---kalamba 的实例:

(70)　imiti ikalamba　　　　　　几棵大树
　　　树　　CM-大的
　　　　　　　　　　　　　　　　(中心名词词头为imi-,一致关系标记为i-)
　　　umuti ukalamba　　　　　　一棵大树
　　　树　　CM-大的
　　　　　　　　　　　　　　　　(中心名词词头为umu^2-,一致关系标记为u-)
　　　ubushiku bukalamba　　　　一个重要的日子
　　　日子　　CM-大的
　　　　　　　　　　　　　　　　(中心名词词头为ubu-,一致关系标记为bu-)

本巴语的中定结构在默认的"当前"状态下同主表结构没有任何差异。但是,当我们需要赋予主表结构特定的时态,如表示主语"过去""将来"或者"通常"所呈现的某一状态等,必须在主表之间嵌入—ba、—moneka 等系动词。本巴语的主系表结构为:

　　　主系表结构 = 主语名词 + 主格人称代词 - 时态标记 - 系动词
　　　　　　　　　+ 一致关系标记 - 表语形容词

以下为主系表结构实例:

(71)　Inanda yakwe yali iikalamba.　　　　他的房子很大。
　　　房子 CM-他的 它-TM^1-是 CM-大的　　　　　　　　　　　　-ba/-li

(72)　Amashiwi yabo yali ayasuma.　　　　他们的话很真诚。
　　　话语 CM-他们的 它-TM^1-是 CM-好的

(73)　Abengi bali bapiina.　　　　　　　　许多人很穷。
　　　许多人 他们-TM^1-是 CM-穷的

第 3 章 名　　词

　　本巴民族是一个类意识非常强烈的民族。类意识以类标记的方式渗透到语言系统的各个角落,其中就包括整个名词世界。

　　类标记是名词不可或缺的组成部分。因为出现在名词的"头部",我们称之为词头。词头之外的部分,是名词词义的根基所在,我们称之为词根。一个完整的本巴语名词,其内部结构是这样的:

$$名词＝词头＋词根$$

　　放眼世界,为名词打上类标记的语言很多。然而,相比之下,像本巴语这样以为数不多的词头作为类标记形式对名词进行分类,且类标记添加得如此之普遍,分类进行得如此之彻底的语言并不多见。

　　一个词头就是一个"家族"。由于词头的存在,任何名词的家族归属都是一目了然的。例如,abantu、abafyashi、ababomfi 属于"aba 家族",umuntu、umufyashi、umubomfi 属于"umu 家族",等等。

　　词头还具有复单数的标记功能。例如,词头 aba-是复数词头,所参与构成的名词 abantu、ababomfi、abafyashi 等都蕴含复数的概念;词头 umu-则是单数词头,所参与构成的名词 umuntu、umubomfi、umufyashi 等都蕴含单数的概念。

　　特定复数词头和特定单数词头之间存在习惯性的复单数配对关系。或者说,特定的复数"家族"一般以特定的单数"家族"作为"联姻"对象,反之亦然。例如,复数词头 aba-总是对应单数词头 umu^1-,生成词头组合 aba-/umu^1-;复数词头 utu-总是对应单数词头 aka-,生成词头组合 utu-/aka-,等。

词头组合与相同的词根相结合,生成具有复单数配对关系的名词组合。例如,词头组合 aba-/umu[1]-既可以同词根-ntu 相结合,生成名词组合 abantu(人,复数)和 umuntu(人,单数),也可以同词根-fyashi 相结合,生成名词组合 ababomfi(农民,复数)和 umubomfi(农民,单数),等等。

据统计,本巴语共有词头组合 9 个。如果把 1 个词头组合看作是一个"家族联盟",那么本巴语的名词世界就是 9 大"家族联盟"九分天下的局面。

3.1 词头组合

3.1.1 Ifu

Ifu 组只有两个成员：ifu-和 in¹-。前者为复数词头，后者为单数词头。它们只能和词根-e 结合，生成名词 ifwe 和 ine，记作 ifwe/ine。语义上，ifwe 相当于汉语的"我们"，ine 相当于"我"，都属于**第一人称名词**。第一人称名词具有如下语法功能：

其一，应答。

(74) ——Ninani ali mu cani?　　　　　——谁在草丛里？
　　　　是-谁 他-TM⁸-是 在 草丛里

　　　——**Ifwe**. / **Ine**.　　　　　　　　——我们。/ 我。
　　　　我们　我

其二，充当主语。

在 ifwe 充当主语的主谓结构当中，谓语动词前面需要添加主格人称代词 tu-。例如：

(75) 　**Ifwe tu**kaya mu kulunga.　　　　我们改天要去打猎。
　　　我们 我们-TM¹³-去 为 动名词 打猎

ine 单独充当主语时，谓语动词前面需要添加主格人称代词 n-①。例如：

(76) 　**Ine n**shishibe ifyo ulelandapo.　　我不知道你在说什么。
　　　我 我-不-TM⁸-知道过去形 所 你-TM¹¹-讲-来着　　　-ishiba/-ishibe

由于第一人称名词主语同主格人称代词之间存在排他性的"一一对应关系"，以上例句即使省略主语，也不会对语义造成任何影响。

---

① 在少数人的发音当中，n-前面感觉有一个 i 音的存在，即添加主格人称代词 in-。

~~Ifwe~~ Tukaya mu kulunga.

~~Ine~~ Nshishibe.

不过,在有着强调、对比、补充说明等表达需求时,名词主语通常不能省略。例如:

(77) ——Ifwe tukaya. Inga imwe?　　——我们会去,你们呢?

　　　我们 我们-TM[13]-去　那么 你们

　　——Na ifwe tukaya.　　——我们也会去。

　　还有 我们 我们-TM[13]-去

(78) Tom na ine twalile (tu-ali-ile) mu kukola inswa.

　　汤姆 和 我 我们-TM[3]-去过去形 为 动名词 抓 飞蚁　　-ya/-ile

　　汤姆和我去了抓飞蚁。

无论是用于应答还是充当主语,ifwe 和 ine 前面均可以添加肯定判断标记 ni 或否定判断标记 te。其中,ni 和 ifwe/ine 连读为 nifwe/nine,te 不连读。城镇居民一般还会在 ifwe 和 ine 后面添加后缀-bo,乡村居民则一般不添加。-bo 略带强调功能,是区分城镇居民和乡村居民的重要语言特征之一。例如:

(79) ——Ninani alekonkonsha ku cibi?　——是谁在敲门?

　　　是-谁 他-TM[11]-敲 把 门

　　——Nifwe(bo). / ——Nine(bo).　　——是我们。/ ——是我。

　　　是-我们　　　　是-我

(80) ——Ninani acitoba imbale?　　——是谁打碎了盘子?

　　　是-谁 他-TM[6]-打碎 盘子

　　——Te ifwe(bo). / ——Te ine(bo).　——不是我们。/ ——不是我

　　　不是 我们　　　　不是 我

其三,充当介词宾语。

ifwe 和 ine 都可以跟在介词后面,与之构成介宾结构,在句中充当状语。例如:

(81) Ukwabula ine, te kuti mucite nangu cimo.

　　　没有 我　不 能够 你-做虚拟形 哪怕 一事　　-cita/-cite

　　没有我,你什么都做不了。

(82) Te kuti balande **na ifwe**.　　　他们不能和我们说话。
　　　不 能 他们-说话^{虚拟形} 和 我们　　　　　　-landa/-lande

但是,前接介词 na 且 na 表示"也""还有"的意思时,na ifwe 和 na ine 整体上依然是句子的逻辑主语。例如:

(83) **Na ifwe** tulingile ukuya.　　　我们也应该去。
　　　还有 我们 我们-应该 ^{动名词}去

(84) **Na ine**, ndi fye bwino.　　　我也还好。
　　　还有 我 我-TM⁸-是 还 好

充当逻辑主语时,na ifwe 和 na ine 位置比较自由,放在句首或句尾均可。试对比:

(85) **Na ine**, ndi fye bwino.　　　我也很好。
　　　Ndi fye bwino, **na ine**.

(86) **Na imwe**, mwashibukeni!　　　您也早上好啊!
　　　Mwashibukeni, **na imwe**!

3.1.2 Imu

Imu 组只有两个成员:imu- 和 iu-。它们只能和词根 -e 结合,生成名词 imwe 和 iwe,记作 imwe/iwe。语义上,imwe 相当于汉语的"您"或"你们",iwe 相当于"你",都属于**第二人称名词**。第二人称名词具有如下语法功能:

其一,打招呼。

(87) **Imwe**!　　　　　　　喂!你们!
　　　Iwe!　　　　　　　喂!你!

imwe/iwe 后面常常添加同位语,更为具体地传递对方的身份、范围、数量等信息。

(88) **imwe** bonse　　　　　你们大家
　　　你们 大家

(89) **imwe** babili　　　　　你们俩
　　　你们 两个人

(90) **imwe** umo umo　　　你们每一个人

你们 每一个人

其二,充当主语。

在 imwe 充当主语的主谓结构当中,谓语动词前面需要添加主格人称代词 mu-。例如:

(91)　Imwe muli shani?　　　　　　你们好吗?
　　　你们 你们-TM⁸-是 如何

在 iwe 充当主语的主谓结构当中,谓语动词前面需要添加主格人称代词 u-。例如:

(92)　Iwe uli shani?　　　　　　你好吗?
　　　你 你-TM⁸-是 如何

由于第二人称名词主语同主格人称代词之间存在排他性的"一一对应关系",以上例句即使省略主语,也不会对语义造成任何影响。事实上,省略是一种常态。

~~Imwe~~ Muli shani?　　　　　　你们好吗? 您好吗?

~~Iwe~~ Uli shani?　　　　　　你好吗?

不过,在有强调、对比、补充说明等表达需求时,名词主语通常不能省略。例如:

(93)　——Imwe mukaya ku Lusaka. Inga ifwe?
　　　你们 你们-TM¹³-去 往 卢萨卡 那么 我们
　　　——你们去卢萨卡,那我们呢?
　　　——Na imwe(bene) mukaya ku Lusaka.
　　　也 你们 同样 你们-TM¹³-去 往 卢萨卡
　　　——你们也去卢萨卡。

无论是用于应答还是充当主语,imwe/iwe 前面均可以添加肯定判断标记 ni 或否定判断标记 te。其中,ni 和 imwe/iwe 连读为 nimwe/niwe,te 不连读。城镇居民一般还会在 imwe 和 iwe 后面添加后缀-bo,乡村居民则一般不添加。例如:

(94)　——Nimwe(bo) bani?　　　——您是谁?
　　　是-您　　谁

——Nine(bo) Jenny, bamayo bobe. ——我是珍妮,你的妈妈。
　　_是-我　珍妮　妈妈　CM-你的

——Te imwe(bo) bamayo. ——您不是我的妈妈。
　　_{不是}您　　妈妈

其三,充当介词宾语。

imwe/iwe 可以跟在介词后面,与之构成介宾结构。介宾结构大多在句中做状语。

(95)　Ukwabula imwe, umulimo uyu teti ubombeke.
　　　　_{没有}　　你们　　事情　这　不能　它-办成^{虚拟形}
　　　没有你们,这件事办不成。　　　　　-bombeka/-bombeke

(96)　Ndefwaya ukuba na imwe.　　　　我想和你们在一起。
　　　我-TM¹¹-想要 ^{动名词}在 _和 你们

(97)　Kuti twatemwa ukumfwa kuli imwe bonse.
　　　将会 我们-TM⁸-高兴 ^{动名词}听到 _从 你们 各位
　　　我们非常希望听到来自各位的消息。

(98)　Bushe umo pali imwe aleumfwa ukukaba?
　　　请问 任一 _{在……当中} 你们 他-TM¹¹-感觉 发烧
　　　你们当中有没有人发烧?

imwe/iwe 前接介词 na 或 nga 时①,表示相同话题以肯定或疑问的方式指向了新对象 imwe 或 iwe。该新对象依然是句子的主语,但语法位置变得更加自由。例如:

(99)　——Mwashibukeni!　　　　　　——早上好!
　　　　　您-TM⁸-早起^{敬祈形}　　　　　-shibuka/-shibukeni
　　　——Mwashibukeni, na imwe!　——您也早上好!
　　　　　您-TM⁸-早起^{敬祈形} _{还有} 您

(100)　——Muli shani, mukwai?　　　——您好吗? 先生。
　　　　　您-TM⁸-是 如何 先生
　　　——Bwino. Nga imwe muli shani?　——很好。那么您呢?

---

① 此时,na 表示"也""还有",nga 表示"那么",分别以肯定和疑问的方式承接前面的话题。

好　　　　那么　您　您-TM⁸-是　如何

3.1.3　Aba

从 Aba 组开始,所有词头组合参与构成的名词都属于**第三人称名词**。其特点是可以用汉语的"Ta"或者"Ta 们"来指代。但具体是属人的"他"或"她",还是属物的"它",需要根据相关名词的生命度(Animacy)来确定。

先来看 Aba 组。Aba 组有两个成员:a-ba-和 u-mu¹-,记作 aba-/umu-。这两个词头可结合的对象很多,所生成的名词都和"人"有关,有着很高的生命度。例如:

	复数	单数
人	**aba**ntu	**umu**ntu
工人;仆人	**aba**bomfi	**umu**bomfi
女孩,姑娘	**aba**kashana	**umu**kashana
妻子,老婆	**aba**kashi	**umu**kashi
丈夫,老公	**aba**lume	**umu**lume
年轻人	**aba**lumendo	**umu**lumendo
欧洲人;英国人	**aba**sungu	**umu**sungu
学生	**aba**sambi	**umu**sambi
病人	**aba**lwele	**umu**lwele

当词根第一个音节为元音时,词根和词头之间没有辅音的阻隔,经常发生音变。音变包括元音半元音化、元音融合两种情况。其中,元音半元音化的正字法完全统一,元音融合生成长元音的正字法则因机构而异。有些机构拼写为两个元音字母,有些则拼写为一个元音字母,很不统一。这一情况对于初学者识读本巴语文献非常不利。例如:

第3章 名　　词

	复数	单数
孩子	aba-ana = ab**aa**na/ab**a**na	umu-ana = um**w**ana
男人	aba-aume = ab**aa**ume/ab**a**ume	umu-aume = um**w**aume
女人	aba-anakashi = ab**aa**nakashi/ab**a**nakashi	umu-anakashi = um**w**anakashi
族人	aba-ina = ab**ee**na/ab**e**na	umu-ina = um**w**ina
陌生人；游客	aba-eni = ab**ee**ni/ab**e**ni	umu-eni = um**w**eni

Aba 组名词可以扮演以下句法角色：

其一，主语。

当 aba-类名词充当主语时，谓语动词前面需要添加相应的主格人称代词 ba-。例如：

(101)　**Aba**ntu **ba**lafwa.　　　　　　　　人总是要死的。
　　　　人们　他们-TM¹⁶-死

(102)　**Aba**fyashi bandi **ba**lintemwa.　　　我的爸爸妈妈爱我。
　　　　父母　CM-我的 他们-TM⁹-我-爱

当 umu¹-类名词充当主语时，谓语动词前面需要添加相应的主格人称代词 a-。例如：

(103)　**Umu**kashana uyu **a**lesakula umushishi.　那个女孩正在梳头发。
　　　　女孩　　　那　她-TM¹¹-梳 头发

(104)　**Umu**kashi wandi **a**lintemwa.　　　　我的妻子爱我。
　　　　妻子　CM-我的 她-TM⁹-我-爱

由于名词主语同主格人称代词之间共享型的"多对一关系"，在没有上下文支持的情况下，以上例句如果省略主语，语义存在一定的模糊性。

(105)　**Ba**lafwa.　　　　　　　　　　　　他们/她们总是要死的。
　　　　Balintemwa.　　　　　　　　　　他们/她们爱我。
　　　　Alesakula umushishi.　　　　　　他/她正在梳头发。
　　　　Alintemwa.　　　　　　　　　　他/她爱我。

其二,动词宾语。

(106) Bombela **abantu**! 　　　　　　　　为人民服务!
　　　 服务-下　人们　　　　　　　　　　　-bomba/-bombela

(107) Nalitemwa **abafyashi** bandi. 　　　我爱我的爸爸妈妈。
　　　 我-TM[9]-爱 父母 CM-我的

(108) Nafuluka **umuwana** wandi. 　　　　我想我的孩子。
　　　 我-TM[8]-想 孩子 CM-我的

其三,介词宾语。

(109) abaume **na banakashi** 　　　　　　男人和女人
　　　 男人 　和　 女人

(110) Muleba abamutende **ku bantu** bonse.
　　　 你们-TM[11]-是 CM-的-和平 对 人们 CM-所有的
　　　 你们应该同所有的人和平相处。

3.1.4　Ba

Ba 组只有 ø-ba-和 ø-ø-两个成员,记作 ba-/ø-。其中,ø-类名词既没有前缀,也没有中缀,是所有名词类别当中唯一的"零词头名词"。

本组词头所在名词在语义上有三种可能:

其一,人。

爷爷;主人	**ba**shikulu	shikulu
老师	**ba**kafundisha	kafundisha
牧羊人	**ba**kacema	kacema
作者	**ba**kalemba	kalemba
成员	**ba**membala	membala
哑巴	**ba**cibulu	cibulu
我的母亲	**ba**mayo	mayo

其二,与人的生活圈非常接近的动物。

猫	**ba**puushi	puushi
老鼠	**ba**koswe	koswe

猴子	**ba**kolwe	kolwe
公鸡	**ba**mukolwe	mukolwe
乌龟	**ba**fulwe	fulwe
马	**ba**kabalwe	kabalwe
斑马	**ba**colwa	colwa

其三,外来的新鲜事物。

铲子	**ba**fosholo	fosholo
香烟	**ba**fwaka	fwaka
电脑	**ba**kompyuta	kompyuta
锁	**ba**loko	loko
机器	**ba**mashini	mashini
汽车	**ba**motoka	motoka
铅笔	**ba**pensulo	pensulo

所有人名都属于 Ba 组名词。这是因为所有的人名前都可以添加 ba 以示尊敬。此时的 ba 相当于英语的 Mr.、Mrs.、Miss.,或者汉语的"先生""女士""小姐"。

正字规则上,添加在单独的名、姓或头衔之前时,Ba 与之连写或空一格书写均可;添加在"名姓组合"或者"头衔+姓组合"之前时,Ba 一般与之空一格书写。Ba 的这种正字规则说明词头 ba-具有由粘着词素向自由词素过渡的趋势。例如:

汤姆先生	Ba Tom	BaTom
教授先生/女士	Ba Profesa	BaProfesa
总统阁下	Ba Presidenti	BaPresidenti
玛丽女士	Ba Mary	BaMary
弗朗西斯·乔拉女士	Ba Francis Chola	/
西蒙·班达先生	Ba Simon Banda	/

ba(-)还可以与一些表抽象概念的名词相结合,表示"具有某种特点的人"。以这种方式生成的名词同样是复数名词,但所对应的单数词头不是 ø,而是自由词素 uwa 或其缩略形式 wa。例如:

谎言	bufi	骗子	**ba** bufi/**uwa** bufi
虚伪	bumbimunda	伪君子	**ba** bumbimunda/**uwa** bumbimunda
兄弟之情	bwananyina	兄弟	**ba** bwananyina/**uwa** bwananyina
无辜	kaele	无辜的人	**ba** kaele/**uwa** kaele
商业	makwebo	商人	**ba** makwebo/**uwa** makwebo

Ba 组名词可以扮演以下句法角色：

其一，主语。此时，谓语动词前必须分别添加主格人称代词 ba-和 a-。

(111) **Bamayo ba**fwile mu 1988.　　　　我的母亲1988年去世了。
　　　　我的母亲 她-TM[1]-死 过去形 在 1988　　　　　　　　-fwa/-fwile

(112) **Puushi a**lya bakoswe.　　　　猫吃老鼠。
　　　　猫　它-TM[15]-吃 老鼠

其二，动词宾语。

(113) Ndeipaya **balunshi**.　　　　我在打苍蝇。
　　　　我-TM[11]-杀 苍蝇

其三，介词宾语。

(114) Naleikala **na bamayo**.　　　　我和我的妈妈住在一起。
　　　　我-TM[2]-住 和 我的妈妈

3.1.5 Ama

Ama 组包含五个词头。其中，表复数的词头只有一个，即 a-ma-，表单数的词头有四个，即 ø-i-、i-li-、u-bu-和 u-ku-。复单数成员之间的对应关系记作 ama-/i-^ili-^ubu-^uku-。这是一种"一对多"的复单数对应关系。

由于"一对多"关系的存在，当我们看到单数词头 i-、ili-、ubu-和 uku-参与构成的可数名词时，基本上可以推测其复数形式是以 ama-作为词头的。但是，反过来，当我们看到复数词头 ama-参与构成的名词时，却无法推断其单数词头的具体形式。鉴于此，在调查或学习这一类名词时，必须养成同时记录名词复单数形式的好习惯。以下为 Ama 组词头参与构成的各类名词组合实例：

	-shina	am**a**shina/**i**shina	名字
ama-/i-			
	-bala	am**a**bala/**i**bala	田地

	-ni	a<u>ma</u>ni/<u>ili</u>ni	蛋
ama-/ili-	-be	a<u>ma</u>be/<u>ili</u>be	汗水
ama-/ubu-	-ta	a<u>ma</u>ta/<u>ubu</u>ta	弓
	-kwebo	a<u>ma</u>kwebo/<u>ubu</u>kwebo	买卖；生意
ama-/uku-	-boko	a<u>ma</u>boko/<u>uku</u>boko	手臂
	-twi	a<u>ma</u>twi/<u>uku</u>twi	耳朵

以上为默认的、常规的、普通的复单数配对实例。

Ama 组名词还存在一些比较特殊的复单数配对情况，具体如下：

(1) 单数形式缺失。部分 Ama 组名词只有复数形式，没有单数形式与之匹配。缺失的单数形式，我们用符号"/"表示。例如：

amacaca	/	黎明
amaka	/	力量
amano	/	智慧
amasamba	/	西边
amate	/	唾液
amatipa	/	泥巴
amatololo	/	荒凉之地
amatutumuko	/	高傲；狂妄

(2) 复数形式缺失。即名词只有单数形式。缺失的复数形式，我们也用符号"/"表示。具体分为两种情况：

a. 动名词。词头 uku-可以添加在动词原形前面，与之构成动名词。所有的动名词都是没有复数形式的。例如：

/	**uku**lapila	忏悔
/	**uku**tendeka	开始；起初
/	**uku**buta	白色
/	**uku**pwa	尽头；末端
/	**uku**sambilila	学习；教育
/	**ukw**ampana	伙伴关系

b. 抽象名词。词头 ubu-参与构成大量抽象名词或不可数名词，这类名词数量非常多，没有复数形式，需要逐一牢记。例如：

/	**ubu**bifi	邪恶
/	**ubu**cindami	荣耀；价值
/	**ubu**ntu	人性；个性
/	**ubu**ci	蜂蜜
/	**ubw**aume	男子气概
/	**ubw**aice	童年

(3) ama-只替换词头 ubu-的前缀 u-。这样的配对情况非常少。

amabulwi	<u>u</u>bulwi	战斗
amabuyo	<u>u</u>buyo	目标
amabuteko	<u>u</u>buteko	政府

(4) ama-同词头 ulu-配对。这样的配对情况非常少。

amakasa	**ulu**kasa	脚；爪子
amabondo	**ulu**bondo	蹄子
amapi	**ulu**pi	手掌

(5) ama-同词头 ø-配对。这种特殊配对情况在外来词当中比较常见。

amafilimu	filimu	电影
amalipoti	lipoti	报道
amaminiti	miniti	分钟

(6) ama-和 ba-同时对应单数词头 ø-。这种特殊配对情况也主要出现在外来词当中。

amakalata		
bakalata	kalata	信件
amamagazini		
bamagazini	magazini	杂志

(7) ama-对应单数词头 i-和词头 ili-均可。

| **ama**shuko | ishuko | 机会 |
| | ilishuko | |

ama	bwe	i	bwe	石头
		ili	bwe	

(8) ama-和 aba-同时对应词头 umu-。

在铜带省,对于一些相对陌生的民族名称,人们既可以添加 ama-,也可以添加 aba-来表示该民族"人"的复数。但是,这些名词所对应的单数形式只能添加前缀 umu-。例如:

amaChinese		
abaChinese	**umu**Chinese	中国人
amaJapanese		
abaJapanese	**umu**Japanese	日本人

Ama 组名词可以扮演以下句法角色:

其一,主语。此处的谓语动词前添加主格人称代词 ya-、li-、bu-或 ku-。例如:

(115) **Amasanso ya**lifula sana muli cino calo.　各种危险充斥着这个世界。
　　　危险　它们-TM⁹-充满 很 在 这 世界

(116) **Ubwinga bu**kabako lisa?　　　　　婚礼是在什么时候?
　　　婚礼　它-TM¹³-是-来着　何时

其二,动词宾语。例如:

(117) Ukwabula ifwe, te kuti bacimfye **amafya**.
　　　没有　我们 不 能 他们-战胜虚拟形 困难　　　-cimfya/-cimfye
　　　没有我们,他们无法战胜困难。

其三,介词宾语。例如:

(118) umukaka **no buci**　　　　　　牛奶和蜂蜜①
　　　牛奶 和 蜂蜜

3.1.6 Ifi

Ifi 组只有两个成员,分别是 i-fi-和 i-ci-,记作 ifi-/ici-。这一组词头所参与

---

①　连接两个并列的名词成分时,部分语法书籍将 na 划入连词行列,本文统一划入介词。

构成的名词具有一个共同的语义特点,即"较大的事物"。例如:

	-kumo	ifikumo/icikumo	大拇指
	-nkukuma	ifinkukuma/icinkukuma	大地震
ifi-/ici-	-bansa	ifibansa/icibansa	大广场;飞机场
	-pailo	ifipailo/icipailo	大祭台
	-abu	ifyabu/icabu	大港口

除了"大"之外,ifi-/ici-还有由"大"引申而来的"珍贵""特殊""可怕"等语义。

	ifilayo/icilayo	诺言
"珍贵"	ifikwatwa/icikwatwa	家产
	ifyuma/icuma	财富
	ifilambu/icilambu	奖赏
	ifipumbu/icipumbu	傻子
"特殊"	ifibala/icibala	伤疤
	ifiloto/iciloto	梦
	ifisungusho/icisungusho	奇迹
	ifibanda/icibanda	魔鬼
"可怕"	ififungo/icifungo	监狱
	ifikuko/icikuko	瘟疫
	ifipowe/icipowe	饥荒

ifi-/ici-可以同许多名词的短式,即这些名词去除前缀之后的形式相结合,在该名词原有词义的基础上添加"大"的概念。具体结合方式包括:

其一,ifi-同名词的复数形式相结合,ici-同单数形式相结合。例如:

ifi-/ici-	a̶mato/u̶bwato(船)	ifimato/icibwato(大船)
	a̶mabwe/i̶libwe(石头)	ifimabwe/icilibwe(巨石)

其二,ifi 既能接复数形式,又能接单数形式,但 ici 只能接名词的单数形

式。例如：

ifi-/ici-　　+miti/umuti（树）　　ifimiti / ifimuti / icimuti（大树）

Ifi 组名词也存在一些特殊的复单数配对情况，具体包括：

（1）单数形式缺失。例如：

ifiko　　　　　/　　　　　垃圾
ifibashi　　　/　　　　　麻风病
ifikansa　　　/　　　　　争执；争吵；政治

值得注意的是，基数词 fibili（二）、fitatu（三）、fine（四）和 fisano（五）都只能以 fi-而不是 ifi-作为词头，没有对应的单数形式[①]。

（2）复数形式缺失。有些 ici-参与构成的名词，尤其是表示"语言""思想""状态"等特殊或者抽象概念的名词，没有复数形式。此外，基数词 cimo（一）只能以 ci-作为词头，没有对应的复数形式。例如：

/　　　　**ici**Chinese　　　　汉语
/　　　　**ici**bukisho　　　　记忆；回忆
/　　　　**ici**tetekelo　　　　忠诚
/　　　　**ici**bote　　　　　平静；平安；秩序
/　　　　**ici**laka　　　　　口渴感

Ifi 组名词可以扮演以下句法角色：

其一，主语。此时，谓语动词前必须分别添加人称代词 fi-和 ci-。例如：

(119)　**Ifilamba fy**aiswile mu menso yandi.　　泪水盈满我的眼眶。
　　　眼泪　它-TM¹-盈满过去形 在 眼睛 CM-我的　　-isula/-iswile

(120)　**Icilaka** ca fwaka calitendeke ukupwa.　　烟瘾渐渐消失了。
　　　渴望 CM-的 烟 它-TM³-逐渐过去形 动名词结束　　-tendeka/-tendeke

其二，动词宾语。例如：

(121)　Abengi baliponeshe **ifilamba** fya kusekelela.　　许多人流下了喜悦的泪水。

[①] cibili、citatu 是序数词，分别表示"第二""第三"，首字母大写时则分别表示"星期二""星期三"。

许多人 他们-TM³-流过去形 泪水 CM-的　喜悦　　-ponya/-poneshe

(122) Tufwile twasenda **ifisendo** fya banaka.

　　　我们-应该 我们-TM⁸-拿 行李 CM-的　体弱者

　　　我们应该帮助体弱者拿行李。

其三,介词宾语。例如:

(123) Takwali nangu umo uwafwile **ku cilaka**.　没有一个人是渴死的。

　　　不-那里-TM¹-有 哪怕 一人 他-TM¹-死过去形 于 渴　　-fwa/-fwile

3.1.7 Imi

Imi 组只有两个成员,分别是 i-mi- 和 u-mu²-,记作 imi-/umu-。

Imi 组词头参与构成的名词以事物为主,生命度普遍偏低。例如:

imilandu	umulandu	原因
imililo	umulilo	火
imilimo	umulimo	工作;事务
imipaka	umupaka	边界
imimana	umumana	河流
imishi	umushi	乡村
imiti	umuti	树;药
imyaka	umwaka	年;岁数
imyeshi	umweshi	月亮;月份

许多跟身体部位有关的名词属于 Imi 组。例如:

imibango	umubango	下巴
imikonso	umukonso	小腿
imikoshi	umukoshi	脖子
imilomo	umulomo	嘴唇
iminwe	umunwe	手指;手
imisana	umusana	腰
imishishi	umushishi	头发
imitima	umutima	心脏

imitoto	**umu**toto	肚脐
imitwe	**umu**twi	头
imyefu	**umw**efu	胡子
imyona	**umo**ona	鼻子

只有极少数同动物有关的名词属于 Imi 组。例如：

imisepela	**umu**sepela	幼兽；年轻人
imikuni	**umu**kuni	羊群；羊圈
imimbulu	**umu**mbulu	狼；野狗

Imi 组名词也存在一些特殊的复单数配对情况，具体包括：

(1) 单数形式缺失。即名词只有复数形式，分为两种情况：

a. 与构词法无关的缺失。例如：

imisu	/	尿
imito	/	灰烬

b. 与构词法有关的缺失。词头 imi- 有一个特殊的构词功能——同动词的过去形相结合，生成抽象名词，表示与该动词相关的"习惯""能力"或"方式"。这些名词比较抽象，都没有单数形式。例如：

-ba	→	**-bele**	imi**bele**	/	环境；状况；想法
-teka	→	**-tekele**	imi**tekele**	/	统治方式；领导力
-cita	→	**-citile**	imi**citile**	/	行为习惯
-landa	→	**-landile**	imi**landile**	/	说话方式；表达方式；演讲
-ikala	→	**-ikalile**	imi**kalile**	/	生活方式
-umfwa	→	**-umfwile**	imy**umfwile**	/	理解能力；悟性；感觉
-fwaya	→	**-fwaile**	imi**fwaile**	/	愿望；目的
-pepa	→	**-pepele**	imi**pepele**	/	祈祷方式；宗教
-bomfya	→	**-bomfeshe**	imi**bomfeshe**	/	使用方式
-mona	→	**-mwene**	imi**mwene**	/	视角；观点；印象

(2) 复数形式缺失。umu- 参与构成大量的不可数名词，这些名词表示抽象的概念或难以计数的事物，没有相对应的复数形式。例如：

/	umucele	盐
/	umucetekanya	悟性；洞察力
/	umucinshi	荣耀、尊严
/	umufimbila	嫉妒
/	umufundo	肥料
/	umulinganya	公正
/	umushili	土壤
/	umuyayaya	永久；永恒
/	umwenso	恐惧感

Imi组名词可以扮演以下句法角色：

其一，主语。此时，谓语动词前必须分别添加人称代词 i- 和 u-。例如：

(124) **Imibili** yesu imoneka iyayemba.
躯体 CM-我们的 它们-TM[15]-看起来 CM-美
我们的躯体看上去是非常美的。

(125) **Umutwe** ulekalipa.   我现在头好痛。
头   它-TM[11]-痛

(126) **Umushili** wauma ndi.   土壤干得厉害。
土壤 它-TM[8]-干 非常

(127) **Umutende** ube na imwe!   祝你平安！
平安   它-存在 虚拟形 和 你   （平安和你同在吧！）   -ba/-be

其二，动词宾语。例如：

(128) Icakubalilapo, cilawamina **imibili** yesu.
首先   它-TM[16]-有益-于 身体 CM-我们的   -wama/-wamina
首先，它总是有益于我们的身体。

(129) Lemba **imiseela** ibili.   请写两个句子！
写   句子 CM-二

(130) Kuti babomba **imilimo** yonse bwino bwino.
能 他们-TM[8]-做 工作 CM-全部的 很好
他们能够做好全部的工作。

(131) Ndesakula **umushishi** wandi.　　　　我正在梳头发。
　　　　我-TM¹¹-梳 头发 CM-我的

其三，介词宾语。例如：

(132) Mulesamba **ku minwe** lyonse.　　　你们要勤洗手。
　　　　你们-TM¹¹-洗 把 手 经常
　　　　　　　　　　　　　　　　　　　　（你们要经常把手洗干净。）

(133) Nshifwile ukutoloka **pa mutenge**.
　　　　我-不-可以 ᵈᵒⁿᵍᵐⁱⁿᵍcí跳下 在 屋顶
　　　　我不可以从屋顶跳下来。

Imi 组的单数词头 umu²-和 Aba 组的单数词头 umu¹-在形态上完全一致，容易引起混淆。区分办法有三个：

其一，语义差异。Imi 组的 umu-大多指"物"，Aba 组的 umu-全部指"人"。

其二，复单数配对差异。Imi 组的 umu-同 imi-配对，Aba 组的 umu-同 aba-配对。

其三，主格人称代词差异。Imi 组的 umu-对应主格人称代词 u-，Aba 组的 umu-对应 a-。

3.1.8　In

In 组包含三个词头。其中，表复数的词头只有一个，即 i-n²-，表单数的词头有两个，即 i-n³-和 u-lu-，记作 in-/in-^ulu-。

In 组名词存在两种基本的复单数组合模式：

其一，复单数同形。例如：

	-ama	inama/inama	动物；肉
	-ambala	inambala/inambala	数字
	-cinga	incinga/incinga①	自行车
in²-/in³-	-dalama	indalama/indalama	钱
	-dyato	indyato/indyato	凉鞋

---

① 许多本巴人把 incinga 读作 injinga。

	-jelwa	**in**jelwa/**in**jelwa	砖头
	-kalamo	**in**kalamo/**in**kalamo	狮子
	-koko	**in**koko/**in**koko	母鸡
	-kondo	**in**kondo/**in**kondo	战争
	-kuba	**in**kuba/**in**kuba	闪电
	-ondo	**in**ondo/**in**ondo	锤子

其二，复数词头 in- 对应单数词头 ulu-。例如：

	-ceshi	**in**ceshi/**ulu**ceshi	柱子
	-limi	**in**dimi/**ulu**limi	舌头；语言
	-ala	**in**gala/**ulw**ala	爪子；指甲
	-kasu	**in**kasu/**ulu**kasu	小锄头
	-kombo	**in**kombo/**ulu**kombo	葫芦瓢；杯子
in²-/ulu-	-konde	**in**konde/**ulu**konde	香蕉
	-kuni	**in**kuni/**ulu**kuni	柴火；木柴
	-sase	**in**sase/**ulu**sase	火花
	-seke	**in**seke/**ulu**seke	谷物；种子
	-shimu	**in**shimu/**ulu**shimu	蜜蜂
	-tanda	**in**tanda/**ulu**tanda	星星
	-pemfu	**im**pemfu/**ulu**pemfu	蟑螂

词头 in- 存在两个语音变体：im- 和 iŋ-。
im- 仅出现在双唇音 b-、p-、f- 之前，所在名词存在两种复单数配对模式。
一种模式是复单数均为 im-。例如：

	-bale	**im**bale/**im**bale	盘子；碟子
im²-/im³-	-bushi	**im**bushi/**im**bushi	山羊
	-bwa	**im**bwa/**im**bwa	狗

	-pofu	**im**pofu/**im**pofu	瞎子
	-pumi	**im**pumi/**im**pumi	前额；脸蛋
	-futi	**im**futi/**im**futi	枪；火器
	-fula	**im**fula/**im**fula	雨

另一种模式是复数为 im-，单数为 ulu-。例如：

	-balala	**im**balala/**ulu**balala	花生；坚果
	-bola	**im**bola/**ulu**bola	毒刺
	-buto	**im**buto/**ulu**buto	种子
im^2-/ulu-	-pemfu	**im**pemfu/**ulu**pemfu	蟑螂
	-pili	**im**pili/**ulu**pili	山
	-piya	**im**piya/**ulu**piya	钱
	-fyo	**im**fyo/**ulu**fyo	肾脏

iŋ-只有复单数同形这一种配对模式，所参与构成的名词数量较少。

	-anda	**iŋ**anda/**iŋ**anda	房子；茅舍
	-ano	**iŋ**ano/**iŋ**ano	小麦；粮食
	-anga	**iŋ**anga/**iŋ**anga	赤脚医生
iŋ^2-/iŋ^3-	-oma	**iŋ**oma/**iŋ**oma	鼓
	-ombe	**iŋ**ombe/**iŋ**ombe	牛
	-umba	**iŋ**umba/**iŋ**umba	不孕女性
	-wena	**iŋ**wena/**iŋ**wena	鳄鱼

调查或学习以 in-或 im-作为词头的名词时，必须养成同时记录复数和单数形式的好习惯。对于复单数形态相同的组合，可以记录为一个单词，如 inkoko、imbale。此时的名词到底是复数还是单数，需要根据上下文以及谓语动词前的主格人称代词来做出判断。对于复单数形态不同的组合，则建议采用复数在左、单数在右、中间添加正斜杠的记录方式，如 intanda/ulutanda、imbalala/ulubalala。此时 in-或 im-所在名词一定是复数。

In 组名词存在少数特殊的复单数配对情况,具体包括:

(1) in-同 ubu-搭配。只有一个实例,即 **in**shiku/**ubu**shiku,意思是"日子;岁月"。

(2) in-同 u-搭配。有三个实例,即 **in**duko/**ulu**ko(国家;部落)、**in**dupi/**ulu**pi(手掌)、**in**dupwa/**ulu**pwa(家庭)。

(3) ulu-所在单数名词没有复数形式。这些名词通常表示抽象的或者难以计数的概念。例如:**ulu**se(怜悯)、**ulu**banda(繁荣)、**ulu**celo(早晨)、**ulu**bingu(火焰)、**ulu**lumbi(名气;声誉),等等。

In 组名词可以扮演以下句法角色:

其一,主语。此时,所在单句谓语动词前必须添加人称代词 shi-、i-或 lu-。例如:

(134) **Imbwa shi**kala (shi-ø-ikala) umo tusendama.
　　　狗　　它们-TM^{15}-呆　　　所在 我们-TM^{15}-休息
　　　狗总是呆在我们休息的地方。

(135) **Inswa shi**suma ukulya.　　　　　飞蚁很好吃。
　　　飞蚁 它们-好 $_{动名词}$吃

(136) Napamo **in**cito kuti yapwa (**i**-a-pwa). 说不定工作就没了。
　　　说不定 工作 可能 它-TM^8-失去

(137) **Ulu**tanda lwa lucelo **lw**alitula kale.　启明星已经升起来了。
　　　星星　　CM-的 早晨 它-TM^9-升起 已经

(138) **Ulu**limi lonse **lw**akwata amashiwi.　任何语言都拥有词汇。
　　　语言 CM-任一 它-TM^8-有 词汇

其二,动词宾语。例如:

(139) Bonse twalitemwa **impwa**.　　　我们大家都爱(吃)茄子。
　　　大家 我们-TM^9-喜欢 茄子

(140) Naya mu kukola **inswa**.　　　　我去抓飞蚁。
　　　我-TM^8-去 $_为}$ $_{动名词}$捉 飞蚁

(141) Nacimona **imbwa** ulucelo.　　　我早上看见了一条狗。
　　　我-TM^6-看 狗 早上

其三，介词宾语。例如：

(142) Naliile（n-ali-ile）**pa ncinga** yandi.　　　我是骑自行车过去的。
　　　我-TM³-去_{过去形} 通过 自行车 CM-我的　　　　　　　　　-ya/-ile

(143) Natupyanga **mu ŋanda**.　　　　　　　　看！我们打扫好了房子。
　　　TM⁷-我们-打扫 在……里面 房子

3.1.9　Utu

Utu 组只有两个成员，分别是 u-tu 和 a-ka-，记作 utu-/aka-。这一组词头所参与构成的名词具有一个共同的语义特点，即"较小的事物"。例如：

	-bushi	**utu**bushi/**aka**bushi	小山羊
utu-/aka-	-bwa	**utu**bwa/**aka**bwa	小狗
	-kondo	**utu**kondo/**aka**kondo	脚趾头

utu-/aka-常常添加在其他名词前面，在该名词原有词义的基础上赋予其"小的"概念。具体添加方式分为两种：

其一，首先去除名词的**前缀**，之后 utu-同复数词干结合，aka-同单数**词干**结合。例如：

	a̶mato/u̶bwato（船）	**utu**mato/**aka**bwato（小船）
utu-/aka-	a̶mafya/u̶bwafya（问题）	**utu**mafya/**aka**bwafya（小问题）
	i̶mikate/u̶mukate（面包）	**utu**mikate/**aka**mukate（小面包）

其二，首先去除名词的**词头**，之后 utu-/aka-均同名词**词根**结合。例如：

	i̶m̶pili/u̶l̶u̶pili（山）	**utu**pili/**aka**pili（小山）
utu-/aka-	b̶a̶kolwe/kolwe（猴子）	**utu**kolwe/**aka**kolwe（小猴子）
	a̶b̶a̶kashana/u̶m̶u̶kashana（女孩）	**utu**kashana/**aka**kashana（小女孩）

Utu 组名词可以扮演以下句法角色：

其一，主语。此时，谓语动词前必须分别添加人称代词 tu-和 ka-。例如：

(144) **Utushishi tu**lafula mu menshi ya fiko.　　细菌在脏水中滋生。
　　　细菌 它们-TM¹⁶-滋生 在 水 CM-的 肮脏

(145) **Akasuba ka**tula ku kabanga no kuwa ku masamba.

太阳 它-TM¹⁵-升 于 东方 和 ⁽动名词⁾落 于 西方

太阳东升西落。

其二,动词宾语。例如:

(146) Bomfya **akasalu** ako pa kusamba ku menso.
使用 小毛巾 那 以 ⁽动名词⁾洗 把 脸
用那块小毛巾洗洗脸吧!

其三,介词宾语。例如:

(147) Natulande **pa kasuba**.　　　　　让我们谈一谈太阳。
让-我们-谈论⁽虚拟形⁾ 关于 太阳　　　　　　　　-landa/-lande

绝大多数 Utu 组名词是"成双成对"的。但有三个例外,即 utu**lo**、utu**men**shi 以及 utu**wakulya**。这三个单词分别是"小憩""一点点水"和"小点心"的意思,没有单数形式。

3.2 生命度

本巴语的词头组合之间存在较大的生命度差异。如表 11 所示。

表 11　本巴语词头组合生命度差异对照表

序号	①	②	③	④	⑧	⑨	⑥	⑦	⑤
名称	Ifu	Imu	Aba	Ba	In	Utu	Ifi	Imi	Ama
人称	第一	第二	第三						
生命度	100%	100%	100%	73%	14%	6%	2%	1%	0%

由上表可知:第一人称、第二人称名词以及第三人称名词当中的 Aba 组名词生命度最高,基本上可以分别用汉语的人称代词"我""你""他/她"来指代;第三人称名词当中的 Ama 组名词生命度最低,基本上可以用汉语的人称代词"它"来指代;但是,其他词头组合所在名词的生命度却呈现出由 73% 到 1% 的巨大差异。有鉴于此,对于汉语使用者而言,本巴语以词头作为类标记的名词

分类系统虽然与生命度有一定的关联,但并不完全契合汉语的认知习惯,这一点需要引起特别的关注。举例而言,中国人一般认为"妈妈"是人而"猫"是动物,两者的生命度是不同的,只能分别用"她"和"它"来指代。但是,在本巴语当中,bamayo/mayo(我的妈妈)和 bapuushi/puushi(猫)却被归入"同类"——它们同属 Ba 组名词,对应的主格人称代词复数都是 ba-,单数都是 a-。

(148) **Ba**mayo① **ba**leipika. 我妈妈在做饭。
我的妈妈 她-TM¹¹-做饭

(149) **Ba**puushi **ba**lelya bakoswe. 猫在吃老鼠。
猫 它们-TM¹¹-吃 老鼠

更多生命度不同但却拥有相同词头的名词实例还有:

(150) **I**mfumu **i**li ne myaka 28 fye. 国王只有 28 岁。
国王 他-TM⁸-有 年龄 28 而已

(151) **I**mbwa **i**lya amafupa. 狗吃骨头。
狗 它-TM¹⁵-吃 骨头

(152) **Aka**nya **aka**shibuka ilyo **aka**suba ta**ka**latula.
婴儿 这 他-TM⁸-醒来 当 太阳 不-它-还-升起
天还没亮这个小宝贝就醒了。

3.3 式

本巴语名词有式(Form)的语法范畴,表现为长式和短式的对立。长式和短式的差异在于前缀的取舍。保留前缀的名词形式,就是长式(Long Form),去除前缀的名词形式,就是短式(Short Form)。本巴语名词共有区别性词头 22 个。其中 3 个,即 Ba 组的 ba-和 ø-以及 Ama 组的 i-实际上是没有前缀的。但是,为保持语法描写的连续性,我们把这种前缀缺失的现象也看做是一种特

---

① 不少语言中的"敬语"手段之一,是以"多数"代替"少数"。此处的 bamayo 就是如此。

殊的前缀——零前缀。零前缀无所谓取舍,所在名词的长短式在形态上是完全相同的。

式属于语法范畴,对于词义没有任何影响。以名词 ulutanda 为例,长式是 ulutanda 本身,保留了前缀 u-;短式则是 lutanda,去除了前缀 u-。ulutanda 和 lutanda 虽然在形态上略有差异,但都是"一颗星星"的意思。

作为语法范畴,式同语法有着严格的关联性。相同的名词,在一些语法环境下,如充当主语时,只能采用长式;在另一些语法环境下,如充当 ku、pa 等介词的宾语时,又只能采用短式。式范畴是本巴语的语法特色之一。

表 12 为本巴语类标记、词头、名词长短式综合信息表。

表 12　本巴语类标记-词头-名词长短式综合信息表

序号	类标记		词头		名词实例	
	长式	短式	长式	短式	长式	短式
①	ifu/in¹	fu/n¹	ifu-/in-	fu-/n-	ifwe/ine	fwe/ne
②	imu/iu	mu/u	imu-/iu-	mu-/u-	imwe/iwe	mwe/we
③	aba/umu¹	ba/mu¹	aba-/umu-	ba-/mu-	abantu/umuntu	bantu/muntu
④	ba/ø①	ba/ø	ba-/ø-	ba-/ø-	basaca/saca	basaca/saca
⑤	ama/i	ma/i	ama-/i-	ma-/i-	amabala/ibala	mabala/ibala
	ama/ili	ma/li	ama-/ili-	ma-/li-	amani/ilini	mani/lini
	ama/ubu	ma/bu	ama-/ubu-	ma-/bu-	amale/ubule	male/bule
	ama/uku	ma/ku	ama-/uku-	ma-/ku-	amaboko/ukuboko	maboko/kuboko
⑥	ifi/ici	fi/ci	ifi-/ici-	fi-/ci-	ifipe/icipe	fipe/cipe
⑦	imi/umu²	mi/mu²	imi-/umu-	mi-/mu-	imiti/umuti	miti/muti
⑧	in²/in³	n²/n³	in-/in-	n-/n-	indeke/indeke	ndeke/ndeke
	in²/ulu	n²/lu	in-/ulu-	n-/lu-	intanda/ulutanda	ntanda/lutanda
⑨	utu/aka	tu/ka	utu-/aka-	tu-/ka-	utubwa/akabwa	tubwa/kabwa

① 词头 ba、ø、i 为零前缀,所在名词只有理论上的长短式之分,没有实际的长短式形态差异。例如,basaca 的长式和短式都是 basaca,saca 的长式和短式都是 saca,ibala 的长式和短式都是 ibala。

3.3.1 长式

第一,所有名词充当主语时都必须采用长式。例如:

(153) I<u>ne</u> natemwa ukunwa tii.   我喜欢喝茶。
我 我-TM⁸-喜欢 _{动名词}喝 茶

(154) A<u>kasuba</u> kalewa.   太阳正在下山。
太阳 它-TM¹¹-下山

(155) A<u>bantu</u> balafwa.   人固有一死。
人们 他们-TM¹⁶-死

第二,所有名词充当动词宾语时也都必须采用长式。例如:

(156) Napapata nwako a<u>menshi</u>!   请喝水!
请 喝-来着 水

(157) Inkoko ilya a<u>mataba</u>.   鸡吃玉米。
鸡 它-TM¹⁵-吃 玉米

(158) Iŋombe ilya i<u>caani</u>.   牛吃草。
牛 它-TM¹⁵-吃 草

第三,第一、第二人称名词充当任何介词的宾语时都必须采用长式,且不能和介词连读。

(159) na i<u>ne</u>   我也;还有我;和我
na i<u>fwe</u>   我们也;还有我们;和我们
nga i<u>ne</u>   像我一样
nga i<u>we</u>   那么你;你呢;像你一样
kuli i<u>ne</u>   对于我;给我
kuli i<u>fwe</u>   对于我们;给我们

第四,第三人称名词充当介词 na 或 nga 的宾语时必须采用长式。常速下,名词同 na 或 nga 之间的连读现象非常普遍。例如:

(160) 慢速   常速   语义
na i<u>bumba</u>   ne bumba   和群众一起;还有群众
na u<u>buci</u>   no buci   和蜂蜜;用蜂蜜

ng*a* ~~i~~bumba	ng*e* bumba	作为一个群体；像一个群体一样
ng*a* ~~u~~buci	ng*o* buci	像蜂蜜一样

3.3.2 短式

短式是一种与长式相对应的名词形态，表现为名词前缀的"隐藏"。

短式所适用的语法环境有以下七种。为突出短式和长式的区别，我们在接下来的短式实例当中，对必须被删除的前缀做加粗、倾斜及添加删除线处理。

其一，名词与名词并列表示同位关系时，都必须采用短式。

(161)　~~*i*~~fwe ~~*a*~~bene　　我们自己　　~~*i*~~ne ~~*u*~~mwine　　我自己
　　　　我们　自己　　　　　　　　　　　我　　自己

(162)　~~*i*~~fwe ~~*a*~~banakashi　我们女人；　~~*i*~~ne ~~*u*~~mwanakashi　我一个女人
　　　　　　　　　　　　咱们女人
　　　　我们　女人　　　　　　　　　　　我　　女人

(163)　~~*i*~~mwe ~~*a*~~bene　你们自己　~~*i*~~we ~~*u*~~mwine　你自己
　　　　你们　自己　　　　　　　　　　你　　自己

(164)　~~*i*~~fwe ~~*a*~~bengi　我们大多数　~~*i*~~mwe ~~*a*~~bengi　你们大多数
　　　　我们　大多数　　　　　　　　　　你们　大多数

mwe/we 同第三人称名词构成同位结构时，会带给听者一种非常亲切的感觉。此时，无论所在结构是否包含形容词---andi，mwe/we 都可以翻译成汉语"我亲爱的"。

(165)　~~*i*~~Mwe ~~*a*~~bantu (bandi)!　　　我亲爱的人民!
　　　　你们　人们　CM-我的　　　　　　(各位——我的人民)

(166)　~~*i*~~We ~~*u*~~mwana (wandi)!　　　我亲爱的孩子!
　　　　你　孩子　CM-我的

其二，前接非典型形容词 cila 时，所有第三人称名词都必须采用短式。

(167)　cila ~~*u*~~muntu　　　　　　每一个人
　　　　每一　人

(168)　cila ~~*i*~~citabo　　　　　　每一本书

每一 书

其三，后接非典型形容词 nshi 时。

(169) *i*-nshita nshi　　　　　　　　　　什么时间
　　　 时间　什么

(170) *u*-mulandu nshi　　　　　　　　　什么原因
　　　 原因　 什么

其四，在判断句中充当谓语时。

(171) Uyu, *u*mukashi wandi.　　　　　　这位是我的妻子。①
　　　 这　 妻子　　CM-我的

(172) Nine, *u*mwana wa kwa Musonda.　　我是穆松达的孩子。
　　　 我　 孩子　　CM-的 穆松达

其五，用作人名、地名时。

(173) ø Mulamba　　　　　　　　　　　穆兰巴（人名）
　　　 激流

(174) *a*-Kabwe　　　　　　　　　　　　卡布韦（城市名）
　　　 小石头

其六，前接除 na 和 nga 之外的介词时。

(175) ku *a*-bantu　　　　　　　　　　　为人们；给人们
　　　 为/给　 人们

(176) palwa *u*bwikashi　　　　　　　　 关于生活
　　　 关于　 生活

其七，以重叠的方式作副词时。

(177) Wilakalipila umwaume umukalamba *u*bukali *u*bukali.
　　　 你-别-总是-责备　人　 CM-老的　　　严厉地
　　　 不要严厉指责老年人。

(178) Nibani *a*maka *a*maka abafwile ukuba abalola?
　　　 是-谁　 特别地　 他们-应该 不定式 是 CM-TM[8]-小心
　　　 哪些人需要特别小心？

---

① 本巴语判断句可以采用零标记形式，即像汉语"今天星期天。"这样，在没有"是"的情况下直接成句。

名词长短式在正字法当中有一个需要特别注意的现象：当名词前接指示代词时，在实际口语当中是必须采用长式的，但在大多数书籍所采用的正字法当中，相关名词的前缀却是省略的，从而呈现出短式的"假象"。这种正字法同实际口语不一致的现象可能和早期田野调查的记录习惯有关。例如：

(179)　　口语（长式真相）　　　　正字法（短式假象）　　　　语义

　　　　uno *u*mweshi　　　　　　uno mweshi　　　　　　　这个月

　　　　ino *i*ŋanda　　　　　　　ino ŋanda　　　　　　　　这栋房子

　　　　ulu *u*lupwa　　　　　　　ulu lupwa　　　　　　　　这个家庭

　　　　ilya *i*nshita　　　　　　 ilya nshita　　　　　　　　那时候

第4章 代　　词

　　指代范畴（Anaphora Category）是人类语言所共有的一项功能语法范畴，是为了在语流中维系语义表达的连贯性而对特定信息进行指示、复制及替代的一种语言机制。被指示、复制及替代的特定信息，我们称之为**原始信息**；原始信息所在的语法成分，我们称之为**信息授体**；指示、复制及替代所获取的信息，我们称之为**拷贝信息**；拷贝信息所在语法成分，我们称之为**信息受体**。本质上，指代范畴是特定信息在不同语法成分之间抽象授受关系和具体语法形式的总和。

　　在本巴语当中，指代范畴是通过类标记（及其变体）来实现的。根据其在信息授受过程当中所扮演的角色差异，类标记可以分为三类：词头、人称代词、一致关系标记。**词头**黏着于名词词根之上，与之构成完整的名词。词头所蕴含的信息，是指代范畴当中的原始信息；词头所在的名词，就是信息授体。**人称代词**黏着于谓语动词之上，与之构成完整的谓语词节。人称代词所蕴含的信息，是指代范畴当中的拷贝信息；人称代词所在的谓语词节，就是信息受体。**一致关系标记**在本质上也是人称代词，是我们从学术角度对黏着于定语形容词或表语形容词之上，与之构成定语词节或表语词节的人称代词所赋予的区别性称谓，目的是将这些人称代词同黏着于谓语动词之上的人称代词区分开来。一致关系标记所蕴含的信息，也是指代范畴当中的拷贝信息；一致关系标记所在的定语词节或表语词节，也是信息受体。

　　由于信息授受关系的存在，在主谓结构、定中结构、主表结构当中，人称代词或一致关系标记的形态必须随着中心名词词头的改变而改变,这是本巴语语法一致关系(Concord)①的内在生成原因及外在表现形式。

除人称代词之外,本巴语的代词形式都和一致关系标记密切相关。其中,物主代词由一致关系标记和归属形容词结合而成;指示代词由一致关系标记和维度形容词结合而成;有些关系代词由一致关系标记同关系形容词结合而成,还有一些由一致关系标记直接担当;不定代词则由一致关系标记同不定数量形容词结合而成。

---

① 柯博特认为:一致关系就是指一个单词之上出现某一语法信息,而这个单词并不是该语法信息的来源。参见:Corbett, G. G. Agreement[M]. Cambridge: CUP, 2006: Preface.

4.1 人称代词

人称代词是以主语名词作为信息来源,但却黏着在谓语动词前面,参与构成谓语词节的类标记。人称代词所蕴含的信息是拷贝信息。

表13为本巴语名词词头、主格人称代词、宾格人称代词基本对应规则表。

表13 本巴语名词词头-主格人称代词-宾格人称代词基本对应规则表

组合序号	复数			对译	单数			对译
	名词词头	人称代词			名词词头	人称代词		
		主格	宾格			主格	宾格	
①	(i)fu	tu-		我们	(i)n	n-		我
②	(i)mu	mu-	mi-/mu-	你们	(i)u	u-	ku-	你
③	(a)ba	ba-		他们/她们/它们	(u)mu	a-	mu-	他/她/它
④	ba				ø			
⑤	(a)ma	ya-			i	li-		
					(i)li			
					(u)bu	bu-		
					(u)ku	ku-		
⑥	(i)fi	fi-			(i)ci	ci-		
⑦	(i)mi	i-			(u)mu	u-		
⑧	(i)n²	shi-			(i)n³	i-		
					(u)lu	lu-		
⑨	(u)tu	tu-			(a)ka	ka-		

任何时候,主语和谓语之间的语法一致关系都值得关注。例如:

(180)　Bushe **aka**banga **ka**talukana shani na masamba?
　　　　试问　东边　　它-TM⁸-相隔　多少　同　西边

东方和西方相隔有多远？

在这一例句当中，akabanga 是主语名词，是信息授体，蕴含着原始信息 aka-。katalukana 是谓语词节，由人称代词 ka-、时态中缀-a-和谓语动词—talukana 共同构成。人称代词 ka-是拷贝信息，来自主语名词的词头 aka；人称代词 ka-和时态中缀-a-发生了元音融合；动词—talukana 为信息受体，自带"语法槽"，用来安放人称代词 ka-和时态中缀-a-。主语当中的 aka-和谓语当中的 ka-构成了主谓之间的信息授受关系以及语法一致关系。

谓宾结构当中的一致关系不像主谓结构那样具有强制性，但同样值得关注。例如：

(181) Alefwaya uku**mi**bomfya i**mw**e muli uyu musango.
他-TM[11]-想 不定式 你们-利用 你们 通过 这 方式
他想通过这种方式来利用你们。

4.2 一致关系标记

　　一致关系标记是黏着在充当定语或表语的形容词、动词等词类前面，与之构成定语词节或表语词节的类标记。和人称代词一样，一致关系标记也是拷贝信息，但它们不是以充当谓语的动词作为"人生舞台"，而是以充当定语或表语的形容词、动词等作为"栖息之所"。

　　一致关系标记有长式和短式之分，差异在于标记本身的数量。大多数一致关系标记是由两个音节共同构成的。这种两个音节并存的初始状态，我们称之为"**长式**"。在有些语法环境下，一致关系标记的第一个音节必须省略。这一省略状态，我们称之为"**短式**"。

　　表 14 为本巴语名词词头和一致关系标记对应规则表。

表 14 本巴语名词词头——一致关系标记对应规则表

名词组合序号	复数			单数		
	名词词头	一致关系标记		名词词头	一致关系标记	
		长式	短式		长式	短式
③	aba-	aba-	ba-	umu¹-	umu-	mu-或 u- (取决于形容词)
④	ba-		ø-			
⑤	ama-	aya-	ya-	i- ili-	ili-	li-
				ubu-	ubu-	bu-
				uku-	uku-	ku-
⑥	ifi-	ifi-	fi-	ici-	ici-	ci-
⑦	imi-	ii-	i-	umu²-	uu-	u-
⑧	in²-	ishi-	shi-	in³- ulu-	ii- ulu-	i- lu-
⑨	utu-	utu-	tu-	aka-	aka-	ka-

在中定结构和主表结构当中，必须时刻关注中心名词同定语、表语之间的一致关系。

(182) i**n**cito **i**pya na **ma**sukulu **ya**pya 新的工作以及新的学校
  工作 CM-新的 和 学校 CM-新的

(183) I**n**cito **i**pya, na **ma**sukulu **ya**pya. 工作是新的，学校也是新的。
  工作 CM-新的 也 学校 CM-新的

(184) I**m**pumi **y**andi imoneka **iy**abusaka. 我的脸看上去总是很干净。
  脸 CM-我的 它-TM¹⁵-看起来 CM-的-干净

(185) **Ifi** f**i**kuulwa f**ya**ba fye **ify**abusaka. 这些大楼总是那么干净。
  这些 大楼 它们-TM¹⁵-是 就是 CM-的-干净

4.3 物主代词

表示所有关系的代词叫做物主代词(Possessive Pronouns)，也叫人称代词的所有格。本巴语的物主代词由一致关系标记(Concord Marker，缩略为 CM)同归属形容词共同构成。

物主代词 = 一致关系标记-归属形容词

表 15 为归属形容词汇总表。

表 15　本巴语归属形容词汇总表

人称 \ 数 \ 归属形容词		复数	单数
第一人称	①	---esu(我们的)	---andi(我的)
第二人称	②	---enu(你们的；您的)	---obe(你的)
第三人称	③④	---abo(他/她/它们的)	---akwe(他/她/它的)
	⑧	---abo / ---a shiko	---akwe / ---a iko
	⑤⑥⑦⑨	---a ---ko(它们/他们/她们的；它/他/她的)	

物主代词有形容词性物主代词和名词性物主代词之分。

4.3.1　形容词性物主代词

形容词性物主代词由一致关系标记短式同归属形容词结合而成。

形容词性物主代词 = 一致关系标记短式-归属形容词

归属形容词的使用分为三种情况：

其一，当归属主体为第一人称、第二人称以及第三人称③、④组名词时，归属形容词都不包含---ko。以归属形容词---esu 为例：

(186)　imitima **yesu**（i-esu） 　　　　　　　　我们的心

iŋanda **yesu**（i-esu）	我们的房子
ulupwa **lwesu**（lu-esu）	我们的家庭
umwana **wesu**（u-esu）	我们的孩子
icisendo **cesu**（ci-esu）	我们的行李
abafyashi **besu**（ba-esu）	我们的父母
ubucibusa **bwesu**（bu-esu）	我们的友谊
ifyakufwala **fyesu**（fi-esu）	我们的衣服
ukulongana **kwesu**（ku-esu）	我们的相聚

其二，当归属主体为第三人称第⑧组高生命度名词时，归属形容词有两种选择，其中之一包含---ko。例如：

(187)　icuma ca Mfumu　　　　　　　　　　　国王的财富

　　　Imfumu ne cuma **cakwe**（ci-akwe）

　　　　　　　　　　　　　　　　　　　　　国王和他的财富

　　　Imfumu ne cuma **ca iko**（ci-a i-ko）

(188)　mwana wa Mfumu Shauli　　　　　　　索罗国王的孩子

　　　Mfumu Shauli no **mw**ana **wakwe**（u-akwe）

　　　　　　　　　　　　　　　　　　　　　索罗国王和他的孩子

　　　Mfumu Shauli no **mw**ana **wa iko**（u-a i-ko）

(189)　inkonto ya mpofu　　　　　　　　　　瞎子的拐杖

　　　impofu ne **nk**onto **yakwe**（i-akwe）

　　　　　　　　　　　　　　　　　　　　　瞎子和他的拐杖

　　　impofu ne **nk**onto **ya iko**（i-a i-ko）

其三，当归属主体为第三人称⑤、⑥、⑦、⑨组名词时，归属形容词均包含---ko。

(190)　ifyuni ne nyimbo **sha fiko**（shi-a fi-ko）　小鸟和它们的歌声
　　　　小鸟　和 歌声 CM-的　它们

(191)　inkoko no tukoko **twa iko**（tu-a i-ko）
　　　　母鸡　和 鸡仔　CM-的　它
　　　一只母鸡同她的孩子们

(192) Akabungwe akapya ne mibombele **ya kako**（i-a ka-ko）
机构　CM-新的 和 工作模式 CM-的　它
一个新机构及其工作模式。

(193) Nashitile imbwa. Amasako **ya iko**（ya-a i-ko）tayaweme.
我-TM[1]-买_{过去形}　狗 毛发 CM-的 它 不-它-TM[1]-好_{过去形}
-shita/-shitile；-wama/-weme
我买了一条狗。它的毛发不怎么好。

由于归属主体对归属形容词选择的影响,汉语当中"Ta（们）的眼睛"在本巴语当中存在---abo、---akwe 和---a ---ko 三种可能的表达方式。试对比：

(194) im**bwa na m**enso **ya shiko**（ya-a shi-ko）那些狗和它们的眼睛
狗　和　眼睛 CM-的它们
im**bwa na m**enso **ya iko**（ya-a i-ko）那条狗和它的眼睛
狗　和　眼睛 CM-的它

(195) a**bana na m**enso **yabo**（ya-abo）孩子们以及他们的眼睛
孩子们 和　眼睛 CM-他们的
um**wa**na uyu na m**enso yakwe**（ya-akwe）那个孩子和他的眼睛
孩子 那 和　眼睛 CM-他的

形容词性物主代词有两大基本的语法功能：一是在中定结构当中充当定语,另一是在主表或主系表结构当中充当表语。

如果是对某一事物当前的属性、状态或特征进行描述,主语和表语之间可以不添加系动词。此时的主表结构和中定结构在形态上没有差异。以归属形容词---andi 为例：

(196) Silfere **yandi**, na Golde **yandi**.
白银 CM-我的 也 黄金 CM-我的
白银是我的,黄金也是我的。
或:我的白银和黄金。

(197) Ifintu ifili fyonse **fyandi**.
东西 CM-所有的 CM-我的
所有这些东西都是我的。

或:我的所有这些东西。

(198) Ici icitabo **candi**.
　　　 这 书　CM-我的
　　　 这本书是我的。
　　　 或:我的这本书。

但是,当我们需要赋予主表结构特定的时态,如表示主语所呈现的状态发生在"过去""将来"或者"经常发生"等,必须在主表之间嵌入-ba、-moneka等系动词,因为只有动词才能承载各类时态标记。以归属形容词---enu为例:

(199) Ici icitabo cali **cenu**.　　　　　这本书曾经是您的。
　　　 这 书　它-TM[1]-是 CM-您的

(200) Iyi iŋanda yali **yenu**.　　　　 这栋房子曾经是你们的。
　　　 这 房子 它-TM[1]-是 CM-你们的

(201) Iyi iŋanda yakaba **yenu**.　　　这栋房子早晚都会是你们的。
　　　 这 房子 它-TM[13]-是 CM-你们的

不少语言中的"敬语"手段之一,是以"多数"代替"少数"①。例如,法语通常用vous(你们)来表示对tu(你)的尊敬。又如,松桃苗语在谈论个体对象时,为传递敬意,可以将a^{44} le^{35} ne^{31} qɔ^{54} nen^{44}(这个老人)当中的le^{35}(个)替换成men^{22}(些)。本巴语的形容词性物主代词同样具有这种"以多代少表敬意"的特点。

其一,用---enu(你们的;您的)替代---obe(你的)。例如:

(202) Ishina ly**enu** nimwe banani?　　　请问您尊姓大名?
　　　 名字 CM-您的 是-您 谁

其二,用---abo(他/她/它们的)替代---akwe(他/她/它的)。例如:

(203) Abakashi b**abo** ni banashi.　　　他的爱人是位医生。
　　　 妻子 CM-他的 是 医生

---

① 罗安源.松桃苗话描写语法学[M].北京:中央民族大学出版社,2005:46.

4.3.2　名词性物主代词

名词性物主代词由一致关系标记长式同归属形容词结合而成。不过，归属形容词---a ---ko 不参与构成名词性物主代词。

　　　　名词性物主代词＝一致关系标记长式-归属形容词

以---andi 为例：

(204)　　abantu bandi＝**abandi**（aba-andi）　　我的（人们）

　　　　ifitabo fyandi＝**ifyandi**（ifi-andi）　　我的（书）

　　　　icitetekelo candi＝**icandi**（ici-andi）　　我的（忠诚）

　　　　umulimo wandi＝**uwandi**（uu-andi）　　我的（工作）

　　　　indalama shandi＝**ishandi**（ishi-andi）　　我的（钱）

　　　　ubutotelo bwandi＝**ubwandi**（ubu-andi）　　我的（信仰）

名词性物主代词带有浓厚的对比韵味。以归属形容词---andi 为例，其语法功能包括：

其一，充当主语。

(205)　　Insalu yobe yalibuta. **Iyandi** yalikashika.
　　　　布料 CM-你的 它-TM⁹-白色 CM-我的 它-TM⁹-红色
　　　　你的布料是白色的，我的是红色的。

(206)　　Abana bobe baliyemba. **Abandi** nabo baliyemba.
　　　　孩子 CM-你的 他们-TM⁹-美 CM-我的 也-他们 他们-TM⁹-美
　　　　你的孩子漂亮，我的也漂亮。

其二，充当宾语。

(207)　　Insapato shobe shalidula ukucila **ishandi**.　你的鞋子比我的贵。
　　　　鞋子 CM-你的 它-TM⁹-贵 比 CM-我的

(208)　　Amabutotelo yonse yasuma.　　　　　　所有信仰都是好的。
　　　　信仰　　CM-所有的 CM-好的
　　　　Walikwata **ubobe**, na ine nalikwata **ubwandi**.
　　　　你-TM⁹-有 CM-你的 也 我 我-TM⁹-有 CM-我的
　　　　你有你的（信仰），我也有我的。

作为主题时,物主代词常常提前至句首的位置。

(209) Ifitabo fyobe nabasenda, **ifyandi** nabasha.
书 CM-你的 TM⁷-他们-拿走 CM-我的 TM⁷-他们-留下
你的书,他们拿走了。我的,留下了。

(210) Iŋanda yobe tabatemwa. **Iyandi** balitemwa.
房子 CM-你的 不-他们-TM⁹-喜欢 CM-我的 他们-TM⁹-喜欢
你的房子,他们不喜欢。我的,他们喜欢。

4.4 指示代词

指示代词(Demonstrative Pronoun)是用来表示人或事物相对时空维度的代词。本巴语的指示代词由一致关系标记(Concord Marker,缩略为 CM)同维度形容词共同构成。

指示代词 = 一致关系标记-维度形容词

表 16 为维度形容词汇总表。

表 16 本巴语维度形容词汇总表

---no(这,很近)	---ø(这或那,稍近)
---o(那,稍远)	---lya(那,很远)
---isa(哪一,哪些)	

仅以说话人作为参照,---no 表示"很近"的时间或空间,---ø 表示"稍近",---o 表示"稍远",---lya 表示"很远"。同时以说话人和听话人作为参照,---no 表示离说话人很近的时间或空间,---ø 表示介于说话人和听话人之间,---o 表示离说话人较远但离听话人更近,---lya 则表示离说话人和听话人都很远,甚至超出视线范围。---isa 是个疑问词,用于选择疑问句。

不同维度形容词所添加的一致关系标记存在长短式的差异。其中,

---no、---lya、---isa 只能添加短式，---ø 和 ---o 则只能添加长式。

表 17 为本巴语名词词头与指示代词对应规则表。

表 17 本巴语名词词头——指示代词对应规则表

名词组合序号	复数						单数					
	名词词头	指示代词					名词词头	指示代词				
		很近	稍近	稍远	很远	疑问		很近	稍近	稍远	很远	疑问
		---no	---ø	---o	---lya	---isa		---no	---ø	---o	---lya	---isa
③	aba-	bano	aba	abo	balya	/	umu¹-	**uno**	**uyu**	**uyo**	**ulya**	/
④	ba-						ø-					
⑤	ama-	yano	aya	ayo	yalya	yesa	i- ili-	lino	ili	ilyo	lilya	liisa
							ubu-	buno	ubu	ubo	bulya	bwisa
							uku-	kuno	uku	uko	kulya	kwisa
⑥	ifi-	fino	ifi	ifyo	filya	fiisa	ici-	cino	ici	ico	cilya	ciisa
⑦	imi-	**ino**	**iyi**	**iyo**	**ilya**	**iisa**	umu²-	**uno**	**uyu**	**uyo**	**ulya**	wisa
⑧	in²-	shino	ishi	isho	shilya	shiisa	in³-	**ino**	**iyi**	**iyo**	**ilya**	**iisa**
							ulu-	luno	ulu	ulo	lulya	lwisa
⑨	utu-	tuno	utu	uto	tulya	twisa	aka-	kano	aka	ako	kalya	kesa

指示代词具有如下语法功能：

其一，充当定语。

其中，---isa 所在指示代词后置于中心名词，与之构成中定结构。例如：

(211) Iliino **liisa**?　　　　　　　　　哪颗牙齿？

　　　牙齿 CM-哪一

(212) Insapato **shiisa**?　　　　　　　哪一双鞋？

　　　鞋子 CM-哪双

其他指示代词的位置则因人而异。年轻人当中，前置后置的现象都有，但前置更为普遍一些。老年人当中，尤其是乡村老人，一般都选择后置。例如：

(213) **aba** abantu　　/　　abantu **aba**　　　这些人

　　　uyu umuntu　　/　　umuntu **uyu**　　这个人

　　　iyi imisebo　　/　　imisebo **iyi**　　　这些道路

| **uyu** umusebo / umusebo **uyu** | 这条道路 |

其二，充当主语。

(214) **Ulu**, lupili. 这是一座山。[1]
 这 山

(215) **Ici**, cipelwa cobe. 这是给你的礼物。
 这 礼物 CM-你的

(216) **Uyu**, mukashi wandi. 这位是我的妻子。
 这 妻子 CM-我的

(217) **Uyu**, mwaice wandi. 这是我弟弟/妹妹。
 这 弟弟/妹妹 CM-我的

其三，充当宾语。

(218) Ndefwaya **ici**. 我想要这个（东西）。
 我-TM[11]-想要 这

(219) Ufwaye **ico**. 你去找一下那个（东西）吧。
 你-找 虚拟形 那   -fwaya/-fwaye

(220) Iŋanda **iyi** ikulupo ukucila **iyo**. 这栋房子比那栋大。
 房子 这 它-大-来着 比 那

4.5 关系代词

关系代词（Relative Pronoun）是指既能引导整个定语从句修饰从句之外的某一名词性成分（即先行词），与之构成中定结构，又能在所引导的定语从句当中扮演某一角色的代词。

根据其在定语从句当中扮演的角色，关系代词可以划分为主格关系代词

---

[1] 大多数由指示代词充当主语的判断句，指示代词同谓语名词之间有非常明显的停顿，同时指示代词第二个音节的声调由 55 变为 35。我们在主谓之间添加逗号来表示这一停顿，声调则不予标注。

（RP¹）和宾格关系代词（RP²）两大类。其中，RP¹在从句当中充当主语，RP²则充当宾语。

4.5.1 主格关系代词

RP¹必须和先行词词头保持语法上的一致关系。如表18所示。

表18 本巴语先行词词头——主格关系代词对应规则表

名词组合序号	复数类		单数类	
	先行词词头	RP¹	先行词词头	RP¹
①	ifu-	fwe ba-	in-	ne u-
②	imu-	mwe ba-	iu-	we u-
③	aba-	aba-	umu¹-	uu-
④	ba-		∅-	
⑤	ama-	aya-	i-	ili-
			ili-	
			ubu-	ubu-
			uku-	uku-
⑥	ifi-	ifi-	ici-	ici-
⑦	imi-	ii-	umu²-	uu-
⑧	in²-	ishi-	in³-	ii-
			ulu-	ulu-
⑨	utu-	utu-	aka-	aka-

当先行词为第一人称或第二人称名词时，RP¹的形态比较特殊。例如：

(221) ifwe, **fwe ba**lesambilisha   正在从事教学工作的我们
       我们 RP¹-TM¹¹-教

(222) ine, **ne u**kesa   很快就会过来（看望你）的我
       我 RP¹-TM¹³-来

(223) imwe, **mwe ba**lepwisha isukulu   即将毕业的你们
       你们 RP¹-TM¹¹-完成 学业

(224) Iwe, **we u**sambilisha umbi　　　给其他人授课的你
　　　 你　RP¹-TM¹⁵-教　其他人

当先行词为第三人称名词时，RP¹在形态上完全等同于一致关系标记（CM）的长式，我们在对译时将其标注为 RP¹/CM。例如：

(225) abaume **aba**shitisha impasa　　　卖垫子的男人们
　　　 男人　RP¹/CM-TM⁸-卖　垫子

(226) umwaume **uwa**fwililwe umukashi　　一个死了妻子的男人；鳏夫
　　　 男人　RP¹/CM-TM¹-被死掉过去形　妻子　　-fwila/-fwilwa/-fwililwe

(227) iŋombe **iya**kwata amasengo yatatu　　一头有三只角的牛
　　　 牛　RP¹/CM-TM⁸-有　角　CM-三

当先行词为生命度较高的①、②、③、④组名词时，RP¹ 或 RP¹/CM 所引导的定语从句可以省略先行词，变成独立的名词性从句。当先行词为①、②组名词时，省略基本上不会对语义造成任何影响。当先行词为③、④组名词时，省略让从句的主语略显模糊，但主语是"人"这一点依然是毋庸置疑的。例如，**aba**shitisha impasa 和 **uu**landa iciFrench 分别是"卖垫子的（那些人）"和"讲法语的（那个人）"的意思。

4.5.2　宾格关系代词

宾格关系代词（RP²）由一致关系标记同关系形容词结合而成。

　　　　　　宾格关系代词 = 一致关系标记-关系形容词

本巴语有两个关系形容词：---ntu 和 ---o¹。其中，---ntu 前面添加一致关系标记短式，---o¹ 添加长式。表 19 为先行词词头同宾格关系代词（RP²）对应规则表。

表 19　本巴语先行词词头——宾格关系代词对应规则表

名词组合序号	复数			单数		
	先行词词头	RP²		先行词词头	RP²	
		---ntu	---o¹		---ntu	---o¹
①	ifu-	/	fwe bo	in¹-	/	ne o
②	imu-	/	mwe bo	iu-	/	we o

续表

名词组合序号	复数			单数		
	先行词词头	RP²		先行词词头	RP²	
		---ntu	---o¹		---ntu	---o¹
③	aba-	bantu	abo	umu¹-	untu	uo
④	ba-			ø		
⑤	ama-	yantu	ayo	i- ili-	lintu	ilyo
				ubu-	buntu	ubo
				uku-	kuntu	uko
⑥	ifi-	fintu	ifyo	ici-	cintu	ico
⑦	imi-	intu	iyo	umu²-	untu	uo
⑧	in²-	shintu	isho	in³-	intu	iyo
				ulu-	luntu	ulo
⑨	utu-	tuntu	uto	aka-	kantu	ako

关于宾格关系代词（RP²），有以下几点需要关注：

① RP²引导定语从句时可省略。因此，举例时，我们将RP²置于括号当中。

② ---ntu 和---o¹ 参与构成的两类RP²之间可互换使用。

③ 实际话语当中，许多年轻人把 ifyo、isho、ico 和 iyo 分别读作 efyo、esho、eco 和 eyo。

以下是RP²引导定语从句的实例：

(228) imilimo yonse (**intu/iyo/eyo**) tubomba   我们所做的一切工作
      工作 CM-一切 RP² 我们-TM¹⁵-做

(229) imilimo (**intu/iyo/eyo**) cila muntu abomba   每个人所做的工作
      工作   RP²   每 人 他-TM⁸-做

(230) inshita (**shintu/isho/esho**) nali mu Zambia
      时光   RP²   我-TM¹-是过去形 在 赞比亚   -ba/-ali
      我在赞比亚的那段时光

(231) insapato (**shintu/isho/esho**) washitile mailo   你昨天买的鞋子
      鞋子   RP²   你-TM¹-买过去形 昨天   -shita/-shitile

(232) fyonse (**fintu/ifyo/efyo**) balekabila　　他们所需要的一切
　　　 一切　　　RP² 　　 他们-TM¹¹-需要

(233) amasambililo (**yantu/ayo**) bali no kubomfya
　　　 知识　　　　RP²　　他们-将要-运用　　-ba no ku/-li no ku
　　　 他们将要用到的知识

(234) abalwele (**bantu/abo**) aatandalile　　　他所拜访过的病人们
　　　 病人　　　RP²　　他-TM¹-拜访过去形　　-tandalila/-tandalile

(235) umusumba ukalamba (**untu/uo**) waishiba　你所知道的大城市
　　　 城市　　　CM-大的　　RP²　你-TM⁸-知道

(236) Muso (**untu/uo**) bawishi bashitishe
　　　 穆索　RP²　　他父亲 他-TM¹-卖过去形　　-shitisha/-shitishe
　　　 他父亲把他卖掉了的那个穆索

(237) ukutemwa (**kuntu/uko**) mwakwatila abafyashi
　　　 爱意　　　　RP²　　您-TM⁸-有-对于 父母　　-kwata/-kwatila
　　　 您对父母所持有的爱意

(238) cila bushiku (**buntu/ubo**) ifwe twaikala　我们生活的每一天
　　　 每一 天　　　RP²　　我们 我们-TM⁸-生活

(239) ulukasu (**luntu/ulo**) mwampele ulya bushiku
　　　 锄头　　　RP²　　您-TM¹-我-给过去形　那 天　　-pela/-pele
　　　 您那天给我的小锄头

4.6 不定代词

不定代词(Indefinite Pronoun)是指所替代的名词具有不确定性的代词。本巴语的不定代词由一致关系标记同不定数量形容词共同构成。

　　　　　不定代词＝一致关系标记-不定数量形容词

表20为不定数量形容词汇总表。

表20　本巴语不定数量形容词汇总表

---mo（某一；某些；有些）	---mo ---mo（每一；某些；有些）
---onse（任一的；所有的）	---li ---onse（任一的；所有的）
---biye（别的；其他）	---mbi（别的；其他）
---ingi（许多）	---nono（一点点）

不定数量形容词所添加的一致关系标记有长式和短式之分。其中，---mo、---mo ---mo、---onse、---mbi只能添加短式；---li ---onse的前半部分只能添加长式，后半部分只能添加短式；---ingi和---nono添加长式或短式均可，但长式偏多。---biye作定语时大多添加短式，作主语或宾语时一般添加长式。

表21和表22是一致关系标记同不定数量形容词结合规则表。

表21　本巴语一致关系标记——不定数量形容词结合规则表1

名词组合序号	复数					单数				
	一致关系标记	不定数量形容词				一致关系标记	不定数量形容词			
		---mo	---mo ---mo	---onse	---mbi		---mo	---mo ---mo	---onse	---mbi
③④	ba-	bamo	bamo bamo	bonse	bambi	u-	umo	umo umo	onse	umbi
⑤	ya-	yamo	yamo yamo	yonse	yambi	li-	limo	limo limo	lyonse	limbi
						bu-	bumo	bumo bumo	bonse	bumbi
						ku-	kumo	kumo kumo	konse	kumbi
⑥	fi-	fimo	fimo fimo	fyonse	fimbi	ci-	cimo	cimo cimo	conse	cimbi
⑦	i-	imo	imo imo	yonse	imbi	u-	umo	umo umo	onse	umbi
⑧	shi-	shimo	shimo shimo	shonse	shimbi	i-	imo	imo imo	yonse	imbi
						lu-	lumo	lumo lumo	lonse	lumbi
⑨	tu-	tumo	tumo tumo	tonse	tumbi	ka-	kamo	kamo kamo	konse	kambi

表22 本巴语一致关系标记——不定数量形容词结合规则表2

名词组合序号	复数					单数				
	一致关系标记	不定数量形容词				一致关系标记	不定数量形容词			
		---li ---onse	---ingi	---nono	---biye		---li ---onse	---ingi	---nono	---biye
③ —— ④	(a)ba-	abali bonse	abengi	abanono	ababiye	(u)u-	**uuli onse**	/	/	umubiye
⑤	(a)ya-	ayali yonse	ayengi	ayanono	ayabiye	(i)li-	ilili lyonse	/	/	ilibiye
						(u)bu-	ubuli bonse	/	/	ububiye
						(u)ku-	ukuli konse	/	/	ukubiye
⑥	(i)fi-	ifili fyonse	ifingi	ifinono	ifibiye	(i)ci-	icili conse	/	/	icibiye
⑦	(i)i-	**iili yonse**	**iingi**	iinono	iibiye	(u)u-	**uuli onse**	/	/	uubiye
⑧	(i)shi-	ishili shonse	ishingi	ishinono	ishibiye	(i)i-	**iili yonse**	/	/	iibiye
						(u)lu-	ululi lonse	/	/	ulubiye
⑨	(u)tu-	utuli tonse	utwingi	utunono	utubiye	(a)ka-	akali konse	/	/	akabiye

不定代词具有如下语法功能：

其一，充当定语。以---li ---onse 为例：

(240)　　amepusho **ayali yonse**　　　　　所有问题；不管什么问题

　　　　ifintu **ifili fyonse**　　　　　　　所有事情；不管什么事情

　　　　icintu **icili conse**　　　　　　　任何一件事情

　　　　umuntu **uuli onse**　　　　　　　任何一个人

第二，充当主语、宾语或同位语。以---mo ---mo 为例：

(241)　　Cinshi **umo umo** afwile ukucita nomba?

　　　　什么　每一个人 他-应该 不定式做 现在

　　　　现在我们每一个人该做什么呢？

(242)　　Alakutikisha kuli **umo umo**.

　　　　他-TM[16]-听-仔细 于 每一个人　　　　　-kutika/-kutikisha

　　　　他总是倾听每一个人（的意见等）。

其三，和介词 ku、mu、pa 连用，生成副词，在句中做状语。来看不定数量形容词---onse 的两个实例,其中的 monse 重叠表示强调。

(243) Lesa amipale **konse**（ku-onse）uko muli!
菩萨 他-您-保佑虚拟形 在-任何 RP² 您-TM⁸-在
无论您在哪里,愿菩萨保佑您。

(244) Ulu lupili lwafutumwine icushi **monse monse**.
这 山 它-TM¹-笼罩-于过去形 烟雾 在-每一个角落里
这座山完全笼罩在烟雾当中。   -futumuna/-futumwine

第5章 形　容　词

　　在本巴语当中，形容词是一个数目较少但使用频率较高的封闭词类，表示人或事物的性状、性别、数量、归属、维度、关系等。

　　形容词有典型和非典型之分。

　　典型形容词具有如下语用、形态及语序特征：

　　① 语用上，能够和名词构成主（系）表结构、中定结构或介宾结构。其中，参与生成介宾结构的形容词，我们称之为**形容介词**。

　　② 形态上，左侧预留有一个语法槽（该语法槽用符号"---"表示[1]），用来安放同中心名词词头相一致的一致关系标记（CM）。添加一致关系标记之前的形容词形式，我们称之为形容词的未然形；添加之后的形式，我们称之为已然形。

　　③ 语序上，一般位于所修饰的中心名词后面。[2]

　　非典型形容词包括 cila（每一）、nshi（什么）、mutanda（六）、cinelubali（七）、cinekonsekonse（八）以及 pabula（九）。这些形容词都具有类似于典型形容词的修饰功能，但又不像典型形容词那样预留有语法槽，因此不需要添加与中心名词词头相一致的一致关系标记。相对位置上，cila 前置于所修饰的名词，其

---

　　[1] 在本文当中，一个本巴语单词如果被打上"---"标记，就是典型形容词。

　　[2] 除指示形容词之外，所有典型形容词都必须后置。指示形容词前后置均可，在英语的影响下，近年来在年轻人的本巴语当中，前置的倾向益发明显。

他则后置。对中心名词式范畴的影响方面，cila 和 nshi 都要求中心名词采用短式，其他则不施加任何影响。

数词"十""百""千"等在形态上属于名词，分别为 amakumi/ikumi、imyanda/uwanda、amakana/ikana。这些名词也能够直接后置于其他名词，表示相关名词所指事物的数量。

本巴语的个位数词从"一"到"五"属于典型形容词，从"六"到"九"为非典型形容词，"十""百""千"又属于名词。这是一种非常有趣的语言现象。

本巴语数词的使用概率由小到大呈递减的趋势。"一"(---mo)使用频率最高，"二"(---bili)、"三"(---tatu)次之，"四"(---ne)、"五"(---sano)再次之，其他在口语当中通常用英语数词直接替代，很少真正出现。

5.1 成员及分类

本巴语典型形容词共计 52 个。这些形容词根据语义和功能可以分为性状、性别、数量、关系、归属、维度等六类。如表 23 所示。

表 23 本巴语典型形容词分类汇总表

性状	性别	数量		关系	归属	维度
		恒定	不定			
---bi 丑的；坏的	---tali 长；高；深	---anakashi 女性的	---mo（---mo）一、某一；一些、某些	---a 的	---esu 我们的	---no 这
---kali 凶的；恶的	---tuntulu 完整的	---aume 男性的	---bili 二	---biye 另外	---a kwa 的	---andi 我的	---ø 这
---nkalwe 无情；冷酷	---kote 老的	---kota 母的；雌的	---tatu 三	---mbi 另外	---o¹ 那	---enu 你们的	---o² 那
---suma 好的；善的	---pya 新的	---lume 公的；雄的	---ne 四	---onse 任一；所有	---ntu 那	---obe 你的	---lya 那
---ipi 小的；矮的	---bishi 新鲜的		---sano 五	---li ---onse 任一；所有	---ena 至于	---abo 他们的	---isa 哪
---nono¹ 小的	---teku 嫩的；新鲜			---nono² 少的		---akwe 他的；她的	
---kulu 大的	---mo ---ine 一样的			---ingi 许多		---a ---ko 它(们)的	
---kalamba 大的；重要	---ine（---ine）自己；真正			---nga 多少			
---piina 贫穷；落后	---eka（---eka）孤独；仅限						
---kankala 富裕；重要							

83

(一) 性状形容词

性状形容词共 19 个,是形容词的主体。

(二) 性别形容词

性别形容词共 4 个。

(三) 数量形容词

数量形容词共 12 个。其中,恒定数量形容词 4 个,不定数量形容词 7 个,恒定兼不定数量形容词 1 个。不定数量形容词可以添加一致关系标记生成不定代词。

(四) 关系形容词

关系形容词共 5 个。其中,关系形容词---o[1] 和---ntu 可以添加一致关系标记生成宾格关系代词。其他 3 个---a、---a kwa 和---ena 是形容介词。

(五) 归属形容词

归属形容词共 7 个。归属形容词可以添加一致关系标记生成物主代词。

(六) 维度形容词

维度形容词共 5 个。维度形容词可以添加一致关系标记生成指示代词。

5.2 已 然 形

本巴语的典型形容词都在左侧预留有一个语法槽,用来安放同中心名词词头相一致的一致关系标记。添加一致关系标记之前的形容词形式,我们称之为"未然形";添加之后的形式,我们称之为"已然形"。已然形是形容词在话语当中的真实状态。

试对比汉语定中结构和本巴语中定结构:

汉语定中结构	=定语形容词+中心名词
本巴语中定结构	=中心名词+一致关系标记-定语形容词

以下为实例：

(245)　　**aba**ntu **ba**sano（ba-sano）**ba**suma（ba-suma）　　　五个好人
　　　　　人　　　 CM-五　　　　　　CM-好

当中定结构逐渐固化成名词短语时，形容词的语法槽位置会添加一个特殊的前缀 n-，用来取代常规的一致关系标记。这个 n-已经无法指示中心名词的复单数状态，可能是一致关系标记由专用走向通用的一种萌芽。

现将我们所搜集到的这类特殊名词短语汇总如下：

imfumu **nkalamba**	大酋长；国王	imfumu **nkulu**	大酋长；国王
inama nkalamba	大型动物	inama nkulu	大型动物
inkoko nkalamba	大母鸡	insala nkulu	极度饥饿；大饥荒
inkalamo nkalamba	大狮子	inshiku nkulu	大日子；斋戒日
intungulushi nkalamba	大领导；高官	bandume **nandi**	我的兄弟们
inkondo nkalamba	大战	ndume nandi	我的一个兄弟
iŋanda nkalamba	大房子	bankashi nandi	我的姐妹们
isukulu nkalamba	大学	nkashi nandi	我的一个姐妹
inshita nkalamba	很长时间	inshita **ntali**	很长时间
inkuuka nkalamba	大风；狂风	insoso **mbi**	恶语
inshila nkalamba	主要方式	imbwa mbi	恶犬
impyani nkalamba	主要继承人	inama mbi	猛兽
insala **nkali**	极度饥饿；大饥荒	imfwambi	暴毙
iŋombe nkali	疯牛	Imbila **Nsuma**	福音

5.3 排 序

当同一个中心名词(用符号"★"表示)为一个以上的定语所修饰时,定语相对于中心名词的位置以及定语之间的排序同定语形容词本身密切相关。

以下是基本的排列规则:

维度形容词 + ★ + 物主形容词 + 性别形容词 + 数量形容词 + 性状形容词 + "的"结构[①]

以下是实例:

(246) **aba** abana **batatu**　　　　　　　这三个孩子
　　　 这　孩子 CM-三

(247) **aba** abana **bo**nse **ba**tatu　　　所有的这三个孩子
　　　 这　孩子 CM-所有的 CM-三

(248) abana b**akwe** ba**bili**　　　　　　他的两个孩子
　　　 孩子 CM-他的 CM-二

(249) abana b**akwe** b**onse** ba**tatu**　　他全部的三个孩子
　　　 孩子 CM-他的 CM-全部的 CM-三

(250) abana b**akwe** ab**anakashi** ba**tatu**　他的三个女儿
　　　 孩子 CM-他的 CM-女的 CM-三

(251) abana b**andi** b**aume** ba**bili** aba**suma**　我的两个好儿子
　　　 孩子 CM-我的 CM-男的 CM-二 CM-好的

(252) umukashi w**andi** uw**a**temwikwa　　我亲爱的妻子
　　　 妻子 CM-我的 CM-TM[8]-挚爱

(253) imilimo y**abo** imo　　　　　　　　他们的一些工作

---

① "的"结构是指由形容介词---a 后接名词、副词、介宾结构等成分所构成的形容词性结构体,因形容介词---a 在语义和功能上同汉语助词"的"相类似而得名。详见第 5.5 章节。

工作　CM-他们的 CM-一些

(254) ibumba ly**a** mulinshi w**a** cishinka　　　忠诚的保安群体

　　　群体 CM-的 保安 CM-的 忠诚

(255) **uto** tumashiwi utu**nono**, utu**suma** kabili utw**a** kutasha

　　　那　话语　CM-简短的 CM-动听的 并且 CM-的 ^{动名词}赞美

　　　那些简短而动听的赞美之词

5.4　名词化/代词化

典型形容词可以通过添加词头组合 aba-/umu- 和 ifi-/ici- 实现名词化或者代词化。其中,添加词头组合 aba-/umu- 所生成的名词或者代词与"人"有关；添加词头组合 ifi-/ici- 所生成的名词或者代词与"物"有关。以下为添加 aba-/umu- 的实例：

---anakashi	女性的	**aba**nakashi/**umw**anakashi	女性；妇女
---aume	男性的	**aba**ume/**umw**aume	男性；男人
---bi	坏的	**aba**bi/**umu**bi	坏人
---biye	同类的；同事的	**aba**biye/**umu**biye	工友；同事；同行
---kalamba	大的；重要的	**aba**kalamba/**umu**kalamba	哥哥；姐姐；长者
---kankala	有钱的	**aba**kankala/**umu**kankala	有钱人
---kote	老的	**aba**kote/**umu**kote	老人
---mo	一个；一些	b**a**mo/um**o**	一些人/一个人
---mo ---mo	每一；一些	b**a**mo b**a**mo/um**o** um**o**	一些人/每一个人
---bili	二	b**a**bili	两个人
---ingi	许多的	**ab**engi	许多人
---mbi	其他的	b**a**mbi/u**m**bi	其他人
---nga	多少	b**a**nga	多少人

---onse 任何的;所有的　　bonse/onse　　所有人/任何人

形容词变成名词或者代词之后,可以在句中充当主语、宾语或同位语。例如:

(256) **Umwaume** no **mwanakashi** kuti baletungililana.
男人 和 女人　　能　他们-TM¹¹-支持-相互
男人和女人应该能够互帮互助。

(257) **Abakalamba** ba bamayo baleikala mu Lusaka.　舅舅住在卢萨卡。
哥哥　CM-的　妈妈　他-TM¹¹-住 在 卢萨卡

(258) Iwe no **mubiye** obe, kabiyeni!　　你还有你的小伙伴,快去!
你 和 伙伴 CM-你的 跑 敬祈形

(259) Ku **bengi** icasuko cili ni ee.　　对许多人而言,答案是肯定的。
对于 许多人 答案 它-TM⁸-是 就是 嗯　　　　　　　　-ba/-li

(260) **Fwe bengi** twatuminwe ku Kasama.
我们　许多人　我们-TM¹-派出-被 过去形 往 卡萨玛
我们许多人都被派到卡萨玛去了。　　　　-tuma/-tumwa/-tuminwe

5.5 例　释

5.5.1 ---ø

ø 表示零。---ø 是零词根维度形容词,语义上表示某人或某物在时间或空间上"离自己比较近"。诸如"星星"这种客观上离我们很远的天体,是没有机会与---ø 相结合的。[①]

---ø 前接**长式标记**,生成表 24 已然形。

---

① 田野调查过程中,我们多次尝试 ulu ulutanda(眼前的这颗星星)这样的表达方式,每次都遭到当地人的劝阻并替换成 lulya ulutanda(远方的那个星星),可见在本巴人的认知世界里,"星星"总是遥远的。

表 24　形容词---ø 已然形汇总表

名词组合序号		③	④	⑤			⑥	⑦	⑧	⑨
形容词---ø	复数	**aba**		**aya**			**ifi**	**iyi**	**ishi**	**utu**
	单数	**uyu**	**ili**	**ubu**	**uku**	**ici**	**uyu**	**iyi**	**ulu**	**aka**

本形容词前置或后置于所修饰的中心名词均可。前置于中心名词时，中心名词只能用长式。后置时，对中心名词的长短式不施加任何影响。例如：

(261)　**aba** abaaume[①]　　　　　　　　这些男人

　　　 uyu umwaume　　　　　　　　　这个男人

(262)　**aba** bakafundisha　　　　　　　这些老师

　　　 uyu kafundisha　　　　　　　　这位老师

(263)　**aya** amashiwi　　　　　　　　　这些话；这些单词

　　　 ili ishiwi　　　　　　　　　　这个单词

(264)　**aya** amani　　　　　　　　　　这些蛋

　　　 ili ilini　　　　　　　　　　这个蛋

(265)　**aya** amata　　　　　　　　　　这些弓

　　　 ubu ubuta　　　　　　　　　　这张弓

(266)　**aya** amaboko　　　　　　　　　这些手臂

　　　 uku ukuboko　　　　　　　　　这只手臂

(267)　**ifi** ifipusho　　　　　　　　这些问题

　　　 ici icipusho　　　　　　　　这个问题

(268)　**iyi** imisango　　　　　　　　这些方式

　　　 uyu umusango　　　　　　　　这种方式

5.5.2　---a

---a 是一个非常重要的形容介词。[②] 它不能单独作定语，而是必须后接名

[①] 维度形容词添加一致关系标记之后生成已然形，功能上相当于汉语或英语中的指示代词。指示代词后接名词的长式，如"这些男人"口语中必须说成 aba abaaume。但是，大多数书籍的正字法会省略指示代词后面所接名词的前缀，使之呈现出短式的"假象"。这可能是由早期田野调查者的记录习惯造成的。

[②] ---a 在形态上属于形容词范畴，在语法功能上类似于英语的介词 of，故得名"形容介词"。

词、副词、介宾结构等成分(这些成分用字母 B 表示),与之构成形容词性的"的"结构——只有"的"结构才能修饰前面的中心名词(该中心名词用字母 A 表示),与之构成中定结构。

A 和 B 之间主要存在以下几种逻辑关系:

其一,B 是 A 的一种状态、属性或类别。

此时的 B 可能是副词。例如:

(269)　imyaka ya（i-a) nomba　　　　　近几年
　　　　年　　CM-的　现在

(270)　Cipingo ca（ci-a) Kale　　　　　圣经旧约
　　　　约定　CM-的　从前

(271)　cibusa wa（u-a) pe na pe　　　　永远的朋友
　　　　朋友　CM-的　永远

也可能是介宾结构。例如:

(272)　ifyuni fya（fi-a) mu muulu　　　天上的小鸟
　　　　小鸟　CM-的　在　天上

(273)　ifyuma fya mu ŋanda　　　　　　家产
　　　　财产　CM-的　在　屋子里　　　　　　　　　(屋子里的财产)

(274)　ululimi lwa（lu-a) ku mwesu　　母语
　　　　语言　CM-的　在　我们家里　　　　　　　　(我们家里的语言)

(275)　amasambililo ya（ya-a) pa mulu　高等教育
　　　　教育　　　CM-的　在　高处

还有可能是名词。例如:

(276)　amenshi ya（ya-a) cifulefule　　温水
　　　　水　　　CM-的　温热状态

(277)　iŋanda ya（i-a) busaka　　　　　干净的房子
　　　　房子　CM-的　干净

(278)　ilyashi lya（li-a) cishinka　　　真实的故事
　　　　故事　CM-的　真实

其二,A 是与 B 相关的某一信息。

(279) ukuya kw<u>a</u>（ku-a）nshita　　　　时间的流逝
　　　 流逝 CM-的　时间

(280) intulo y<u>a</u>（i-a）nsansa　　　　快乐的源泉
　　　 源泉 CM-的　快乐

其三，A 为 B 所有。

(281) amano y<u>a</u>（ya-a）bantu　　　　人的智慧
　　　 智慧 CM-的　人们

(282) inyimbo sh<u>a</u>（shi-a）fyuni　　　　鸟的歌声
　　　 歌声　CM-的　鸟

(283) amafupa y<u>a</u>（ya-a）nkoko　　　　鸡骨头
　　　 骨头　CM-的　母鸡

其四，A 与 B 是同位关系。

(284) icalo c<u>a</u>（ci-a）Zambia　　　　赞比亚国
　　　 国家 CM-的　赞比亚

(285) icitungu c<u>a</u> Mikoti　　　　铜带省
　　　 省　CM-的　矿产

(286) iciswebebe c<u>a</u> Sahara　　　　撒哈拉沙漠
　　　 沙漠　CM-的　撒哈拉

如以上实例所示，"的"结构当中的---a 大多添加短式标记。但是，当"的"结构同中心名词之间被其他定语隔开时，---a 一般添加长式标记。例如：

(287) icakulya cesu ic<u>a</u>（ici-a）buno bushiku　　我们今天的食物
　　　 食物 CM-我们的 CM-的　今天

(288) impili shikalamba ish<u>a</u>（ishi-a）mu menshi　水下的大山脉
　　　 山　CM-大的 CM-的　　　在　水里

强调专有或特殊用途时，也可以添加长式标记。例如：

(289) icitabo ic<u>a</u> umusambi　　　　专门针对学生的书；学生用书
　　　 书籍 CM-的　学生

(290) amano <u>a</u>ya Mfumu Solomone　　所罗门国王所特有的智慧
　　　 智慧 CM-的　国王 所罗门

5.5.3 ---abo

---abo 为归属形容词,接短式标记,语义上相当于汉语"他们的"或者"她们的"。

(291) abakashi b<u>abo</u>（ba-abo）　　　他们的妻子
　　　 bacibusa b<u>abo</u>（ba-abo）　　　他们的朋友
　　　 icalo c<u>abo</u>（ci-abo）　　　　他们的国家
　　　 imfumu sh<u>abo</u>（shi-abo）　　 他们的国王

5.5.4 ---a ---ko

---a ---ko 为归属形容词,接短式标记,生成形容词性物主代词,用来指代第三人称名词当中的第⑤、⑥、⑦、⑧、⑨组名词。---a 前面所添加的一致关系标记取决于归属客体,---ko 前面所添加的一致关系标记取决于归属主体。

(292)　ifyuni ne nyimbo sh<u>a</u> fi<u>ko</u>　　　小鸟和它们的歌声
　　　　小鸟　和　歌声　CM-的　它们

(293)　inkoko no tukoko tw<u>a</u> i<u>ko</u>　　　一只母鸡同它的孩子们
　　　　母鸡　和　鸡仔　CM-的　它

5.5.5 ---a kwa

---a kwa 是一个形容介词,只能后接零词头名词,即以 ø-作为词头的第三人称名词,与之构成"的"结构。---a kwa 同前面的形容介词---a 存在功能上的互补关系,---a 可以后接包括名词副词、介宾结构等在内的多种成分,但所接名词将零词头名词排除在外。试对比:

(294)　ubwinga bw<u>a</u> <u>kwa</u> Musonda　　　穆松达的婚礼
　　　　婚礼　　CM-的　　穆松达　　　　　Ba Musonda/Musonda
　　　　ubwinga bw<u>a</u> Ba Musonda　　　　穆松达先生的婚礼
　　　　婚礼　　CM-的　先生 穆松达

(295) ukulila kw**a** **kwa** mukolwe　　　公鸡的鸣叫声
　　　 鸣叫声 CM-的　公鸡　　　　　　　bamukolwe/mukolwe

　　　 ukulil**a** **kwa** bamukolwe　　　许多公鸡的鸣叫声
　　　 鸣叫声 CM-的　公鸡

(296) ——Ndalama sh**a** **kwa** nani　　——谁的钱？
　　　　　 钱　　CM-的 谁　　　　　　 banani/nani

　　　 ——Ndalama sh**a** Batata　　　 ——我爸爸的钱。
　　　　　 钱　　CM-的 我爸爸

5.5.6　---akwe

---akwe 为归属形容词，接短式标记，语义上相当于汉语"他的"或者"她的"。

(297)　abasambi b**akwe**（ba-akwe）　　他的学生们
　　　 umusambi w**akwe**（u-akwe）　　他的学生
　　　 amaka y**akwe**（ya-akwe）　　　他的力量
　　　 imilimo y**akwe**（i-akwe）　　　他的工作

5.5.7　---anakashi

---anakashi 为性别形容词，接长式、短式标记均可，语义上相当于汉语"女的"。

(298)　abafyashi（a）b**anakashi**　　　母亲
　　　 umufyashi（u）mw**anakashi**　　一位母亲
　　　 imfumu（i）sh**anakashi**　　　　女国王
　　　 imfumu（i）y**anakashi**　　　　一位女国王

5.5.8　---andi

---andi 为归属形容词，接短式标记，语义上相当于汉语"我的"。

(299)　umukashi w**andi**　　　　　　我的妻子
　　　 ishina ly**andi**　　　　　　　我的名字

ululimi l**wandi**	我的语言
ubulangeti bw**andi**	我的毯子

5.5.9 ---aume

---aume 为性别形容词,接长式、短式标记均可,语义上相当于汉语"男的"。

(300)	abafyashi (a)b**aume**	父亲
	umufyashi (u)mw**aume**	一位父亲
	abana (a)b**aume**	儿子
	umwana (u)mw**aume**	一个儿子

5.5.10 ---bi

---bi 为性状形容词,接长式、短式标记均可,语义上相当于汉语"坏的"。

(301)	amashina (a)ya**bi**	不好的名字
	amashiwi (a)ya**bi**	恶毒的语言;脏话
	ifisabo (i)fi**bi**	坏水果
	umutima (u)u**bi**	一颗坏心肠

5.5.11 ---bili

---bili 为数量形容词,接短式标记,语义上相当于汉语的"二"。

(302)	abana ba**bili**	两个孩子
	amakumi ya**bili**	两个十;二十
	insengo shi**bili**	两只角
	ifintu fi**bili**	两件事
	utunya tu**bili**	两个新生的婴儿
	imyaka i**bili**	两年;两岁
	imiku i**bili**	两次

5.5.12 ---bishi

---bishi 为性状形容词,偏爱长式标记,语义上相当于汉语"新鲜的"。

(303)	umunofu (u)ubishi	（身上）刚割下的生肉
	inama iibishi	新鲜的食用肉
	umuti uubishi	刚长出嫩芽的小树
	ulusengu ulubishi	刚长出的青竹
	icani icibishi	刚长出的青草
	imisalu iibishi	生鲜蔬菜
	inseke ishibishi	新鲜的种子
	amatafwali ayabishi	没烧制过的泥巴；砖坯
	ifilonda ifibishi	新的伤痕

5.5.13 ---biye

---biye 为不定数量形容词，接短式标记，语义上相当于汉语"对等的另一"。

(304)	umubomfi mubiye	另一位工人；工友
	umusambi mubiye	另一位同学；学友
	umwaice mubiye	另一位青年人；同龄的青年人
	bakateka babiye	另一位总统
	inkulo ibiye	另一代人
	umusumba ubiye	另一座城市
	uluko lubiye	另一个部落
	ulubali lubiye	另一边

5.5.14 ---eka (---eka)

---eka 为性状形容词，接短式标记，语义上相当于汉语的"孤独""仅仅"。

---eka 的限定对象可以是第一、二人称名词。例如：

(305)	ifwe fweka	就我们；我们而已
	ine neka	我一个人；只是我；我而已
	imwe mweka	就你们；只有你们；就您；只有您
	iwe weka	就你；只有你

第一、二人称名词被省略之后，---eka 的相关已然形可以在句中独立存在，

一般置于谓语词节后面充当表语或者状语。

(306) Nalabomba incito neka.　　　　我得一个人干活。(没有帮手)
　　　　我-TM¹⁰-做 工作 我-而已

(307) Ndya fye neka.　　　　　　　　我独自一人吃饭。(没有伙伴)
　　　　我-TM¹⁵-吃 仅仅 我-而已

(308) Tatuikalila fwe bene fweka.　　　我们不再只是为了自己而活着。
　　　　不-我们-自己-活着-为 我们 自己 我们-而已　　-ikala/-ikalila

---eka 的限定对象也可以是指示代词。例如：

(309) aba beka　　　　　　　　　就他们；只有他们
　　　　uyu eka　　　　　　　　　就他；只有他
　　　　ico ceka　　　　　　　　　仅仅如此；仅此而已
　　　　te co ceka　　　　　　　　不仅如此

---eka 可以单独,或采用---eka ---eka 的重叠形式,修饰第三人称名词,表示"仅仅""尽是""满是"。重叠使用时有强调的韵味。

(310) abaume beka（beka）　　　仅男性；男性而已；男性本身
　　　　umutima weka（weka）　　仅心脏；心脏本身
　　　　amenso yeka（yeka）　　　只是眼睛；光眼睛；裸眼
　　　　icushi ceka（ceka）　　　　尽是烟雾
　　　　ubwafya bweka（bweka）　尽是困难；难处本身
　　　　Ku Mansa kwaba ulukungu lweka（lweka）.
　　　　在 曼莎市 那里-TM¹⁵-是 灰尘 尽是
　　　　在曼莎市,到处都尘土飞扬。

5.5.15　---ena

---ena 是一个形容介词,接短式标记,相当于汉语的"至于""就……而言"。

(311) Ifyashala fyena, kuti mwalyako.
　　　　剩余物 CM-至于　能 你们-TM⁸-吃-来着
　　　　至于剩下的食物,你们都可以吃。

(312) Icishinka cena, cikasokolola.　　真相终将大白于天下。

真相　CM-至于　它-TM¹³-浮现

(313)　Mu mutima wandi mw**ena**, nalimutemwa.

　　　　在　心里　CM-我的　CM-至于　我-TM⁹-她-爱

　　　　在我的内心深处啊，我还是爱着她的。

(314)　Lelo nangu ndi mukote, ku bulimi kw**ena**, ndi wacaice.

　　　　尽管　我-CM⁸-是 老人　就　园艺 CM-而言　我-CM⁸-是 年轻人

　　　　我虽然年纪大，但就园艺而言，我还是个新手。

5.5.16　---enu

---enu 为归属形容词，接短式标记，既可以指代复数对象，表示"你们的"，也可以指代单数对象，表示"您的"，用来表达敬意。

(315)　abalume b**enu**　　　　　你们的丈夫；您的丈夫

　　　　iminwe y**enu**　　　　　　你们的手指；您的手指

　　　　ifibusa fy**enu**　　　　　　你们的朋友；您的朋友

　　　　ulupwa lw**enu**　　　　　　你们的家庭；您的家庭

　　　　ukulanshanya kw**enu**　　你们的探讨

　　　　insansa sh**enu**　　　　　你们的快乐；您的快乐

　　　　ishina ly**enu**　　　　　　您的名字

5.5.17　---esu

---esu 为归属形容词，接短式标记，语义上相当于汉语"我们的"。

(316)　abafyashi b**esu**　　　　　我们的父母

　　　　imitima y**esu**　　　　　　我们的心

　　　　umupampamina w**esu**　　我们的决心

　　　　icakulya c**esu**　　　　　我们的食物

　　　　iŋanda y**esu**　　　　　　我们的家

　　　　ukulongana kw**esu**　　　我们的相聚

　　　　indupwa sh**esu**　　　　　我们的家庭

5.5.18 ---ine (---ine)

---ine 为性状形容词,一般接短式标记(表25)。

表25 形容词---ine 已然形汇总表

名词组合序号		①	②	③	④	⑤			⑥	⑦	⑧		⑨
形容词 ---ine	复数		bene			yene			fiine	iine	shiine		twine
	单数		wine			line	bwine	kwine	ciine	wine	iine	lwine	kene

---ine 具有如下语义、语法和形态特点:

其一,直接修饰第①、②组名词即第一、二人称名词,表示"同样""就是",用于加强语气。此时,---ine 的单数已然形为 wine,被修饰名词用长式,

(317)　na ifwe b**ene**（ba-ine）　　　　我们也是;我们同样

　　　　 nifwe b**ene**　　　　　　　　　就是我们

　　　　 na ine w**ine**（u-ine）　　　　 我也是;我同样

　　　　 nine w**ine**　　　　　　　　　就是我

　　　　 na imwe b**ene**　　　　　　　你们也是;你们同样

　　　　 nimwe b**ene**　　　　　　　　就是你们

　　　　 na iwe w**ine**　　　　　　　　你也是;你同样

　　　　 niwe w**ine**　　　　　　　　　就是你

其二,直接修饰第一、二人称名词,表示"自己",用于构成同位结构。此时,---ine 的单数已然形为 mwine,被修饰名词用短式,

(318)　fwe b**ene**　　　　　　　　　我们自己

　　　　 ne mw**ine**　　　　　　　　　我自己

　　　　 mwe b**ene**　　　　　　　　　你们自己;您自己

　　　　 we mw**ine**　　　　　　　　　你自己

其三,直接修饰第①、②组之外的名词,即第三人称名词,表示"自己的"。

(319)　ubuyo bobe bw**ine**　　　　　 你自己的目标

　　　　 imyeo yesu i**ine**　　　　　　我们自己的生命

　　　　 abafyashi aba b**ene**　　　　 父母他们自身;父母本人

　　　　 indupwa shabo shi**ine**　　　 他/她们自己的家庭

	ulul<u>i</u>mi lw<u>a</u>bo lw<u>ine</u>	他/她们自己的语言

其四，以重叠方式修饰第三人称名词，表强调，表示"就是本身的""如假包换的""真真切切的"。例如：

(320)　umut<u>e</u>nde w<u>ine</u> w<u>ine</u>　　　　真正的和平
　　　　ulul<u>i</u>mi lw<u>ine</u> lw<u>ine</u>　　　　真正的语言
　　　　ukwish<u>i</u>ba kw<u>ine</u> kw<u>ine</u>　　真正的了解
　　　　abalw<u>a</u>ni b<u>ene</u> b<u>ene</u>　　　　真正的敌人
　　　　insh<u>i</u>ta <u>ine</u> <u>ine</u>　　　　　　确切的时间

5.5.19　---ingi

---ingi 为不定数量形容词，接长式标记，表示"许多的"。

(321)　ab<u>a</u>ntu ab<u>engi</u>　　　　　许多人
　　　　abanak<u>a</u>shi ab<u>engi</u>　　　许多女性
　　　　am<u>e</u>nshi ay<u>engi</u>　　　　许多水
　　　　amas<u>a</u>nso ay<u>engi</u>　　　许多危险
　　　　imy<u>a</u>ka ii<u>ngi</u>　　　　　许多年
　　　　ins<u>a</u>nsa ish<u>ingi</u>　　　　许多快乐
　　　　utwamp<u>a</u>ni utw<u>ingi</u>　　许多公司

5.5.20　---ipi

---ipi 为性状形容词，略微偏爱长式标记，表示"小的""矮的""短的"。

(322)　ukulansh<u>a</u>nya (u)kw<u>ipi</u>　　一次简短的探讨
　　　　ukutand<u>a</u>la (u)kw<u>ipi</u>　　　一次短暂的访问
　　　　ulw<u>e</u>ndo (u)lw<u>ipi</u>　　　　一次短暂的旅程
　　　　akash<u>i</u>ta (a)k<u>epi</u>　　　　一个短暂的瞬间
　　　　amaly<u>a</u>shi (a)y<u>epi</u>　　　一些简短的话语
　　　　amasambil<u>i</u>lo (a)y<u>epi</u>　　一些简短的课程
　　　　ing<u>a</u>la ish<u>ipi</u>　　　　　一些短指甲

5.5.21 ---isa

---isa 是维度形容词,用于表选择的特殊疑问句,相当于汉语的"哪个"或者"哪些"。

---isa 接短式标记,生成表 26 已然形。

表 26 形容词---isa 已然形汇总表

名词组合序号		③	④	⑤			⑥	⑦	⑧	⑨
形容词 ---isa	复数	/	/	yesa			fiisa	iisa	shiisa	twisa
	单数	/	/	liisa	bwisa	kwisa	ciisa	wisa	iisa	lwisa	kesa

以下为---isa 的已然形实例:

(323) Insapato shiisa?　　　　　　哪一双鞋?
　　　 鞋子　CM-哪些

(324) Iliino liisa?　　　　　　　哪颗牙齿?
　　　 牙齿　CM-哪一

5.5.22 ---kalamba

---kalamba 为性状形容词,接长式、短式标记均可,表示"大的""重要的""尊贵的"。

(325) bamayo mukalamba　　　　　大姨
　　　 batata mukalamba　　　　　大伯
　　　 umusumba (u)ukalamba　　　大城市;首都
　　　 inshita (i)ikalamba　　　　大量时间
　　　 ibumba (i)likalamba　　　　一大群
　　　 ilyeshi (i)likalamba　　　　一场大洪水
　　　 ubushiku (u)bukalamba　　　一个重要的日子
　　　 ukubombesha(u)kukalamba　　一次巨大的努力

5.5.23 ---kali

---kali 为性状形容词,偏爱长式标记,表示"严厉的""凶猛的""致命的"。

(326)　abafyashi aba**kali**　　　　　严厉的父母

　　　　amashiwi aya**kali**　　　　　严厉的措辞

　　　　ifyuni ifi**kali**　　　　　　　凶猛的鸟;猛禽

　　　　imimbuulu ii**kali**　　　　　凶猛的狼

　　　　imbwa ishi**kali**　　　　　　凶猛的狗;恶狗

　　　　imfuti ishi**kali**　　　　　　致命的武器

　　　　icipuupu ici**kali**　　　　　　一阵狂风

　　　　icinama ici**kali**　　　　　　一头猛兽

5.5.24　---kankala

---kankala 为性状形容词,接长式、短式标记均可,表示"重要的""富裕的"。

(327)　ifyalo（i)fi**kankala**　　　　富裕国家;发达国家

　　　　imilimo（i)i**kankala**　　　　宝贵的工作;重要的工作

　　　　icintu（i)ci**kankala**　　　　一件重要的事情

　　　　icipuna（i)ci**kankala**　　　　一个重要的位置

　　　　ulupwa（u)lu**kankala**　　　　一个富裕的家庭

　　　　umusumba（u)u**kankala**　　　一座繁华的都市

　　　　ukufuṅda（u)ku**kankala**　　　一份重要的指导

5.5.25　---kota

---kota 为性别形容词,偏爱长式标记,表示"母的""雌的"。

(328)　iŋwena ishi**kota**　　　　　母鳄鱼

　　　　iŋwena ii**kota**　　　　　　一只母鳄鱼

　　　　iŋombe ishi**kota**　　　　　母牛

　　　　iŋombe ii**kota**　　　　　　一头母牛

　　　　impaanga ishi**kota**　　　　母绵羊

　　　　impaanga ii**kota**　　　　　一只母绵羊

5.5.26 ---kote

---kote 为性状形容词,接长式、短式标记均可,表示"老的""旧的"。

(329) abaume (a)ba**kote**　　　　　　老男人
　　　　ababomfi (a)ba**kote**　　　　　老工人
　　　　abafyashi (a)ba**kote**　　　　 年迈的父母
　　　　indoshi (i)shi**kote**　　　　　老巫师;老巫婆
　　　　imicitile (i)i**kote**　　　　　旧习惯;旧体制

5.5.27 ---kulu

---kulu 为性状形容词,接长式、短式标记均可,表示"大的""重要的"。

(330) abana (a)ba**kulu**　　　　　　大孩子
　　　　bakolwe (a)ba**kulu**　　　　　大猩猩
　　　　ubushiku (u)bu**kulu**　　　　 一个重要的日子
　　　　ishina (i)li**kulu**　　　　　 一个伟大的名字
　　　　umusumba (u)u**kulu**　　　　　一座大城市

5.5.28 ---li ---onse

---li ---onse 为不定数量形容词,---li 只能添加长式,---onse 只能添加短式,表示"任何"。

(331) amepusho aya**li y**onse　　　　任何问题;任何疑问
　　　　ifintu ifi**li f**onse　　　　　任何事情
　　　　umuntu uu**li** **onse**　　　 任何一个人
　　　　umwana uu**li** **onse**　　　 任何一个孩子
　　　　icintu ici**li c**onse　　　　　任何一件事情
　　　　inshita ii**li y**onse　　　　 任何一个时间

5.5.29 ---lume

---lume 为性别形容词,偏爱长式标记,表示"公的""雄的"。

(332)　　iŋwena ishi**lume**　　　　　　公鳄鱼

　　　　 iŋwena ii**lume**　　　　　　 一只公鳄鱼

　　　　 iŋombe ishi**lume**　　　　　 公牛

　　　　 iŋombe ii**lume**　　　　　　 一头公牛

　　　　 indyabuluba ishi**lume**　　　公长颈鹿

　　　　 indyabuluba ii**lume**　　　　一只公长颈鹿

5.5.30　---lya

---lya 属维度形容词，语义上表示某人或某物在时间或空间上"离自己非常远"。

---lya 前接短式标记，生成表 27 已然形。

表 27　形容词---lya 已然形汇总表

名词组合序号		③	④	⑤		⑥	⑦	⑧	⑨
形容词---lya	复数	balya		yalya		filya	ilya	shilya	tulya
	单数	ulya	lilya	bulya	kulya	cilya	ulya / ilya	lulya	kalya

本形容词前置或后置于所修饰的中心名词均可，前置频率更高一些。前置于中心名词时，中心名词只能用长式。后置时，对中心名词的长短式不施加任何影响。例如：

(333)　　ya**lya** amano　　　　　　　那些智慧

　　　　 bu**lya** ubushiku　　　　　 那一天

　　　　 shi**lya** inshiku　　　　　 那些天；那段时光

　　　　 u**lya** umwanakashi　　　　 那个女孩

　　　　 lu**lya** ulupwa　　　　　　 那个家庭

5.5.31　---mbi

---mbi 是不定数量形容词，接短式标记，表示"其他""别的""另外的"。

(334)　　abasambi ba**mbi**　　　　　　别的学生

　　　　 amafya ya**mbi**　　　　　　　其他困难

imisumba i**mbi**　　　　　　　　其他城市

umulumendo u**mbi**　　　　　　另外一个年轻人

incito i**mbi**　　　　　　　　　其他工作

ukusefya ku**mbi**　　　　　　　其他庆祝活动

5.5.32　---mo（---mo）

---mo 既是恒定数量形容词,表示"一个",又是不定数量形容词,表示"某一""一些"或"某些"。---mo 只能接短式标记。

修饰单数名词时,---mo 表示"一个"或"某一"。

（335）　umwanakashi u**mo**　　　　一位妇女;某位妇女

　　　　ulupwa lu**mo**　　　　　　　一个家庭;某个家庭

　　　　ubushiku bu**mo**　　　　　　一天;有一天;某一天

修饰复数名词时,---mo 表示"一些"或"某些"。

（336）　abaice ba**mo**　　　　　　　一些十来岁的年轻人;某些年轻人

　　　　imisepela i**mo**　　　　　　　一些二十来岁的年轻人;某些年轻人

　　　　inshita shi**mo**　　　　　　　一些时候;有时候

---mo 可以重叠使用。修饰单数名词时表示"每一"。

（337）　akasuba ka**mo** ka**mo**　　　每一天;一天又一天

　　　　umulwele u**mo** u**mo**　　　　每一个病人

修饰复数名词时,表示"一些"或"有些",有强调的韵味。

（338）　amaofesi ya**mo** ya**mo**　　　有些办公室

　　　　abantu ba**mo** ba**mo**　　　　有些人

5.5.33　---mo ---ine

---mo ---ine 为性状形容词,均接短式标记,表示"一样的"。

（339）　ifintu fi**mo** fi**ne**　　　　　　同一些事情

　　　　icintu ci**mo** ci**ne**　　　　　　同一件事情

abasambi ba**mo** be**ne**	同一批学生
umumana u**mo** w**ine**	同一条河流

5.5.34 ---ne

---ne 是恒定数量形容词,接短式标记,语义上相当于汉语的"四"。

(340) bamalaika ba**ne** 　　　　四位天使
　　　amabotolo ya**ne** 　　　　四只瓶子
　　　imiku i**ne** 　　　　　　　四次
　　　inkoko shi**ne** 　　　　　四只鸡

5.5.35 ---nga

---nga 是不定数量形容词,只能修饰复数名词,接复数短式标记,表示"多少"。

(341) imyaka i**nga** 　　　　　多少年;多少岁?
　　　imiku i**nga** 　　　　　多少次?
　　　inshiku shi**nga** 　　　多少日子;多长时间?
　　　bantu ba**nga** 　　　　多少人?
　　　ndalama shi**nga** 　　多少钱?

人们在日常购物时常常使用 Bushe ni shinga? 这句话来询问商品价格。此时的 shinga 可以看作是 ndalama shinga 的缩略形式。

5.5.36 ---nkalwe

---nkalwe 是性状形容词,一般接长式标记,语义上相当于汉语"冷酷的"。

(342) abantu aba**nkalwe** 　　　　无情的人们
　　　umuntu umu**nkalwe** 　　　一个无情的人
　　　inshita ishi**nkalwe** 　　　一段残酷的时期
　　　imfumu (i)**nkalwe** 　　　　一个冷酷的国王
　　　icalo ici**nkalwe** 　　　　　一个冷酷的世界

5.5.37 ---no

---no 是维度形容词,表示某人、某物在时间或空间上"近在眼前"。

---no 接短式标记,生成表 28 已然形。

表 28 形容词---no 已然形汇总表

名词组合序号		③	④	⑤			⑥	⑦	⑧	⑨
形容词 ---no	复数	bano		yano			fino	ino	shino	tuno
	单数	uno	lino	buno	kuno		cino	uno	luno	kano

---no 作为维度形容词,前置或后置于所修饰的中心名词均可,但前置的概率远大于后置。前置时,中心名词只能用长式。

(343) bu<u>no</u> ubushiku   今日
       shi<u>no</u> inshiku sha kulekelesha   这些剩余的日子
       i<u>no</u> inshita   此时;现在;如今
       u<u>no</u> umwaka   当前这一年;今年
       lu<u>no</u> ulucelo   今天早上

5.5.38 ---nono[1](性状)

---nono 为性状形容词,接长式、短式标记均可,表示"小的",反义词为---kalamba。

(344) umutwe (u)u<u>nono</u>   一个小标题
       uluko (u)lu<u>nono</u>   一个小国家
       ulupwa (u)lu<u>nono</u>   一个小家庭
       amalyashi (a)ya<u>nono</u>   几段简短对话
       umwana mu<u>nono</u>   一个小孩子
       abana ba<u>nono</u>   几个小孩子

5.5.39 ---nono[2](数量)

---nono 还可以充当数量形容词,接长式、短式标记均可,表示"少的",反义

词为---ingi。

(345)　imyaka (i)**inono**　　　　　　几年

　　　　imyeshi fye (i)**inono**　　　　就几个月

　　　　amashiwi fye (a)ya**nono**　　就几句话

　　　　indalama (i)shi**nono**　　　　一点点钱

　　　　akashita (a)ka**nono**　　　　 一小会儿；片刻；瞬间

在有些中定结构当中，---nono 既有可能表示"少的"，也有可能表示"小的"，只有通过上下文才能做出明确判断。例如：

(346)　abantu (a)ba**nono**　　　　　几个小矮人；少数几个人

---nono 可以和前缀 pa-构成副词 panono，相当于汉语的"一下""一会儿"或"一点点"等意思。例如：

(347)　Ndolela **panono**!　　　　　　等我一下！

　　　　我-等　　一下

(348)　Kuti nalanda **panono** icisungu.　我会讲一点英语。

　　　　会 我-TM[8]-讲 一点点 英语

panono 可以重叠使用，语义上相当于汉语的"慢慢地""逐步地""一般般"。

(349)　——Incito ili shani?　　　　　——工作如何？

　　　　工作 它-TM[8]-是 如何

　　　　——**Panono panono**.　　　　——马马虎虎。

　　　　　　一般般

5.5.40　---ntu

5.5.41　---o[1(关系)]

　　---ntu 和---o[1] 都是关系形容词，分别接短式标记和长式标记，生成已然形。

　　---ntu 和---o[1] 的已然形也叫形容词性连词或者宾格关系代词，在实例当中标注为 RP[2]，可以引导定语从句修饰名词（即先行词），与之构成中定结构。大多数情况下，先行词在定语从句中充当宾语，少数情况下充当时间状语或地点状语。

---ntu 和---o¹在引导定语从句时可以互换使用,也都可以省略。实际话语当中,许多年轻人把 ifyo、isho、ico 和 iyo 分别读作 efyo、esho、eco 和 eyo,参见4.5.2章节。例如:

（350） imilimo yonse（in**tu**/i**yo**/e**yo**）tubomba   我们所做的一切工作

工作 CM-一切   RP²   我们-TM¹⁵-做

（351） inshita shimo（shi**ntu**/i**sho**/e**sho**）tushakalabe

时光 CM-某些   RP²   我们-不-TM¹³-忘记虚拟形   -laba/-labe

我们不会忘却的某些时光

5.5.42 ---o²(维度)

---o²是维度形容词,表示某人或某物空间上"离说话人较远,离听话人较近"。

---o²前接长式标记,生成表29已然形。

表29　形容词---o²已然形汇总表

名词组合序号		③	④	⑤			⑥	⑦	⑧	⑨
形容词---o²	复数	abo		ayo			ifyo	iyo	isho	uto
	单数	uyo	ilyo	ubo		uko	ico	uyo	iyo	ulo	ako

充当定语时,---o²前置或后置于中心名词均可。前置于中心名词时,中心名词只能用长式。后置时,对中心名词的长短式不施加任何影响。例如:

（352）　a**yo** amashiwi   那些话

i**sho** inkondo   那些战争

u**lo** ulwimbo   那首歌

u**yo** umulimo   那件工作

u**to** utumashiwi utunono   那些简单的话语

a**ko** akashita   那时候;当时

---o 既是维度形容词(---o²),添加一致关系标记之后生成表远指的指示代词,又是关系形容词(---o¹),添加一致关系标记之后生成引导定语从句的关系代词。这种指示代词和关系代词合二为一的现象,同英语的 that 具有相似性,值得学者们从心理认知的角度进一步探索。

5.5.43 ---obe

---obe 为归属形容词,接短式标记,相当于汉语"你的"。

(353) abalwani b**obe** 你的敌人
amano y**obe** 你的智慧
ifilubo fy**obe** 你的错
indalama sh**obe** 你的钱
ubumi b**obe** 你的生命

5.5.44 ---onse

---onse 是不定数量形容词,接短式标记。

---onse 修饰单数名词时一般表示"任一"。

(354) umusango **onse** 任何一种类型
umuntu **onse** 任何一个人

有时候也表示"整个的"。例如:

(355) icalo c**onse** 整个世界;全世界
ulupwa l**onse** 整个家庭;全家

如果接复数名词,---onse 表示"所有的"。例如:

(356) abantu b**onse** 所有人
amafya y**onse** 所有的困难
ifyakulya fy**onse** 所有的食物

---onse 添加前缀 li-生成 lyonse 时,既有可能充当形容词,修饰以 i-或 ili-作为词头的名词,也有可能充当副词,在句中做状语,表示"经常地""有规律地"。试对比:

(357) ishina l**y**onse 任何一个名字
名字 CM-任何的

(358) ili**bwe ly**onse ilyatwa 任何一块尖锐的石头
石头 CM-任何的 CM-TM[8]-尖锐

(359) Mulesamba ku minwe **ly**onse. 你们应该勤洗手。

你们-TM¹¹-洗 把 手 经常

(360) **Lyonse** Alice alentungilila.　　　　爱丽丝总是支持着我。
总是 爱丽丝 她-TM¹¹-我-支持

5.5.45 ---piina

---piina 是性状形容词，略微偏爱长式标记，相当于汉语"贫穷的"。

(361)　icalo（i）ci**piina**　　　　　　　一个穷国；一个发展中国家

　　　　ifyalo（i）fi**piina**　　　　　　　穷国，发展中国家

　　　　ulupwa（u）lu**piina**　　　　　　一个贫困家庭

　　　　indupwa ishi**piina**　　　　　　贫困家庭

　　　　incende ii**piina**　　　　　　　一个贫苦地区

　　　　incende ishi**piina**　　　　　　贫苦地区

　　　　umushi（u）u**piina**　　　　　　一个贫困的乡村

　　　　imishi ii**piina**　　　　　　　　贫困的乡村

5.5.46 ---pya

---pya 是性状形容词，接长式、短式标记均可，相当于汉语"新的"。

(362)　abasambi（a）ba**pya**　　　　　　新学生

　　　　kateka（u）mu**pya**　　　　　　　新官员

　　　　amasukulu（a）ya**pya**　　　　　新学校

　　　　amaofeshi（a）ya**pya**　　　　　新办公室

　　　　intambi（i）shi**pya**　　　　　　新文化；新传统

　　　　imyulu i**pya** ne sonde li**pya**　　新天和新地；新天地

　　　　incito（i）i**pya**　　　　　　　　一份新工作

　　　　ubuteko（u）bu**pya**　　　　　　一个新政府

5.5.47 ---sano

---sano 是恒定数量形容词，接短式标记，语义上相当于汉语的"五"。

(363)　abashilika ba**sano**　　　　　　　五名士兵

abana bandi ba**sano**	我的五个孩子
amayanda ya**sano**	五栋房子
amakumi ya**sano**	五个十；五十
imikate i**sano**	五块面包
incinga shi**sano**	五辆自行车
ifikope fi**sano**	五幅画

5.5.48 ---suma

---suma 是性状形容词，接长、短式标记均可，相当于汉语"好的""美的"。

(364)	abantu (a)ba**suma**	好人
	kampingu (u)mu**suma**	良心
	ulupwa (u)lu**suma**	好家庭
	imikalile (i)**suma**	好生活
	ubumi (u)bu**suma**	好身体
	inyimbo (i)shi**suma**	好听的歌曲
	ishina (i)li**suma**	好名字；好名声
	amenshi (a)ya**suma**	好水；清洁的水

5.5.49 ---tali

---tali 是性状形容词，偏爱长式标记，相当于汉语的"高""长""深"。

(365)	amalinga aya**tali**	高墙
	ilyashi ili**tali**	漫长的历史；悠久的历史
	ifimuti ifi**tali**	又高又大的树
	insengo ishi**tali**	长长的角
	inshita (i)**tali**	一段很长的时间
	icishima (i)ci**tali**	一口深井
	umushishi (u)**tali**	一缕长发
	ulwendo (u)lu**tali**	一段漫长的旅程

5.5.50 ---tatu

---tatu 是恒定数量形容词,接短式标记,相当于汉语的"三"。

(366)　bakafundisha ba**tatu**　　　　　三位老师

　　　　abana babo ba**tatu**　　　　　　他们的三个孩子

　　　　amaminiti ya**tatu**　　　　　　　三分钟

　　　　amaawala ya**tatu**　　　　　　　三个小时

　　　　imyaka i**tatu**　　　　　　　　　三年

　　　　inshila shi**tatu**　　　　　　　　三种方法

　　　　ifipusho fi**tatu**　　　　　　　　三个问题

5.5.51 ---teku

---teku 是性状形容词,偏爱长式标记,语义上相当于汉语的"绿""嫩""鲜"。

(367)　amabula aya**teku**　　　　　　　绿叶;嫩叶

　　　　amatunda aya**teku**　　　　　　新鲜的草莓

　　　　imisalu ii**teku**　　　　　　　　嫩绿的青菜

　　　　ifimuti ifi**teku**　　　　　　　　郁郁葱葱的大树

　　　　iŋombe ishi**teku**　　　　　　　几只牛犊

　　　　iŋombe ii**teku**　　　　　　　　一只牛犊

5.5.52 ---tuntulu

---tuntulu 是性状形容词,略偏爱长式标记。

修饰"事物"类名词时,---tuntulu 表示"整个的""完整的""充分的"。例如:

(368)　ifintu (i)fi**tuntulu**　　　　　　　整个事情;来龙去脉

　　　　ifipandwa (i)fi**tuntulu**　　　　　各个章节;全文

　　　　ukwaafwa (u)ku**tuntulu**　　　　全方位的帮助

　　　　umweshi umo uu**tuntulu**　　　　整整一个月

　　　　inseke (i)shi**tuntulu**　　　　　　完整的谷粒;饱满的谷粒

修饰与"人"有关的名词时,---tuntulu 表示"健全的""健康的"。例如:

(369) Umwana umu**tuntulu** wandi, uufwile e mwana wakwe!
孩子 CM-健康的 CM-我的 那个-TM[4]-死_{过去形} 是 孩子 CM-她的
活蹦乱跳的孩子是我的,死了的那个是她的!   -fwa/-fwile

abatuntulu 和 umutuntulu 可以独立作名词,表示"健康的人"。例如：

(370) Abatuntulu tabakabila iŋanga iyo.
健康的人 不-他们-TM[15]-需要 医生 不
健康的人根本就不需要医生。

---tuntulu 还可以添加其他类标记作名词,如添加 ubu-表示身体的"健康状态",添加 ifi-表示"全部的东西"。

(371) Sakamana **ubutuntulu** bobe!   多多保重!
关注   健康   CM-你的

(372) Lete **fituntulu**! (leta ifituntulu)   全部都拿过来吧!
拿来 全部

第 6 章 动　　词

动词是本巴语重要的词类之一,成员众多,属于开放词类。

本巴语动词具有如下形态和语法特征:

① 几乎所有动词的原形和过去形都分别以元音 a 和 e,或者包含元音 a 和 e 的开音节,作为词尾。例如,汉语的"爱"在本巴语当中的原形和过去形分别是—temwa/—temenwe①,"恨"是—pata/—patile,"看"是—mona/—mwene,"吃"是—lya/—lile,"喝"是—nwa/—nwene,等等。原形的唯一例外为动词—tila,它有时候截略为 -ti。过去形的唯一例外为—li,它所对应的动词原形为—ba。

② 动词左侧预留有一个语法槽(该语法槽用符号"—"表示②),用来安放"不可或缺"的主格人称代词和时态标记以及"应需而现"的黏着否定标记和宾格人称代词等。其中,同主格人称代词或一致关系标记③的可结合性,是动词和形容词区别于其他词类的共性;同黏着否定标记、时态标记以及宾格人称代词的可结合性,是动词区别于形容词的特点。

③ 动词有"四形""八式""十六时"的形态变化。四形包括原形、过去形、虚

---

① 左侧为原形,右侧为过去形,中间用正斜杠隔开。
② 一个本巴语单词如果被打上"—"标记,就是动词。
③ 人称代词和一致关系标记是我们从学术角度对于黏着于谓语动词之上的类标记以及黏着于定语形容词或表语形容词之上的类标记所赋予的区别性称谓。参见 4.1 人称代词和 4.2 一致关系标记。

拟形和敬祈形,是单句处于特定时态以及语气当中时,谓语动词所呈现的形态变化。过去形、虚拟形和敬祈形不生成词典意义上的新词,属于句法屈折范畴。八式包括而动式、彻底式、使动式、加强式、互动式、被动式、反身式和逆动式,是动词添加词缀之后生成的词典意义上的新词形式,属于词法派生范畴。十六时是各种时态标记同谓语动词原形或过去形相结合的产物,可以清晰地指示谓语动词所在单句的时态。

6.1 四　　形

本巴语动词共有4种句法形态,简称"四形",它们是:原形、过去形、敬祈形和虚拟形。四形之间具有互补性和互斥性。互补性是指各"形"之间存在一种"非此即彼"的互补关系,共同构成并服务于本巴语的句法系统。互斥性是指一个动词在具体的句法环境下,其"形"不可能出现"亦此亦彼"的情况。比如说,一个动词如果是原形,就不可能是过去形、虚拟形或敬祈形,反之亦然。

对本巴语实例进行对译时,"过去形""敬祈形"以及"虚拟形"将采用在汉语动词右上角小标的标注方式,"原形"则不予标注。

6.1.1　原形

动词原形(Original Form)也叫基本形,是指一个动词可以通过添加前缀 uku- 来构成动名词的动词形式。

原形是动词四形当中最为重要、最为基本的形式。除动词—tila可以截略为—ti之外,所有动词原形都以元音-a,或者包含元音-a,的开音节作为词尾。

动词原形的特点及语法功能是:

① 可以添加前缀 uku-构成动名词。动名词就词头分类而言属于 Ama 组,是单数名词,但没有复数形式。例如:

动词原形	动名词	词义
—shita	ukushita	买;购物
—tuusha	ukutuusha	休息;休假
—tendeka	ukutendeka	开始;起点;起源

② 可以直接用于肯定祈使句,祈使对象为单数平辈或晚辈。

(373)　**Buuka**!　　　　　　　　　　　醒醒! 快起床!

　　　　Alukila kwibula 20!　　　　　翻到第 20 面!

Belenga imiseela!   读句子!

③ 可以参与构成非祈使肯定句当中除时态①、③、④之外的所有谓语词节。

(374) Nale**pyanga** mu ɲanda.   我当时在打扫房间。

我-TM²-打扫 在 房间

(375) ——Wa**ciya** kwisa?   ——Na**ciya** ku Mbala.

你-TM⁶-去 往-哪里   我-TM⁶-去 往 姆巴拉

——你去哪儿了?   ——我去姆巴拉了

6.1.2 过去形

过去形(Past Form)是一种自带"过去"概念的动词形态,由原形遵循一定的规则转变而来。过去形的形态变化比较复杂。除了受元音和谐律以及鼻音和谐律的约束,还有其内在的一些独特规则。其中最主要的变化规则如表30。

表30 动词过去形词尾基本变化规则表1

规则			实例一	实例二	实例三
-a → -e			funik**a**→funik**e**	sanik**a**→sanik**e**	tanik**a**→tanik**e**
-a-a → -e-e			ip**a**y**a**→ip**e**y**e**	fw**a**l**a**→fw**e**l**e**	pus**a**n**a**→pus**e**n**e**
-ya→	-ishe	a	af**ya**→af**ishe**	kaf**ya**→kaf**ishe**	pan**ya**→pan**ishe**
		i	bif**ya**→bif**ishe**	fin**ya**→fin**ishe**	cimf**ya**→cimf**ishe**
		u	fum**ya**→fum**ishe**	fun**ya**→fun**ishe**	luf**ya**→luf**ishe**
	-eshe	e	cef**ya**→cef**eshe**	lef**ya**→lef**eshe**	tef**ya**→tef**eshe**
		o	lof**ya**→lof**eshe**	kom**ya**→kom**eshe**	of**ya**→of**eshe**
-sha→	-shishe	a	an**sha**→an**shishe**	na**sha**→na**shishe**	ta**sha**→ta**shishe**
		i	ci**sha**→ci**shishe**	lwi**sha**→lwi**shishe**	wi**sha**→wi**shishe**
		u	cu**sha**→cu**shishe**	fu**sha**→fu**shishe**	ku**sha**→ku**shishe**
	-seshe	e	e**sha**→e**seshe**	en**sha**→en**seshe**	te**sha**→te**seshe**
		o	ko**sha**→ko**seshe**	po**sha**→po**seshe**	sho**sha**→sho**seshe**

续表

规则			实例一	实例二	实例三
-a→	-ile	a	bala→balile	baka→bakile	papa→papile
		i	bila→bilile	bika→bikile	pipa→pipile
		u	bula→bulile	buka→bukile	pupa→pupile
	-ele	e	bela→belele	enda→endele	pepa→pepele
		o	bola→bolele	onda→ondele	popa→popele
-(m/n)a→	-ine	a	kama→kamine	pama→pamine	tama→tamine
		i	cina→cinine	ina→inine	shima→shimine
		u	puma→pumine	suma→sumine	tuma→tumine
	-ene	e	cena→cenene	pena→penene	tema→temene
		o	nona→nonene	pona→ponene	tona→tonene
-(l)wa→	-ilwe	i/u	filwa→fililwe	fwilwa→fwililwe	fulwa→fulilwe
	-elwe	e/o	celwa→celelwe	pelwa→pelelwe	kolwa→kolelwe
-(m)wa→	-inwe	u	umwa→uminwe	sumwa→suminwe	tumwa→tuminwe
	-enwe	e/o	cenwa→cenenwe	komwa→komenwe	temwa→temenwe

由于大量不规则过去形的存在,掌握动词过去形的最佳方式,是将动词原形和过去形以配对的方式同时记录和掌握。例如,—fyalilwa/—fyalilwe、—ya/—ile、—sanga/—sangile、—cita/—citile、—sosa/—sosele、—kosha/—koseshe,等等。

过去形有两大句法功能。

其一,在非祈使肯定句当中参与构成时态①、③、④的谓语词节。本巴语共有 16 个时态,除①、③、④之外,其他时态的肯定句均由原形参与构成。例如:

(376) Mulenga **afwele** indyato. 穆仁佳穿上了凉鞋。

    穆仁佳 他-TM[1]-穿上_{过去形} 凉鞋   -fwala/-fwele

(377) **Afunike** ilyo aaleteya umupila. 他踢足球的时候骨折了。

他-TM¹-骨折过去形　　当　他-TM²-踢 足球　　　　　-funika/-funike

(378)　Nali**temenwe**.　　　　　　　　　　我当时很高兴。

　　　我-TM³-高兴过去形　　　　　　　　　　　　　-temwa/-temenwe

(379)　Ala naly**umfwile** umwenso!　　　真的,我当时觉得很害怕。

　　　真的 我-TM³-觉得过去形　　恐惧　　　　　-umfwa/-umfwile

(380)　Cinshi n**citile** pa kuti icabipa ci**mponene**?

　　　什么 我-TM⁴-做过去形　以至于　厄运 它-TM⁴-我-降临过去形

　　　我做错了什么?怎么这么倒霉?　　　-cita/-citile；-pona/-ponene

其二,在非祈使否定句当中参与构成时态①、③、④、⑦、⑧的谓语词节。

(381)　Bushe tamwa**ingile** mu ŋanda?　　请问您当时没有进屋吗?

　　　请问 不-您-TM¹-进过去形　到……里面 屋子　　-ingila/-ingile

(382)　Nsha**ishile** pali Cimo.　　　　　我星期一没有过来。

　　　我-不-TM¹-过来过去形 在 星期一　　　　　　-isa/-ishile

(383)　Nsha**temenwe** ifyo banj**ebele**.

　　　我-不-TM¹ᐟ³-喜欢过去形　所 他们-TM¹-我-告知过去形

　　　他们跟我讲的那些东西,我当时没兴趣。

　　　　　　　　　　　　　　　-temwa/-temenwe；-eba/-ebele

(384)　Tatwa**temenwe** ifyo twa**citile**.

　　　不-我们-TM¹ᐟ³-喜欢过去形 所 我们-TM¹-做过去形　　-cita/-citile

　　　我们当时不喜欢自己的所作所为。

(385)　Nshi**kwete** amaka ya kubomba uyu mulimo.

　　　我-不-TM⁴ᐟ⁷ᐟ⁸-有过去形 力量 CM-的 动名词做 这 工作 -kwata/-kwete

　　　我还没有做这件事的能力。

(386)　Tatu**kwete** ne mbeketi ya kutapilako amenshi.

　　　不-我们-TM⁴ᐟ⁷ᐟ⁸-有过去形 甚至 桶子 CM-的 打-用于-来着 水

　　　我们甚至还没有打水的桶子。　　　　　　　　-tapa/-tapila

6.1.3 敬 祈 形

动词敬祈形(Courtesy Form)是将动词词尾由原形的-a 变成-eni 之后生成的形式。例如,—isa 变—iseni,—ikala 变—ikaleni,—bomba 变—bombeni,等等。

敬祈形只出现在肯定句当中,具有两大句法功能。

其一,用于"明知故问"式的寒暄。交谈对象可以是个体,也可以是集体。内容是对交谈对象刚刚在做的某一动作进行描述。该动作现在可能还在持续,也可能已经结束。谓语词节格式为"Mwa + V$_{敬祈形}$"。例如:

(387) Mwashibuk<u>eni</u>! 您起来了呀!早上好!
您-TM[8]-起床$_{敬祈形}$ -shibuka/-shibukeni

(388) Mwapol<u>eni</u>! 您好!别来无恙?
您-TM[8]-安好$_{敬祈形}$ -pola/-poleni

(389) Mwabwel<u>eni</u>! 您回来了呀!欢迎回家!
您-TM[8]-回来$_{敬祈形}$ -bwela/-bweleni

(390) Mwais<u>eni</u>! 您来了呀!欢迎!
您-TM[8]-来$_{敬祈形}$ -isa/-iseni

Mwais<u>eni</u> ku Zambia! 欢迎来到赞比亚!
您-TM[8]-来$_{敬祈形}$ 到 赞比亚

其二,用于包含敬意的祈使句。翻译成汉语时,一般可以添加"请"字。祈使对象如果是平辈或晚辈,人数必须在两个或两个以上,如果是长辈或者贵宾,则与人数无关。例如:

(391) Aluki<u>leni</u> kwibula 20! 请翻到第 20 面!
Asuk<u>eni</u> ifipusho fyakonkapo! 请回答下面的问题!
Beleng<u>eni</u> icipande cikonkelepo! 请阅读下面的文章!
Bik<u>eni</u> mukati! 请放进去!
Bik<u>eni</u> panshi! 请放在地上!
Bwekesh<u>eni</u>po nafuti! 请再来一遍!
Cenjel<u>eni</u>! 请小心一点!

Fum_eni_ apa!　　　　　　　　　　　　　请走开！请离我远点！

Esh_eni_ko!　　　　　　　　　　　　　请试一下！

Shal_eni_po!　　　　　　　　　　　　　保重！再见！

6.1.4　虚拟形

虚拟形（Subjunctive Form）是一种表示"意愿""建议""能力""可能性"的动词形式，其生成方式是将动词词尾-a 变成-e。例如，—laala/—laale，—ikala/—ikale，—bomba/—bombe，等等。

虚拟形出现在以下语法场合：

其一，谓语词节包含有主格人称代词的祈使句。

当单句主语默认为第二人称普通个体时，主格人称代词用 u-。例如：

（392）　Ulaal_e_ bwino!　　　　　　　　　晚安！

　　　　你-睡觉^{虚拟形} 好　　　　　　　（你要好好睡觉哦！）　-laala/-laale

（393）　Usendam_e_ umutende!　　　　　　晚安！

　　　　你-休息^{虚拟形} 平安　　　　　　　　　　　　　-sendama/-sendame

（394）　Unjelel_e_（u-n-elele）pa kukushupa iwe.　不好意思，给你添麻烦了。

　　　　你-我-原谅^{虚拟形}　　因为^{动名词}你-麻烦 你　　　-elela/-elele

（395）　Ukwat_e_ ishuko!　　　　　　　　祝你好运！

　　　　你-有^{虚拟形} 运气　　　　　　　　　　　　　　-kwata/-kwate

当单句主语默认为第二人称群体或者值得尊敬的个体时，主格人称代词用 mu-。

（396）　Munjeb_e_（mu-n-ebe）!　　　　　请您告诉我！

　　　　您-我-告知^{虚拟形}　　　　　　　　　　　　　　-eba/-ebe

（397）　Mwend_e_ bwino!　　　　　　　　你们慢走！您走好！

　　　　您-走^{虚拟形} 好　　　　　　　　　　　　　　-enda/-ende

（398）　Muntumin_e_ foni!　　　　　　　请您给我打电话！

　　　　您-我-打-给^{虚拟形} 电话　　　　　　　-tuma/-tumina/-tumine

（399）　Napapata mungumfwikish_e_ bwino!　请您不要误会！

　　　　请　　您-我-真正理解^{虚拟形} 好好地　-umfwikisha/-umfwikishe

当单句主语为第三人称名词时,土格人称代词需要根据名词词头做出相应调整。

(400) Umutende u**be** na imwe!　　　　祝你平安!
　　　平安　它-存在^{虚拟形} 和 你　　　　　　　　　　-ba/-be

(401) Iciloto cobe c**ikabe** icacine!　　祝你梦想成真!
　　　梦 CM-你的 它-TM¹³-变成^{虚拟形} 真的　(你的梦想变成真的吧!)

(402) Lesa a**mipaale**!　　　　　　　愿菩萨保佑你们!
　　　菩萨 他-你们-保佑^{虚拟形}　　　　　　　-paala/-paale

其二,谓语词节由 Leka 或 Lekeni 引导的祈使句。

Leka 是动词,词义相当于汉语的"让",用于祈使对象为普通个体的场合。例如:

(403) **Leka** nj**e**（n-ye）, pantu bwaca.　　让我走吧,天亮了!
　　　让 我-走^{虚拟形} 因为 它-TM⁸-破晓　　-ya/-ye

(404) **Leka** nwemo（n-nwe-mo） utumenshi mu mutondo obe.
　　　让 我-喝^{虚拟形}-来着 水 在……里面 罐子 CM-你的　-nwa/-nwe
　　　让我喝一点你罐子里的水吧!

(405) **Leka** nkweb**e**（n-ku-ebe）!　　让我告诉你吧!
　　　让 我-你-告诉^{虚拟形}　　　　　　　-eba/-ebe

(406) **Leka** nkwafw**e**（n-ku-afwe）!　让我帮助你吧!
　　　让 我-你-帮助^{虚拟形}　　　　　　　-afwa/-afwe

当祈使对象为群体或者值得尊敬的个体时,Leka 必须改成 Lekeni。例如:

(407) **Lekeni** ntw**e** imbalala.　　　让我来捣花生吧!
　　　请让 我-捣^{虚拟形} 花生　　　　　　-twa/-twe

(408) **Lekeni** tulanshany**e**!　　　让我们商量一下吧!
　　　请让 我们-商量^{虚拟形}　　　　-lanshanya/-lanshanye

(409) **Lekeni** tutwalilile ukubombela abantu!
　　　请让 我们-继续^{虚拟形} ^{动名词}服务-于 人们　-twalilila/-twalilile
　　　让我们继续为人民服务吧!

(410) **Lekeni** balandepo!　　　　　让他们也说说看吧!

请让　他们-说^{虚拟形}-来着　　　　　　　　　　　　　-landa/-lande

如果是"劝阻"而不是"劝说",且对象为普通个体,可以将 Leka 变成 Wileka。例如:

(411)　**Wileka** ukuboko kobe kutush**e**.　　　别让你的手停下来!
　　　　你-别-让 手臂 CM-你的 它-停歇^{虚拟形}　　　-tusha/-tushe

(412)　**Wileka** umuntu nangu umo asuul**e** amaka yobe.
　　　　你-别-让 人 哪怕 一个 他-小觑^{虚拟形} 力量 CM-你的　　-suula/-suule
　　　　别让任何人小看你的力量。

如果劝阻对象是集体或值得尊敬的个体,要将 Wileka 变成 Mwileka。例如:

(413)　**Mwileka** akoni kapupuk**e**.　　　　别让这只鸟飞走了。
　　　　你们-别-让 小鸟 它-飞走^{虚拟形}　　　　-pupuka/-pupuke

(414)　**Mwileka** umuntu onaule umutende.　　别让任何人破坏和平!
　　　　您-别-让 人 他-破坏^{虚拟形} 和平　　　-onaula/-onaule

其三,谓语词节包含 Natu-的祈使句。

Natu-语义上相当于汉语的"让我们",祈使对象为包括言者在内的群体。例如:

(415)　**Natu**lande iciBemba!　　　　　让我们说本巴语吧!
　　　　让-我们-说^{虚拟形} 本巴语　　　　　-landa/-lande

(416)　**Natu**mone icacitike!
　　　　让-我们-看^{虚拟形} RP¹/CM-TM¹-发生^{过去形}　-mona/-mone;-citika/-citike
　　　　让我们看看发生了什么事情?

(417)　**Natu**tendek**e** ukusambilila ili line!　让我们现在就开始学习吧!
　　　　让-我们-开始^{虚拟形} ^{动名词}学习 马上　　-tendeka/-tendeke

(418)　**Natu**kanshe abana besu!
　　　　让-我们-教育^{虚拟形} 孩子 CM-我们的　　-kansha/-kanshe
　　　　让我们好好教育我们的孩子吧!

如果祈使句的动作发生在将来,需要在 Natu-后面添加时态中缀-ka-。例如:

(419)　**Natuka**temwane lyonse!

让-我们-TM¹³-相爱虚拟形　始终　　　　　　　　　　-temwana/-temwane

让我们以后永远相亲相爱吧！

(420)　**Natukaye** bonse!　　　　　　　让我们改天一起去吧！

让-我们-TM¹³-去虚拟形　大家　　　　　　　　　　　　-ya/-ye

如果建议立即做某事，需要在 Natu-后面添加时态中缀-le-，此时动词只能用原形。

(421)　**Natule**ya!　　　　　　　　　　让我们马上出发！

让-我们-TM¹¹-去

(422)　**Natule**oba!　　　　　　　　　让我们开始划（船）吧！

让-我们-TM¹¹-划

如果"希望某处出现某物"，可以将 Natu-替换成 Naku-、Napa-或 Namu-。

(423)　Pe sonde **napa**mene ifyani!　　地上要长出青草！

在　地上　让-那里-长出虚拟形　青草　　　　　　　　-mena/-mene

(424)　Mu muulu **namu**be ifyakusanika!　天空中要有发光的东西！

在　空中　让-那里-要有虚拟形　发光的东西　　　　　-ba/-be

(425)　Mu menshi **namu**be ifyamweo ifingi.　水里要有许多生物！

在　水里　让-那里-要有虚拟形　活的东西 CM-许多的

(426)　**Naku**be ulubuuto!　　　　　　要有光！

让-那里-要有虚拟形　光

其四，谓语词节包含前缀 ka-的祈使句。
此时的祈使对象必须是平辈或晚辈个体。

(427)　Endesha, **ka**fwale fimbi!　　　快，去换身衣服！

快　　去-穿虚拟形　别的（衣服）　　　　　　　　　-fwala/-fwale

(428)　**Ka**lete icipuna!　　　　　　　去拿 把椅子来！

去-拿虚拟形　椅子　　　　　　　　　　　　　　　　-leta/-lete

(429)　Kete (**ka**-ite) umulume obe (u-obe)!　去叫你丈夫！

去-叫虚拟形　丈夫　CM-你的　　　　　　　　　　　-ita/-ite

当祈使对象是群体或者值得尊敬的个体时，谓语动词必须改为敬祈形。

(430)　**Ka**biyeni, **ka**bombeni umulimo!　你们快去干活吧！

去-去^{敬祈形} 去-干^{敬祈形} 活		-biya/-biyeni；-bomba/-bombeni

(431) **Ka**fike**ni**po umutende!　　　　　一路顺风哦！

去-抵达^{敬祈形}-来着 平安　　　　　　　　　　　-fika/-fikeni

(432) Ke**beni**（**ka**-e**beni**）abasambi bakwe!　你们去通知他的学生!

去-告诉^{敬祈形} 学生 CM-他的　　　　　　　　-eba/-ebeni

如果去除前缀 ka- 的话，虚拟形必须恢复为原形，敬祈形保持不变。

(433) Endesha, fwal**a** fimbi!　　　　　快，换身衣服！

Let**a** icipuna!　　　　　　　　　拿一把椅子来！

Let**eni** bamutungu!　　　　　　　请牵牛过来！

Mon**eni**!　　　　　　　　　　　请看！

其五，包含情态副词 tekuti 的陈述句或疑问句。

tekuti 的意思是"不会""不能"，由否定标记 te 和情态副词 kuti 结合而成，口语常常缩略为 teti。例如：

(434) Nga ino nshita，bushe **tekuti** mulaal**e**?

　　　那么 此 时　请问 不能　您-睡^{虚拟形}　　-laala/-laale

　　　那么现在呢？你还是睡不着？

(435) **Teti** tuland**e** icisungu.　　　　我们不会讲英语。

不会 我们-讲^{虚拟形}英语　　　　　　　　　　-landa/-lande

(436) **Teti** ntey**e** umupila.　　　　　我不会踢足球。

不会 我-踢^{虚拟形} 足球　　　　　　　　　　　-teya/-teye

其六，今日即将时（TM¹⁰）、今日将来时（TM¹¹）、来日将来时（TM¹³）的否定形式。例如：

(437) ——Bushe walaisa lelo?　　　——请问你今天会来吗？

请问 你-TM¹⁰-来 今天

——Ee, nalaisa. ——Awe，n**sha**ise.

是的 我-TM¹⁰-来　不 我-不-TM¹⁰-来^{虚拟形}　　-isa/-ise

——是的，我今天会来。——不，我今天不会来。

(438) N**sha**lek**e** nangu umo ukuya.　　我今天不会让任何一个人去。

我-不-TM¹¹-让^{虚拟形}　哪怕　一人^{动名词}去　　-leka/-leke

(439) Nshaka**leke** nangu umo uk**u**ya.　　　　我以后也不会让任何一个人去。
　　　　我-不-TM[13]-让虚拟形　哪怕　一人 动名词 去

其七，由 ukuti 或 pakuti 所引导目的状语从句。

(440) Leta amenshi **ukuti** nsamb**e**!　　　　拿水来我要洗澡。
　　　　拿　水　以便　我-洗澡虚拟形　　　　-samba/-sambe

(441) Sesheniko motoka yenu **ukuti** mpit**e**ko (n-pite-ko).
　　　　挪动敬祈形-来着　汽车 CM-您的 （目的） 我-通过虚拟形-来着
　　　　麻烦您挪一下车，让我过去。　　-sesha/-sesheni；-pita/-pite

(442) Abaume balacita ifintu ifingi **pakuti** bop**e** (ba-upe) umukashana.
　　　　男人们 他们-TM[16]-做 事情 CM-多的 以便 他们-娶虚拟形 女人
　　　　为了能够娶上媳妇，男人愿意做很多事。　　　　-upa/-upe

(443) **Pakuti** abana taluk**e** imibele yabipa bafwile ukusalapulwa bwino.
　　　　为了 孩子们 他们-远离虚拟形 习惯 CM-坏的 他们-应该 动名词 约束-被 好好地
　　　　为了让孩子们远离坏习惯，应该对他们进行合理的约束。
　　　　　　　　　　　　　　　　-taluka/-taluke；-salapula/-salapulwa

当主句为祈使句时，可以省略连词 ukuti 或 pakuti。例如：

(444) Mpela (n-pela) ubwali ~~(ukuti)~~ ndy**e** (n-lye)!
　　　　我-给　玉米粥　　我-吃虚拟形　　　　-lya/-lye
　　　　给我玉米粥，我要喝。

(445) Ntwalila ameenshi ~~(ukuti)~~ nsamb**e** (n-sambe)!
　　　　我-拿-给 水 我-洗澡虚拟形　　-twala/-twalila；-samba/-sambe
　　　　给我拿水来，我要洗澡。

(446) Njikatilila ~~(ukuti)~~ nsw**e** (n-swe) yembe!
　　　　我-抓住-紧紧　我-摘虚拟形　芒果　　　　-swa/-swe
　　　　抓紧我别放，我要摘芒果。

6.2 八　式

本巴语比较常见的动词词法形态有 8 种,简称"八式",它们是:而动式、彻底式、使动式、加强式、互动式、被动式、反身式、逆动式。

"八式"与"四形"的区别在于:

其一,"八式"属于词法范畴,生成的动词形态通常看作是新词。"四形"则属于句法范畴,除原形之外,其他形态通常不被看作是新词。

其二,"八式"之间是"亦此亦彼"的关系。一个动词集若干"式"于一身的情形在本巴语当中非常普遍。例如,动词—isalila 由词根-sala 通过添加前缀 i-和后缀-ila 生成,既是反身式,又是而动式。相比之下,"四形"之间是"非此即彼"的关系,即在特定的句法环境下,一个动词只能是"四形"当中的"一形"。

6.2.1　而动式

动词被赋予"为……(目标、对象而)""因……(原因而)""朝……(方向而)""以……(方式)"等概念时发生的形态变化,我们称之为"而动式"。而动式表示动作服务的对象、发生的原因、前进的方向、运行的方式等。

而动式通过将词尾类标记-a 替换成-ila 或-ela 来实现。元音 i 或 e 的选择遵循元音和谐律:当动词倒数第二个音节的元音为 a、i 或 u 时,选择 i;为 e 或 o 时,选择 e。当动词最后一个音节的辅音为 m 或 n 时,在鼻音和谐律的作用下,-ila 或-ela 必须变更为-ina 或-ena。

如表 31 所示。

表31 动词而动式词尾基本变化规则表

-a→	-ila	a	l<u>a</u>nda→land**ila**	p<u>a</u>nga→pang**ila**	s<u>a</u>la→sal**ila**
		i	c<u>i</u>ta→cit**ila**	<u>i</u>mba→imb**ila**	sh<u>i</u>ta→shit**ila**
		u	c<u>u</u>la→cul**ila**	<u>i</u>sula→isw**ila**	l<u>u</u>bula→lubw**ila**
	-ela	e	l<u>e</u>mba→lemb**ela**	p<u>e</u>pa→pep**ela**	s<u>e</u>nda→send**ela**
		o	b<u>o</u>mba→bomb**ela**	l<u>o</u>ndolola→londolw**ela**	s<u>o</u>sa→sos**ela**
-(m/n)a→	-ina	a	kum<u>a</u>na→kuman**ina**	pus<u>a</u>na→pusan**ina**	w<u>a</u>ma→wam**ina**
		i	l<u>i</u>ma→lim**ina**	p<u>i</u>ma→pim**ina**	sum<u>i</u>na→sumin**ina**
		u	f<u>u</u>ma→fum**ina**	t<u>u</u>ma→tum**ina**	s<u>u</u>na→sun**ina**
	-ena	e	c<u>e</u>ma→cem**ena**	p<u>e</u>ma→pem**ena**	ses<u>e</u>ma→sesem**ena**
		o	p<u>o</u>na→pon**ena**	s<u>o</u>na→son**ena**	t<u>o</u>na→ton**ena**

以下为动词而动式实例：

(447) Bushe cinshi ningakucit**ila**, we mwana?

请问 什么 我-能-你-做-为 我的 孩子　　　　　　-cita/-citila

我能为你做点什么，我的孩子？

(448) Nimikwat**ila**(na-n mi-kwatila) imilimo iipya.

TM⁷-我-你们-有-给 任务 CM-新的　　　　　　-kwata/-kwatila

嘿，我有个新任务要交给你们。

(449) Alebeleng**ela** abanoobe umulandu.

他-TM¹¹-读-给 同班同学 故事　　　　　　　-belenga/-belengela

他在给同班同学读一个故事。

(450) Tulemb**ele**ni!　　　　　　　　　　　　请给我们写信！

我们-写信-给 敬祈形　　　　　　　-lemba/-lembela/-lembeleni

(451) Tulepep**ela** umutende mu calo.

我们-TM¹¹-祈祷-为 和平 在 世界　　　　　-pepa/-pepela

我们在为世界和平而祈祷。

表达"因为……原因而做某事"的概念时，本巴语要将"因为"同"原因"分离

开来,嵌入到谓语动词"做"当中去,使谓语动词变成而动式。例如:

(452) Cinshi ico mwatulab**ila**?

什么 RP² 你们-TM⁸-我们-忘-因为　　　-laba/-labila

你们为什么把我们给忘了?

(453) Ninshi abafyashi bandi bashantem**enwa**?

是-什么 父母 CM-我的 他们-不-TM⁸-我-爱-因为　-temwa/-temenwa

我爸妈为什么不爱我?

(454) Mulandu nshi tucul**ila**?

原因　什么 我们-TM¹⁵-受苦-因为　　　-cula/-culila

我们为什么总是受苦受难?

表示"以……方式或方法做某事"的概念时,也要将"以"同"方式或方法"分离开来,嵌入到谓语动词"做"当中去,使谓语动词变成而动式。例如:

(455) umusango wa kutwal**ila**mo ifisabo　　　运送水果的方法

方法 CM-的 ᵃ名词送-用来-来着 水果　　　-twala/-twalila

(456) umusango wa kusambilish**isha**mo① icisungu　教英语的方法

方法 CM-的 ᵃ名词教-用来-来着 英语　　-sambilisha/-sambilishisha

(457) inshila ya kwend**ela**mo　　　　　　交通工具;出行方式

方式 CM-的 ᵃ名词行走-赖以-来着　　　　-enda/-endela

(458) inshila ya kupos**esha**mo umweni　　　问候客人的方式

方式 CM-的 ᵃ名词问候-用来-来着 客人　　　-posha/-posesha

6.2.2 彻底式

动词被赋予"彻底……""十分……""完全……""坚持……""始终……"等概念时而发生的形态变化,我们称之为"彻底式"。

动词彻底式通过将动词词尾的类标记-a 替换成-ilila、-ililila 或-elela 来实现。替换规则同而动式完全相同:元音 i、e 的选择遵循元音和谐律,当动词倒数第二个音节的元音为 a、i 或 u 时,选择 i;为 e 或 o 时,选择 e。当动词最后一

---

① 当动词词尾音节为-sha 时,而动式要将-sha 变成-shisha 或-sesha。

个音节的辅音为 m 或 n 时,在鼻音和谐律的作用下,-ilila 或-elela 必须相应地改为-inina、-enena。暂时没有发现-enenena 的实例。

如表 32 所示。

表 32　动词彻底式词尾基本变化规则表

-a→	-ilila	a	ik**a**la→ik**a**l**ilila**	ik**a**ta→ik**a**t**ilila**	n**a**ka→n**a**k**ilila**
		i	f**i**ka→f**i**k**ilila**	l**i**la→l**i**l**ilila**	p**i**ta→p**i**t**ilila**
	-ililila	u	f**wa**→f**w**il**ilila**	p**wa**→p**w**il**ilila**	**ya**→**y**il**ilila**
	-elela	e	bw**e**la→bw**e**l**elela**	l**e**ka→l**e**k**elela**	l**e**ta→l**e**t**elela**
		o	k**o**sa→k**o**s**elela**	p**o**ka→p**o**k**elela**	p**o**la→p**o**l**elela**
-(m/n)a→	-inina	a/i/u	k**a**na→k**a**n**inina**	pus**a**na→pus**a**n**inina**	**i**ma→**i**m**inina**
	-enena	e	p**e**na→p**e**n**enena**		

以下为动词彻底式实例:

(459)　Asukile apol**elela**.　　　　　　　　　　他终于彻底康复了。

　　　　他-TM¹-终于_{过去形} 他-TM⁸-康复-_{彻底}　　-suka/-sukile；-pola/-polelela

(460)　Im**inin**eni!　　　　　　　　　　　　　　站住！别动！

　　　　站着-一直^{敬祈形}　　　　　　　　　　-ima/-iminina/-iminineni

(461)　Twal**ilil**eni ukusambilila!　　　　　　　请继续学习！

　　　　携带-一直^{敬祈形} ^{动名词}学习　　　-twala/-twalilila/-twalilileni

(462)　Takwaba uwikal**ilila** pa calo.

　　　　不-那里-TM¹⁵-有 RP¹/CM-TM¹⁵-活-_{始终} 在 世界　-ikala/-ikalilila

　　　　世界上没有长生不老的人。

(463)　Alelil**ilila** fye.　　　　　　　　　　　她只是哭个不停。

　　　　她-TM¹¹-哭-_{始终} 只是　　　　　　　　　　　-lila/-lililila

(464)　Imitontonkanishishe shabo fyalipusan**inina** fye na masambilisho tusanga mu citabo.

　　　　观点　　CM-他们的 它-TM⁹-不同-_{完全} 真的 同 知识 我们-TM¹⁵-发现 _在 书

他们的观点同我们在书上所学到的知识完全不同。

-pusana/-pusaninina

6.2.3 使动式

动词被赋予"使……"的概念时而发生的形态变化,我们称之为"使动式"。使动式的词尾变化因动词而异,大致分为五种情况。如表33所示。

表33 动词使动式词尾基本变化规则表

-a →	-ika	lal**a**→lal**ika**	palam**a**→palam**ika**	lwal**a**→lwal**ika**
		leman**a**→leman**ika**	lungam**a**→lungam**ika**	nin**a**→nin**ika**
	-isha	w**a**→w**isha**	nw**a**→nw**isha**	pw**a**→pw**isha**
		ly**a**→li**isha**	ishib**a**→ishib**isha**	shit**a**→shit**isha**
	-ya	im**a**→im**ya**	shim**a**→shim**ya**	wam**a**→wam**ya**
		fin**a**→fin**ya**	kaan**a**→kaan**ya**	tiin**a**→tiin**ya**
-ba/-pa →	-fya	bom**ba**→bom**fya**	ka**ba**→ka**fya**	lam**ba**→lam**fya**
		bi**pa**→bi**fya**	ipi**pa**→ipi**fya**	le**pa**→le**fya**
-da/-ka/-la/ -sa/-ta 等	-sha	en**da**→en**sha**	shibu**ka**→shibu**sha**	ingi**la**→ingi**sha**
		sambili**la**→sambili**sha**	ko**sa**→ko**sha**	pi**ta**→pi**sha**

来看实例:

(465) Ukupeepa fwaka kula**lwalika** ubulwele bwa pwapwa.

_{动名词}抽 烟 它-TM[16]-患-_使 疾病 CM-_的 肺   -lwala/-lwalika

抽烟常常会导致肺病。

(466) Cinshi cinga**wamya** imibele balimo?

什么 它-_能-好-_使 状况 他们-CM[8]-所处   -wama/-wamya

什么能够改善他们所处的状况?

(467) Ilingi line baletu**tiinya**.   他们经常威胁我们。

经常　他们-CM[11]-我们-害怕-使　　　　　　　　-tiina/-tiinya

（468）Bale**sambilisha** icisungu ku sukulu.　　　他们在学校教英语。

他们-TM[11]-学习-使 英语 在 学校　　　　　-sambilila/-sambilisha

（469）Tw**ishibisheni** ifyo muletontonkanya!

我们-知道-使^{敬祈形} 所 你们-TM[11]-想

请将你们现在的想法告诉我们。　-ishiba/-ishibisha/-ishibisheni

（470）Alan**shibusha** cila lucelo.

他-TM[16]-我-醒来-使 每一 早晨　　　　　　-shibuka/-shibusha

他每天早晨都会叫醒我。

（471）Abakashi bali**liisha** nangu uku**nwisha** abalume umuti.

妻子 她-TM[9]-吃-使 或 ^{动名词}喝-使 丈夫 药

妻子已经让丈夫把药吃下或喝下了。　-lya/-liisha；-nwa/-nwisha

6.2.4 加强式

动词被赋予"很……""更……""最……"等程度概念时发生的形态变化，我们称之为"加强式"。例如，动词—temwa 表示"爱"，它的加强式—temwisha 表示"非常爱""偏爱""更爱"甚至"最爱"。

加强式通过将词尾类标记-a 替换成-isha 或-esha 来实现。-i 或-e 的选择遵循元音和谐律：当动词倒数第二个音节的元音为 a、i 或 u 时，选择 i；为 e 或 o 时，选择 e。如表 34 所示。

表 34　动词加强式词尾基本变化规则表

-a→					
	-isha	a	k<u>a</u>ba→k<u>a</u>b**isha**	n<u>a</u>ka→n<u>a</u>k**isha**	w<u>a</u>ma→w<u>a</u>m**isha**
		i	b<u>i</u>pa→b<u>i</u>p**isha**	f<u>ii</u>ta→f<u>ii</u>t**isha**	<u>i</u>na→<u>i</u>n**isha**
		u	b<u>u</u>la→b<u>u</u>l**isha**	b<u>uu</u>ta→b<u>uu</u>t**isha**	d<u>u</u>la→d<u>u</u>l**isha**
	-esha	e	<u>e</u>nda→<u>e</u>nd**esha**	l<u>e</u>pa→l<u>e</u>p**esha**	l<u>e</u>ta→l<u>e</u>t**esha**
		o	k<u>o</u>sa→k<u>o</u>s**esha**	l<u>o</u>wa→l<u>o</u>w**esha**	s<u>o</u>sa→s<u>o</u>s**esha**

来看实例：

(472) End<u>esha</u>!   快点！
      快-更   -enda/-endesha

(473) Bomb<u>esh</u>eni!   大家加油干！
      工作-更 敬祈形   -bomba/-bombesha/-bombesheni

(474) Inshita yali iyacep<u>esha</u>.   当时时间很紧。
      时间 它-TM¹-是 CM-TM⁸-短-很   -cepa/-cepesha

(475) Icumbu calilow<u>esha</u>po ukucila tute.   土豆比木薯甜。
      土豆 它-TM⁹-甜-更-来着 比 木薯   -lowa/-lowesha

(476) Cinshi watemw<u>isha</u>，imilimo nangu ukwangala?
      什么 你-TM⁸-喜欢-更 工作 还是 娱乐   -temwa/-temwisha
      你更喜欢什么，工作还是娱乐？

(477) Kuti cawam<u>isha</u> wabepusha(u-a-ba-ipusha). 你最好是问他们。
      可能 它-TM⁸-好-最 你-TM⁸-他们-问   -wama/-wamisha

(478) Alikwat<u>isha</u> amaka ukumucila.   跟您比，他更有力气。
      他-TM⁹-有-更 力气 动名词 您-比   -kwata/-kwatisha

(479) Aya amenshi yakab<u>isha</u>.   这水很烫。
      这 水 它-TM⁸-烫-很   -kaba/-kabisha

6.2.5 互动式

动词被赋予"相互……"概念时而发生的形态变化，我们称之为"互动式"。互动式表示一个动作的发生有两个或两个以上的参与者，而且是双向互动的。

互动式一般只需要添加后缀-na 即可实现。但是，当动词最后一个音节为-ja、-ya 或-sha 时，需要添加-nya。如表 35 所示。

表 35　动词互动式词尾基本变化规则表

-na	afwa**na**	ikata**na**	pembela**na**	kumya**na**
	sakamana**na**	mona**na**	pepela**na**	temwa**na**
-nya	cinja**nya**	cimfya**nya**	ambukisha**nya**	lansha**nya**
	lembesha**nya**	lolesha**nya**	posha**nya**	sambilisha**nya**

来看实例：

(480)　Tukamona**na** mailo.　　　　　明天见！

　　　　我们-TM[13]-见面-相互　明天　　　　　　　-mona/-monana

(481)　Muletemwa**na**!　　　　　　你们要相亲相爱！

　　　　你们-TM[11]-爱-相互　　　　　　　　　　-temwa/-temwana

(482)　Tukalapepela**na** umo no munankwe.

　　　　我们 TM[1d]-祈祷-为-相互　彼此　　　-pepa/-pepela/-pepelana

　　　　我们以后会一直为彼此祈祷。

(483)　Mwalolesha**nya** no mwana.

　　　　你们-TM[8]-注视-相互　和　孩子　　　-lolesha/-loleshanya

　　　　你和你的孩子刚才是四目相对。

(484)　Baliposhe**nye** nga bamunyina.

　　　　他们-TM[3]-问候-相互-过去形　如……一般　兄弟

　　　　他们像兄弟一样彼此问候。　　　-posha/-poshanya/-poshenye

(485)　Nomba balyupa**na**.　　　　　他们现在已经结婚了。

　　　　现在 他们-TM[9]-娶-相互　　　　　　　　-upa/-upana

(486)　Twatendeke ukusakamana**na**.　　我们开始相互关心。

　　　　我们-TM[1]-开始-过去形-动名词-关心-相互

　　　　　　　　　　-tendeka/-tendeke；-sakamana/-sakamanana

(487)　Umwaume no mwanakashi balakuma**na**, baishiba**na**, no kutemwa**na**.

　　　　男人　和　女人　他们-TM[16]-遇-相互 他们-TM[15]-知-相互 和 动名词-爱-相

　　　　男人和女人总是相遇、相知、相爱。

　　　　　　　　-kuma/-kumana；-ishiba/-ishibana；-temwa/-temwana

(488) Ine na Mpuya tuleafwa<u>na</u> kabili tulekoselesha<u>nya</u>.

我 和 穆普亚 我们-TM¹¹-帮助-相互 并且 我们-TM¹¹-鼓励-相互

我和穆普亚相互帮助、相互鼓励。

-afwa/-afwana；-koselesha/-koseleshanya

6.2.6 被动式

动词被赋予"被……"概念时而发生的形态变化,我们称之为"被动式"。被动式表示谓语动词所在单句的主语不是行为的主动者、施事者,而是被动者、受事者。

被动式的词尾变化因动词而异,大致分为五种情况。如表36所示。

表36 动词被动式词尾基本变化规则表

-a→	-wa	cena→cen<u>wa</u>	koma→kom<u>wa</u>	bika→bik<u>wa</u>
		cita→cit<u>wa</u>	funda→fund<u>wa</u>	lemba→lemb<u>wa</u>
	-ikwa	temwa→temw<u>ikwa</u>	ishiba→ishib<u>ikwa</u>	shupa→shup<u>ikwa</u>
		umfwa→umfw<u>ikwa</u>	fwaya→fwa<u>ikwa</u>	
-sha→	-shiwa	sambili<u>sha</u>→sambili<u>shiwa</u>	po<u>sha</u>→po<u>shiwa</u>	e<u>sha</u>→e<u>shiwa</u>
		lekele<u>sha</u>→lekele<u>shiwa</u>	kan<u>sha</u>→kan<u>shiwa</u>	<u>sha</u>→<u>shiwa</u>
-ya→	-ishiwa	a/i/u	wam<u>ya</u>→wam<u>ishiwa</u>	im<u>ya</u>→im<u>ishiwa</u>	fum<u>ya</u>→fum<u>ishiwa</u>
	-eshiwa	o	bomf<u>ya</u>→bomf<u>eshiwa</u>		

动词被动式也有过去形的形态变化。

变化规则有二:其一,将-wa改成-we;其二,将-wa改成-ilwe或-elwe。元音i或e的选择遵循元音和谐律,即当原动词倒数第二个音节的元音为a、i或u时,选择i;为e或o时,选择e。此外,当原动词最后一个音节的辅音为m或n时,在鼻音和谐律的作用下,还要将音节-ilwe或-elwe相应地改为音节-inwe或-enwe。如表37所示。

表 37　动词过去形词尾基本变化规则表 2

	-we		temwikwa→temwik**we**	tendekwa→tendek**we**	ipaiwa→ipai**we**
-wa→	-ilwe	a	fy**a**lwa→fyal**ilwe**	is**a**lwa→isal**ilwe**	p**a**ndwa→pand**ilwe**
		i	b**i**kwa→bik**ilwe**	c**i**twa→cit**ilwe**	**i**twa→it**ilwe**
		u	k**u**lwa→kul**ilwe**	l**u**ndwa→lund**ilwe**	**u**pwa→up**ilwe**
	-elwe	e	l**e**ngwa→leng**elwe**	l**e**twa→let**elwe**	**e**bwa→eb**elwe**
		o	k**o**lwa→kol**elwe**	p**o**swa→pos**elwe**	s**o**ntwa→sont**elwe**
-(m/n)wa→	-inwe	i	c**i**nwa→cin**inwe**	l**i**mwa→lim**inwe**	p**i**mwa→pim**inwe**
		u	s**u**mwa→sum**inwe**	t**u**mwa→tum**inwe**	**u**mwa→um**inwe**
	-enwe	e/o	c**e**nwa→cen**enwe**	k**o**mwa→kom**enwe**	p**o**nwa→pon**enwe**

本巴语很少使用被动式,具体实例参见 10.4 章节当中的"被动句"部分。

6.2.7　反身式

动词被赋予"把自己""为自己""给自己"等概念时发生的形态变化,我们称之为"反身式"。反身式表示一个动作的作用对象就是发出者自己。

所有的反身式都通过在紧贴动词的左侧位置添加反身标记 i-来实现。例如,动词—bepa 表示"欺骗",它的反身式—ibepa 表示"自欺"。由于 i-所在位置也有可能出现宾格人称代词 n-、tu-、ku-、mi-等,因此反身标记 i-可以划入宾格人称代词的范畴。

以下为反身式动词充当谓语的实例:

(489)　Ipeeleni inshita.　　　　　　　　　请给自己一点时间。

　　　　自己-给^{敬祈形} 时间　　　　　　　　-peela/-ipeela/-ipeeleni

(490)　Leka ukucetekela bambi lelo ukuicetekela abene.

　　　　停止 ^{动名词}相信 其他人 而 ^{动名词}自-相信 本人 -cetekela/-icetekela

　　　　不要相信别人,而要相信自己。

(491)　Lesa afwa abayafwa.　　　　　　　自助者天助之。

　　　　菩萨 他-TM¹⁵-帮助 RP¹/CM-TM⁸-自-助　　　-afwa/-yafwa

（492） Ndeilumbanya.　　　　　　我在夸自己。
　　　　我-TM¹¹-自-夸　　　　　　　-lumbanya/-ilumbanya

6.2.8 逆动式

动词被赋予一个与原动词词义刚好相反的概念时发生的词尾形态变化,我们称之为"逆动式"。例如,动词—limba 表示"种植",它的逆动式—limbula 表示"铲除"。

动词逆动式通过将动词词尾的类标记-a 替换成-ula、-ulula、-ola 或-olola、来实现。元音 u、o 的选择遵循元音和谐律,当原动词倒数第二个音节的元音为 a、i 或 u 时,选择 u;为 e 或 o 时,选择 o。如表 38 所示。

表 38　动词逆动式词尾基本变化规则表

-a→	-ula/-ulula	a/i/u	ansa(展开) ⇌ ansula(卷起)	funga(收缩) ⇌ fungulula(张开)
	-ola/-olola	e/o	pomba(缠绕) ⇌ pombolola(松开)	popa(嵌入) ⇌ popolola(拔出)

以下为逆动式动词充当谓语的实例：

（493） Longolola fyonse fili mu cipe!　　把篮子里的东西全部拿出来!
　　　　取出　所有东西 RP¹/CM-TM⁸-是 在 篮子
　　　　　　　　　　　　　　　　　　　　-longa 放入 ⇌ -longolola 取出

（494） Wilimbula umuti uyo!　　　　别挖那棵树!
　　　　你-别-挖出 树 那　　　　　　　-limba 植入 ⇌ -limbula 挖出

（495） Umukashi afungulula amaboko.　妻子张开她的双臂。
　　　　妻子 她-TM⁸-张开 手臂

6.3　十六时

时态是时(Tense)和体(Aspect)相结合的产物。

本巴语的"时"采用四分法,即分为往日(Past)、今日(Today)、来日(Future)和连日(Everyday)四大类型。其中,今日还以说话这一刻作为参照细分为此刻前(Earlier)、此刻中(Now)和此刻后(Later)三小类。体也采用四分法,即分为一般体(Simple)、进行体(Progressive)、惯常体(Habitual)和完成持续体(Perfect Continuous))四大类型。

本巴语的主要时态共计16种,简称"十六时"。不同时态通过在谓语动词左侧添加不同的时态标记来呈现。谓语动词只有原形和过去形两种可能。在下表当中,动词原形用 V 表示,过去形则采用 V 加"过去形"右上标的方式。具体见表39。

表39　本巴语主要时态一览表

体\时态	往日	今日			来日	连日
		此刻前	此刻中	此刻后		
一般体（非进行体）	① -a-V^{过去形}	④ -ø-V^{过去形}	⑦ Na- -V ⑧ -a-V	⑩ -ala-V	⑬ -ka-V	⑮ -ø-V
进行体	② -ale-V	⑤ -acila-V	⑪ -le-V		(⑭)	
惯常体	(②)			⑫ -akula-V	⑭ kala-V	⑯ -la-V
完成持续体	③ -ali-V^{过去形}	⑥ -aci-V	⑨ -ali-V			

对译时为追求简洁,各时态将统一采用 TM 加序号右上标的标注方式,见表40。

表40　本巴语主要时态名称及标注方式综合表

序号	名称	标注方式	序号	名称	标注方式
①	往日过去时	TM^1	⑨	今日当前完成时	TM^9
②	往日进行时	TM^2	⑩	今日即将时	TM^{10}
③	往日完成时	TM^3	⑪	今日进行/将来时	TM^{11}
④	今日回顾过去时	TM^4	⑫	今日惯常时	TM^{12}
⑤	今日回顾进行时	TM^5	⑬	来日将来时	TM^{13}
⑥	今日回顾完成时	TM^6	⑭	来日惯常时	TM^{14}
⑦	今日当前唤起时	TM^7	⑮	连日一般时	TM^{15}
⑧	今日当前一般时	TM^8	⑯	连日惯常时	TM^{16}

本巴语谓语词节的否定形式有两个否定标记可供使用:其一是-shi-,紧贴

于第一人称单数主格人称代词 n-的右侧——在日常用语当中,代词 n-常常省略;其二是 ta-,紧贴于除 n-之外所有人称代词的左侧。

在以下各时态的否定形式当中,代词 n-直接标出,其他代词统一用 PP 表示。

6.3.1 往日过去时

肯定形式:-a-V过去形　　　　　　**否定形式:(n)sha-V**过去形**、ta-PP-a-V**过去形

本时态自带"当时""以前"的含义,用来客观回顾"今日之前"的某个时间所发生的事情。例如:

(496) ——Ba Susan mwa**ile** kwi?　　——苏珊小姐,您去了哪里呀?
　　　　小姐 苏珊 您-TM^1-去过去形 往-哪里　　　　　　-ya/-ile
　　　——Na**ile** ku Mbala　　——我去了姆巴拉。
　　　　我-TM^1-去过去形 往 姆巴拉

(497) ——Ni liisa mwa**fyelwe**?　　——你是什么时候出生①的?
　　　　是 何时 您-TM^1-出生过去形　　　　　　-fyalwa/-fyelwe
　　　——Na**fyelwe** mu December 1973.——我生于1973年12月。
　　　　我-TM^1-出生过去形 于 12月 1973年

(498) Na**fyalilwe** mu musumba wa Beijing. 我生在北京。
　　　我-TM^1-出生过去形 在 城市 CM-的 北京　　-fyalilwa/-fyalilwe

(499) Nightingale aa**fyalilwe** mu lupwa ulukankala.
　　　南丁格尔 她-TM^1-出生过去形 于 家庭 CM-富裕的
　　　南丁格尔出生于一个富裕家庭。

(500) Twa**ipike** ne fyakulya fya**shele**po. 我们连剩余的食物都给煮了。
　　　我们-TM^1-煮过去形 连 食物 RP^1/CM-TM^1-剩余过去形-来着
　　　　　　　　　　　　　　　　　　-ipika/-ipike; -shala/-shele

(501) Kwali**talele icine cine** icakuti twa**sendeme** na makoti.
　　　那里-TM^3-冷过去形 真的 以至于 我们-TM^1-睡觉过去形 和 上衣

---

① 本巴语的"出生于某个时间"用动词-fyalwa/-fyelwe。时间当中包含具体"某日"时,用介词 pa,不包含时则用介词 mu。另外,"出生于某地"一般用动词-fyalilwa/-fyalilwe。

那里真的很冷。因此，我们穿着上衣睡觉。

-talala/-talele；-sendama/sendeme

(502) Ine no lupwa lwandi twa**ile** ku ŋanda ya kwa Musonda ku kumwafwa.

我 和 家人 CM-我的 我们-TM¹-去^{过去形} 往 家 CM-的 穆松达 为^{动名词} 他们-帮助

我和家人去了穆松达家帮忙。

6.3.2 往日进行时

肯定形式：-ale-V　　　　否定形式：(n)shale-V、ta-PP-ale-V

描述"今日之前"发生的某一动作，强调该动作当时正在进行中。

(503) Na**le**yangala na bana banandi batatu.

我-TM²-玩 和 我的小伙伴 CM-三

我当时正在同我的三个小伙伴玩。

(504) ——Taw**ale**bomba, iwe?　　　　——你当时没在干活吗？

不-你-TM²-干活 你

——Ee, ine nsh**ale**bomba.　　　　——是的，我当时没在干活。

是 我 我-不-TM²-干活

也表示"某件事过去常常发生"。

(505) Na**le**ya ku Mbala kale, nomba nalileka.

我-TM²-去 往 姆巴拉 过去 现在 我-TM⁹-停止

我过去常去姆巴拉，现在不去了。

(506) Na**le**ilinganya ku mukalamba wandi.

我-TM²-自比 于 哥哥 CM-我的

我过去总是把自己同哥哥相比较。

(507) Tw**ale**lwala icifine libili libili.　　　我们过去老是感冒。

我们-TM²-患 感冒 经常

6.3.3　往日完成时

肯定形式：-ali-V^{过去形}　　　　否定形式：(n)sha-V^{过去形}、ta-PP-a-V^{过去形}

描述"今天之前"所做的一个动作，暗示该动作在当时会带来特定的结果和影响，或者该动作完成之后会进入一种相对稳定的状态。

(508)　W<u>ali</u>lele bwino?　　　　　　　你那段时间休息得好吗？
　　　 你-TM^3-休息^{过去形}　好　　　　　　　　　　　　　-lala/-lele

(509)　Tw<u>a</u>sangile benchi kabili tw<u>a</u>likele.
　　　 我们-TM^1-找到^{过去形} 长椅　并且 我们- TM^3-坐下^{过去形}
　　　 我们发现一条长椅，就坐了一会儿。　-sanga/-sangile；-ikala/-ikele

(510)　N<u>a</u>liile pa ncinga yandi.　　　　我骑上自己的自行车就去了。
　　　 我-TM^3-去^{过去形}　通过 自行车 CM-我的　　　　　　-ya/-ile

(511)　<u>Ali</u>shitishe ulufyo lwakwe pakuti ashite iyo kompyuta.
　　　 他-TM^3-卖^{过去形} 肾脏 CM-他的　以便 他-买^{虚拟形} 那 电脑
　　　 为了买那台电脑，他卖掉了自己的肾脏。
　　　　　　　　　　　　　　　　　　　　-shitisha/-shitishe；-shita/-shite

6.3.4　今日回顾过去时

肯定形式：-ø-V^{过去形}　　　　否定形式：(n)shi-V^{过去形}、ta-PP-V^{过去形}

本时态用于回顾今天或眼前"发生过"的事情，使用频率较低。

(512)　Ninshi uc<u>e</u>lelwe lelo?　　　　　你今天为什么迟到？
　　　 是-什么 你-TM^4-迟到-为^{过去形} 今天　-celwa/-celelwa/-celelwe

(513)　Tab<u>a</u>letele ifipe lelo.　　　　他们今天没有运货过来。
　　　 不-他们-TM^4-运来^{过去形} 货物 今天　　　　　　-leta/-letele

(514)　Nshim<u>w</u>ene kantu nangu kamo.　　我什么都没有看到。
　　　 我-不-TM^4-看^{过去形} 东西 哪怕 CM-一　　　　-mona/-mwene

(515)　——Ninani ac<u>itile</u> imilimo yonse?　——是谁把事情都做完了？
　　　 ——Nine.　　　　　　　　　　　——是我。　　　-cita/-citile

(516)　Tuf<u>ikile</u> pa nshita yacindama mu kwikatanya Afrika.

我们-TM⁴-到达 过去形 于 时刻 CM-TM⁸-重要 为 动名词 团结-使 非洲

在使非洲团结一心的问题上，我们已经到了非常关键的时刻。

-fika/-fikile；-ikatana/-ikatanya

6.3.5　今日回顾进行时

肯定形式:-acila-V　　　　**否定形式:(n)shacila-V、ta-PP-acila-V**

本时态用来回顾今天早些时候"正在发生"的事情。

(517)　**Na**cila**fwaya ukumona ifyo wingacita.**
　　　我-TM⁵-想 动名词 看看 所 你-会-做
　　　我当时只是想看看你会怎么做。

(518)　Ico eco tw**acila**fwaya ukwishiba.
　　　那 是-所 我们-TM⁵-想要 动名词 知道
　　　那就是我们当时所想要知道的。

(519)　Tw**acila**tusha muno.　　　　　　我们当时就在这里面休息。
　　　我们-TM⁵-休息 在-这里面

(520)　B**acila**cita nshi ku mumana?　　他们当时在河边干什么？
　　　他们-TM⁵-做 什么 在 河边

(521)　Tatw**acila**fwaya ukushita.　　　我们当时不想买。
　　　不-我们-TM⁵-想要 动名词 买

(522)　Iyo，n**shacila**panta umupila mu ng'anda.
　　　不　我-不-TM⁵-踢 足球 在 家里
　　　不，我当时没有在家里踢球。

6.3.6　今日回顾完成时

肯定形式:-aci-V　　　　**否定形式:(n)shaci-V、ta-PP-aci-V**

本时态用来回顾今日早些时候"发生过且影响力犹在"的事情，使用频率非常高。

(523)　Tw**aci**ya ku maliketi, ati?　　我们今天去了集市，对吧？
　　　我们-TM⁶-去 往 集市 对吧

(524) Musonda acinsha（a-<u>aci</u>-n-sha）ku maliketi.
穆松达 他-TM⁶-我-留 在 集市
穆松达把我留在了集市。

(525) ——Leelo n<u>aci</u>luba. ——今天我迷路了。
今天 我-TM⁶-迷路

——Nga w<u>aci</u>cita shaani pakuti ulondoke?
那么 你-TM⁶-做 如何 以使 你-回家虚拟形 -londoka/-londoke
——那么,你是怎么回来的呢?

(526) ——W<u>aci</u>lala shaani? ——你休息得怎么样吗?
你-TM⁶-休息 如何

——N<u>aci</u>lala fye bwino. ——我休息得还不错
我-TM⁶-休息 只是 好

6.3.7 今日当前唤起时

肯定形式:na-主格人称代词-V

否定形式:(n)shi-V过去形、ta-PP-V过去形 或 (n)shila-V、ta-PP-la-V

本时态使用频率也非常高。通常用于对话当中,首先唤起对方的注意,然后阐述事实或提出问题,大致可以翻译成"嘿""哎呀""你看""我说"。

本时态有两种否定形式。第一种是简单否定,不带任何暗示;第二种暗示当前的否定状态是暂时的。发音方面,当主格人称代词为-u-(你)时,na-和-u-不连读;为-n-(我)时,na-和-n-连读为 nin;为-a-(他/她)时,na-和-a-合音为 na。

(527) <u>N</u>inkwata ilipusho na limbi. 哎呀,我还有另外一个问题。
TM⁷-我-有 问题 连 CM-其他的

(528) ——<u>Na</u>ukwata impiya? ——呃,你手头有钱吗?
——Ee, ninkwata（na-n-kwata）. ——是的,我有。
——Awe, shikwete. / shilakwata. ——不,我没有。/我还没有。

(529) ——<u>Na</u>unaka? ——呃,你现在累吗?
——Ee, ninaka（na-n-naka）. ——是的,我累。
——Awe, shinakile. / shilanaka. ——不,我不累。/我还不累。

(530) ——N̲auipekanya? ——我说,你准备好了吗?

——Ee, ninjipekanya（na-n-ipekanya）.

——是的,我准备好了。

——Awe, shiipekenye. / shilaipekanya.

——不,我（还）没准备好。

6.3.8 今日当前一般时

肯定形式:-a-V　　　　**否定形式:（n）shi-V^{过去形}、ta-PP-V^{过去形}**

本时态比较特殊,既可能表示一个动作即将发生,也可能表示一个动作已经发生。具体需要根据上下文作出判断。例如:

(531) ——Odini mukwai!　　——N̲aisa!　Loleleni!
　　　　喂　　先生　　　　我-TM⁸-来　等 敬祈形
　　——请问有人吗!　　——来了。稍等!　　-lolela/-loleleni

(532) N̲aisa fye mu kutandala.　　我只是来串串门。
　　　 我-TM⁸-来 仅仅 为 动名词 串门

(533) ——W̲afuma kwi?　　——N̲afuma ku China.
　　　　你-TM⁸-来自 自-哪里　　我-TM⁸-来自 自 中国
　　——你来自哪里?　　——来自中国。

本时态常常出现在日常寒暄当中,不考虑具体的时间。

(534) N̲atotela! /N̲atasha!　　　　谢谢!
　　　 我-TM⁸-感激

(535) Mwa̲shibukeni!　　　　早上好!
　　　 您-TM⁸-起床 敬祈形　　　　　　　　　　-shibuka/-shibukeni

(536) Mwa̲poleni!　　　　您好!
　　　 您-TM⁸-安康 敬祈形　　　　　　　　　　-pola/-poleni

句子当中只要出现副词 kuti,谓语词节就必须使用本时态。

(537) Bushe kuti na̲yako na motoka?　　我可以坐汽车去那里吗?
　　　 请问 能 我-TM⁸-去-那里用 汽车

(538) Kuti na̲temwa ukubwelela ku bwaice. 我希望能够回到童年。

能 我-TM⁸-希望 动名词 回-到 到 童年　　　　　-bwela/-bwelela

在以—lingile 或—fwile 作为**主谓语**的句子当中，**从谓语**可以采用本时态。

(539) Mulingile mw<u>a</u>landa nankwe.　　　你们应该找他谈一谈。

你们-应该 你们-TM⁸-谈 和-他

(540) Tufwile tw<u>a</u>bombela abantu na maka yonse.

我们-应该 我们-TM⁸-服务-于 人们 用 力气 CM-全部的

我们应该全心全意为人民服务。

由 nga 引导的状语从句，无论是表"条件"，还是表"时间"，一般都采用本时态。

(541) Bushe nga n<u>a</u>ya，na iwe walaya？　　如果我去,你也会去吗？

请问 如果 我-TM⁸-去 也 你 你-TM¹⁰-去

(542) Akasuba nga kawa（ka-<u>a</u>-wa），ndabwelela ku ŋanda.

太阳 当……时 它-TM⁸-下山 我-TM¹⁶-回 往 家　　-bwela/-bwelela

我总是在太阳下山了才回家。

6.3.9　今日当前完成时

肯定形式：-ali-V　　　否定形式：(n)sha-V、ta-PP-a-V

本时态表示一件事情或一种状态很早以前就已经发生或者出现，但其结果和影响一直持续到了现在，并且还有可能继续持续下去。

(543) Tom <u>a</u>lilwala.　　　　　　　汤姆病了(好一阵子了)。

汤姆 他-TM⁹-生病

(544) Ba Smith b<u>a</u>alifwa.　　　　　史密斯先生已经死(很久)了。

先生 史密斯 他-TM⁹-死

(545) Bushe w<u>a</u>lishita imbushi？　　　你把那只山羊买下来了吗？

请问 你-TM⁹-买 山羊

(546) Nomba n<u>a</u>likwata cibusa wandi.　现在我已经有了自己的朋友。

现在 我-TM⁹-有 朋友 CM-我的

(547) Abantu b<u>a</u>lifika mu pepi na makumi yabili. 人数已经接近二十。

人 他们-TM⁹-达到 接近 十 CM-二

(548) Tw**ali**shiba ukuti tukacimfya! 我们坚信自己会取得胜利。
我们-TM⁹-知道 (内容) 我们-TM¹³-获胜

(549) N**ali**leka ukunwa no kupeepa. 我早就戒烟戒酒了。
我-TM⁹-放弃 ᵒᵈ名词喝酒 和 ᵒᵈ名词抽烟

本时态有时候带给相关动作或状态一种本质的、内在的属性感。

(550) Bamayo, n**ali**mitemwa! 妈妈,我爱您!
妈妈 我-TM⁹-您-爱

(551) N**ali**pata inkondo. 我厌恶战争。
我-TM⁹-厌恶 战争

(552) Tw**ali**pusana. 我们是不一样的。
我们-TM⁹-不一样

(553) Ala! kwena w**ali**yemba. 哎呀,你真的好漂亮。
哎呀 真的 你-TM⁹-美

(554) Ukukanalwala kw**ali**wama. 不生病真的很好。
ᵒᵈ名词不-生病 它-TM⁹-好

(555) N**sha**temwa ukubelenga. 我不喜欢阅读。
我-不-TM⁹-喜欢 ᵒᵈ名词阅读

6.3.10 今日即将时

肯定形式:-ala-V **否定形式:(n)sha-V**虚拟形**、ta-PP-a-V**虚拟形

本时态表示今天即将发生的动作,语义上相当于汉语的"这就""马上就""待会儿就""接下来就"。

(556) Tw**ala**monana. 回头见!
我们-TM¹⁰-相见

(557) Kafundisha **ala**kubelengela umulandu.
老师 他-TM¹⁰-你-读-给 一个故事   -belenga/-belengela
老师接下来会给你讲一个故事。

(558) N**ala**bwela ili line. 我马上就回来。
我-TM¹⁰-回来 马上

(559) Fuma bwangu pantu n**ala**kushuta.　　快点出来！不然我就开枪了。
　　　 出来　快　因为　我-TM¹⁰-你-射击

(560) N**sh**aise ku ŋanda.　　我不要回家。
　　　 我-不-回虚拟形 往 家　　　　　　　　　　　　-isa/-ise

6.3.11 今日进行/将来时

"今日进行/将来时"包含"今日进行时"和"今日将来时"两个时态。

6.3.11.1 今日进行时

肯定形式:-le-V　　否定形式:(n)shile-V、ta-PP-le-V

本时态表示此时此刻某一动作正在进行或事情正在发生。例如：

(561) Nd**e**pyanga ulubansa.　　我正在打扫院子。
　　　 我-TM¹¹-打扫 院子

(562) Abakashana aba ba**le**sakula umushishi.这些女孩正在梳头发。
　　　 女孩们　这些 她们-TM¹¹-梳 头发

(563) Bushe ul**e**fwaya ukushita nangu awe? 你是想买还是不想买？
　　　 请问 你-TM¹¹-想 动名词买 还是 不

(564) Nshil**e**umfwa insala.　　我现在不饿。
　　　 我-不-TM¹¹-觉得 饿

(565) Tatul**e**umfwana.　　我们之间有误会。
　　　 不-我们-TM¹¹-理解-相互　　　　　　　 -umfwa/-umfwana

如果要对动作的进行状态做出强调，可以在谓语词节前面增加一个由特殊动词—cili 参与构成的独立词节。—cili 表示"还是""还在"。例如：

(566) N**cili** nd**e**pyanga ulubansa.　　我还在打扫院子。
　　　 我-依然 我-TM¹¹-打扫 院子

(567) Ba**cili** bal**e**bomba ku cifwani.　　他们还在田里劳作。
　　　 他们-依然 他们-TM¹¹-劳动 在 田野

(568) Bushe mu**cili** mul**e**filwa ukulaala? 你们还是睡不着吗？
　　　 你们-依然 你们-TM¹¹-无法 动名词睡着

(569) Tu**cili** tul**e**cula ku mafya.　　我们还有不少烦心事。

我们-依然 我们-TM¹¹-遭受 到 麻烦

6.3.11.2 今日将来时

肯定形式：-le-V　　　　　　**否定形式：(n)sha-V虚拟形、ta-PP-a-V虚拟形**

"今日将来时"和前面的"今日即将时"都表示"今天要做某件事或者会发生某件事"。区别在于：前者暗示根据习惯、常理、规则等，这件事"应该"发生；后者则强调根据当事人的意愿，这件事会发生。

(570)　Tul<u>e</u>ya ku mwesu cino cungulo bushiku.
　　　　我们-TM¹¹-去 在 家里　今晚　　　　　我们今晚应该是回家的。

(571)　Tul<u>e</u>kwata umwana mu lupwa wesu.
　　　　我们-TM¹¹-拥有 孩子 在 家庭 CM-我们的
　　　　我们家应该很快就会迎来一个新生命。

(572)　Imfumu nga yaisa, tul<u>e</u>cinda.
　　　　酋长 如果 他-TM⁸-来 我们-TM¹¹-跳舞
　　　　如果酋长来，我们应该跳舞欢迎。

(573)　N<u>sha</u>is<u>e</u> lelo.　　　　　　　　　我今天应该是不会过来的。
　　　　我-不-TM¹¹-来虚拟形　今天　　　　　　　　　　　　-isa/-ise

"今日将来时"也用于祈使句，表示劝诱，语义上相当于汉语的"应该"。例如：

(574)　Ul<u>e</u>lala bwangu.　　　　　　　　　赶快睡觉！
　　　　你-TM¹¹-休息 赶快

(575)　Ul<u>e</u>imya ishiwi.　　　　　　　　　声音要大点！
　　　　你-TM¹¹-提高 声音

(576)　Taul<u>e</u>sonta pa imiseela pa kubelenga.
　　　　不-你-TM¹¹-指 向 句子 为 动名词 阅读
　　　　阅读时，不要用手指着句子。

6.3.12 今日惯常时

肯定形式：-akula-V　　　　**否定形式：(n)shakula-V、ta-PP-akula-V**

本时态表示从今天开始、未来一段时间里仍将持续的动作，带有一定的个人意志,语义上相当于汉语的"从今往后"。

(577) Finshi n**akula**cita? 从今往后我该怎么办?
什么 我-TM^{12}-做

(578) Ninshi mw**akula**cita umulungu onse?
是-什么 你们-TM^{12}-做 星期 CM-整个
接下来整个礼拜你们怎么安排?

(579) Tw**akula**twala abana kwisukulu.(ku isukulu)
我们-TM^{12}-带 孩子 去 学校
以后就由我们送孩子们去上学。

(580) ——Bushe mw**akula**isa kwisukulu?
——你们都会坚持来上学吗?
——Ee,tw**akula**isa bonse mukwai.
——嗯,我们都会坚持来的,先生。

(581) Nomba nsh**akula**mwita ukuti muli basambi bandi.
现在 我-不-TM^{12}-你们-称呼 (内容) 你们-是 学生 CM-我的
从今往后我不打算再将你们称作是我的学生了。

6.3.13 来日将来时

肯定形式:-ka-V　　　　**否定形式:(n)shaka-V虚拟形、ta-PP-aka-V虚拟形**

本时态表示明天及明天之后将会发生的动作,语义上相当于汉语的"将会""将要"。

(582) Tu**ka**monana mailo. 明天见!
我们-TM^{13}-相见 明天

(583) Tu**ka**bamona na kabili. 我们以后还会跟他们见面的。
我们-TM^{13}-他们-看到 再次

(584) Nililali akesa (a-**ka**-isa)? 他到底什么时候会来?
是-何时 他-TM^{13}-来

(585) U**ka**lobolola ico ubyala. 种瓜得瓜。
你-TM^{13}-收获 所 你-TM^{15}-播种

(586) Nsha**ka**temwe abantu bambi. 我不会再去爱别人。

我-不-TM^13-爱_虚拟形_人 CM-其他的　　　　-temwa/-temwe

(587) Ukufuma panshi ya mutima wandi, ubunensu ubwa China na Zambia bu**ka**twalilila umuyayaya.

来自　深处 CM-_的_内心 CM-我的 友谊 CM-_的_中国 和 赞比亚 它-TM^13-持续 永远

衷心祝愿中赞友谊地久天长！

6.3.14 来日惯常时

肯定形式:-kala-V　　　　　**否定形式:(n)shakale-V、ta-PP-akale-V**

本时态表示明天及明天之后将会经常发生的动作或持续出现的状态。

"来日惯常时"和"今日惯常时"的共同点在于两者都指向"未来"的动作或状态，区别在于前者是"以明天作为起点"，而后者是"以今天作为起点"。

(588) Mu**kala**umfwa bwino ukucila ifyo mwaleumfwa.

你们-TM^14-感觉 好 _超过所_ 你们-TM^2-感觉

你们明天的感觉始终会好于昨天。

(589) Tu**kala**lembeshanya umo no munankwe.

我们-TM^14-写信-_相互_ 彼此　　　　-lemba/-lembesha/-lembeshanya

我们今后将保持书信往来。

(590) N**kala**milolela. 我今后会一直等着你。

我-TM^14-你-等待

(591) Nsha**kale**isa. 我以后不会再来了。

我-不-TM^14-来

(592) Tatw**akale**cita ifyabipa. 我们以后不会再做坏事了。

不-我们-TM^14-做 坏事

(593) Cikawama nga tatw**akale**lwala na kabili.

这-TM^13-好 _如果_ 不-我们-TM^14-生病 再次

要是我们今后不再生病就好了。

6.3.15 连日一般时

肯定形式：-ø-V   否定形式：(n)shi-V、ta-PP-V

本时态描述一种常态，语义上相当于汉语的"通常""一般"。

(594) Tu**samba** ku mumana.　　　　我们通常在河里洗澡。
　　　我们-TM[15]-洗澡 _在 河_里

(595) Tu**tapa** amenshi pa cishima caba pa kapokola.
　　　我们-TM[15]-打 水 _在 井 RP[1]/CM-TM[15]-是 _{靠近} 警局
　　　我们在警察局边上的水井打水。

(596) Bushe ififulo fi**moneka** ifyabusaka?　　四周是不是看上去很干净？
　　　请问 四周 它-TM[15]-看来 CM-_的-干净

(597) Ifipe fimo fi**leta** amasanso.　　有些日用品会带来危险。
　　　日用品 CM-一些 它们-TM[15]-带来 危险

(598) Tufwile ukusakamana pa fyakufwala tu**fwala**.
　　　我们-应该 _{动名词}关注 _于 服装 我们-TM[15]-穿
　　　我们应该注意自己的穿着。

6.3.16 连日惯常时

肯定形式：-la-V   否定形式：(n)shi-V、ta-PP-V

本时态是对"连日一般时"的强调，语义上相当于汉语的"一直""总是""老是"。

(599) N**da**temwa ukubomba umulimo wa mwibala. 我一直喜欢干农活。
　　　我-TM[16]-喜欢 _{动名词}做 事情 CM-_的_在-田_里

(600) ——Bushe mu**la**landa iciBemba?　　——请问，您平时会讲本巴语吗？
　　　——Ee, n**da**landa iciBemba.　　　——是的，我平时会讲本巴语。
　　　——Awe, shilanda iciBemba.　　　——不，我不讲本巴语。

(601) ——Bushe mu**la**peepa fwaka?　　——你们经常抽烟吗？
　　　——Ee, tu**la**peepa fwaka.　　　——是的，我们经常抽。
　　　——Awe, tatupeepa.　　　　　　——不，我们不抽。

"连日惯常时"标记-la-有几个比较特殊而常见的用法：

其一，-la-可以出现在否定祈使句当中，大致相当于汉语的"老是"。例如：

(602) Mwi**la**peepa fwaka!　　　　　您别老是抽烟！
　　　您-别-老是-抽 烟

(603) Wi**la**bepa ubufi.　　　　　　你别老是撒谎！
　　　你-别-老是-撒 谎

其二，-la-可以添加在动名词标记 uku-和动词原形之间，大致相当于汉语的"老是""总是""一直"等，带有强调的韵味。例如：

(604) Finshi mulefwaisha uku**la**cita mu mwaka uleisa?
　　　什么 您-TM¹¹-想-很 动名词 坚持-做 在 明年　　　-fwaya/-fwaisha
　　　明年您特别想坚持做的事是什么？

(605) Tatufwile uku**la**babombela.　　　我们不应该总是给他们干活。
　　　不-我们-应该 动名词 总是-他们-干活-给　　　　-bomba/-bombela

其三，可以同否定词素-shi-或者 ta-搭配使用，表示某一事情还没有发生。大致对译为汉语的"还（没）"。例如：

(606) Na papita imyaka 18, ninshi n**shila**fyalwa.
　　　话说 在……之前 年 18 那么 我-不-还-出生
　　　18年前，我还没有出生。

(607) Aba bana ta**ba**lafika pa myaka 10.　这些孩子还不到10岁。
　　　这些 孩子 不-他们-还-达到 到 岁 10

(608) Alasamba ku minwe ilyo ta**la**tampa ukulya.
　　　他-TM¹⁶-洗 把 手 当 不-他-还-开始 动名词 吃
　　　他总是在吃东西之前洗手。

6.4 动名词

动名词是动词原形添加前缀 uku-之后所生成的动词形式。动名词当中的动词只能是原形,没有过去形、敬祈形、虚拟形的可能。

动名词兼具动词和名词的语法特征。首先,动名词像动词。它们可以被副词所修饰,也可能支配宾语名词。其次,动名词像名词。它们能够在句中充当主语、宾语,也能够同形容介词---a 相结合构成"的"结构。

与此同时,动名词具有动词、名词所没有的一些个性。其一,除根据实际需要可能添加一个时态中缀-la-之外,动名词不再受所在单句其他时态的任何影响。其二,有些动名词能够直接或者同其他介词相配合扮演介词的角色。例如,ukufuma 是动词—fuma(来自、源自)的动名词形式,可以作介词,相当于汉语的"自"或"从"。

以下是动名词的句法角色及功能:

6.4.1 从谓语

动名词可以在包含**复合谓语结构体**的句子当中充当从谓语。从谓语是一个和主谓语相互依存的概念。在复合谓语结构体当中,第一个谓语就是主谓语,它们直接受人称、时态的影响;其他谓语则都是从谓语,它们受人称、时态的影响较小或基本上不受影响。

复合谓语结构体包括连动式、联合式、兼语式三种。

6.4.1.1 连动式

连动式的主、从谓语指向相同的主语,但不能互换位置。主谓语通常由—fwaya(想要)、—temwa(高兴)、—ishiba(知道)、—esha(努力)、—fwile/—lingile(应该)等特定的动词参与构成,从谓语是主谓语动作的目的或内容。例如:

(609) Nde<u>fwaya</u> <u>uku</u>shita isabi.　　　　我想要买鱼。
　　　 我-TM[11]-想要 动名词买　 鱼

(610) Na<u>temwa</u> <u>uku</u>mimona na kabili.　　我很高兴再次见到你。
　　　 我-TM[8]-高兴 动名词你-见到 再次

(611) Nsha<u>ishiba</u> <u>uku</u>landa icisungu.　　 我不会说英语。
　　　 我-不-TM[9]-知道 动名词说 英语

(612) Nde<u>sambilila</u> <u>uku</u>landa icibemba.　　我正在学习讲本巴语。

我-TM[11]-学习 ^(动名词)讲 本巴语

需要注意的是，-fwile/-lingile 后面所接的从谓语动词既可以采用动名词的形式，也可以采用"主格人称代词＋时态中缀-a-＋动词原形"的形式。试对比：

(613)　Tufwile **uku**temwana. 　= 　Tufwile **twa**temwana.

　　　 我们-应该 ^(动名词)相爱 ／ 我们-应该　我们-TM[8]-相爱

　　　 我们应该相亲相爱。

(614)　Tulingile **uku**ba abacenjela. 　= 　Tulingile **twa**ba abacenjela.

　　　 我们-应该 ^(动名词)是 ／ CM-TM[8]-小心　我们-TM[8]-是 CM-TM[8]-小心

　　　 我们要小心。

(615)　Ufwile **wa**samba ku minwe lyonse.

　　　 你-应该 你-TM[8]-洗 把 手 总是

　　　 = Ufwile **uku**samba ku minwe lyonse.　你应该勤洗手。

　　　 你-应该 ^(动名词)洗 把 手 总是

(616)　Mulingile **mwa**ishiba. 　= 　Mulingile **ukw**ishiba.　您应该知道。

　　　 您-应该 您-TM[8]-知道 ／ ^(动名词)知道

6.4.1.2　联合式

联合式的主、从谓语指向相同的主语，通常可以互换位置。主、从谓语之间需要添加介词 na(na 通常和 uku-当中的 u-融合为 no)或 nangu/nelyo。

(617)　Balashita ifyabupe ifya mutengo **no ku**lya ifyakulya ifisuma.

　　　 他们-TM[16]-买 礼品 CM-_的_ 昂贵 _和_ ^(动名词)吃 食物 CM-好的

　　　 他们总是买奢侈品，吃美食。

(618)　Abantu baleimba **no ku**cinda. 　　　　　人们载歌载舞。

　　　 人们 他们-TM[11]-唱歌 _和_ ^(动名词)跳舞

(619)　Tatupeepa fwaka **nelyo uku**nwa ubwalwa.

　　　 不-我们-TM[15]-抽 烟 _或者_ ^(动名词)喝 酒

　　　 我们既不抽烟，也不喝酒。

6.4.1.3　兼语式

兼语式的主、从谓语指向不同的主语，不能互换位置。主谓语通常由

—afwa（帮助）、—eba（告诉）、—ita（邀请）、—lenga（让、导致）、—sambilisha（教）等特定的动词参与构成。

(620) Atw**afwa uku**umfwa ampange yakwe.
　　　他-TM⁸-我们-帮助 ᵈᵒⁿᵍᵐⁱⁿᵍᶜⁱ理解 计划 CM-他的
　　　他帮助我们去理解他的计划。

(621) Umulume wakwe amw**ipusha ukw**ipika ifyakulya.
　　　丈夫　CM-她的 他-TM⁸-她-要求 ᵈᵒⁿᵍᵐⁱⁿᵍᶜⁱ煮 食物
　　　她丈夫让她去做饭。

(622) Kuti twa**lenga** bakafundisha **uku**sekelela nga twasambilila bwino.
　　　会 我们-TM⁸-使得 老师 ᵈᵒⁿᵍᵐⁱⁿᵍᶜⁱ喜悦-为之 如果 我们-TM⁸-学习 好
　　　如果我们好好学习，我们就可以让老师为之感到高兴。

6.4.2　主语

动名词及其附属成分可以在句中充当主语。

6.4.2.1　直接主语

充当直接主语时，动名词及其附属成分位于句首。如果谓语词节由动词参与构成，必须以 ku-作为主格人称代词。例如：

(623) **Uku**kusha abana, mulimo uwakosa.
　　　ᵈᵒⁿᵍᵐⁱⁿᵍᶜⁱ养育 孩子　事情　CM-TM⁸-难
　　　养育孩子是件很难的事情。

(624) **Uku**lolela ta**kw**afwilisha.　　　　等待是无济于事的。
　　　ᵈᵒⁿᵍᵐⁱⁿᵍᶜⁱ等待 不-它-TM⁸-有帮助

(625) **Uku**kwata indalama **kw**alicindama.　　有钱很重要。
　　　ᵈᵒⁿᵍᵐⁱⁿᵍᶜⁱ有　 钱　 它-TM⁹-重要

(626) **Uku**bombela pamo na banobe **ku**langusha（ku-la-angusha）imilimo.
　　　ᵈᵒⁿᵍᵐⁱⁿᵍᶜⁱ劳动-与 和 朋友　它-TM¹⁶-轻松-使　　　工作
　　　和朋友一起劳动总是感觉不累。
　　　　　　　　　　　　　　　　-bomba/-bombela；-anguka/-angusha

(627) **Uku**lemba ukwafikapo kuti **kw**asambililwa fye ku bantu abanono.

　　　　　　^{动名词}写作 CM-TM⁸-合格-^{来着}可能 它-TM⁸-掌握-_被 仅仅 _被 人 CM-少数的

　　　　　　合格的写作能力只有少数人能够掌握。　　　　-sambilila/-sambililwa

6.4.2.2　逻辑主语

充当逻辑主语时，动名词及其所属成分通常跟在带有评价色彩的动词或形容词后面，以 Ci-（相当于汉语的"它""这""那"）作为形式主语。例如：

(628)　**C**alicindama **uku**kwata ifibusa fya cine cine.

　　　　它-TM⁹-重要 ^{动名词}有 朋友 CM-_的 真正

　　　　拥有真正的朋友很重要。

(629)　Kuti **c**awama **uku**labwekeshapo libili libili.

　　　　会 它-TM⁸-好 ^{动名词}不断-重复-^{来着} 一次又一次

　　　　不断重复练习可能会比较好。

(630)　**C**isuma **uku**pekanishisha ifyakuntanshi.

　　　　这-好的 ^{动名词}准备-_为 将来　　　　-pekanisha/-pekanishisha

　　　　为将来做好准备是很好的。

(631)　——Ulamoneka bwino.　　　　——你看起来总是气色那么好。

　　　　 你-TM¹⁶-看起来 好

　　　　——**C**awama sana **uku**landa ifyo.——你这么说真是太好了。

　　　　 这-TM⁸-好 很 ^{动名词}说 这么

6.4.3　宾语

6.4.3.1　动词宾语

动名词可以充当及物动词的宾语。

(632)　Mulelangilila **uku**temwa kwenu.　　你们要充分展现自己的爱。

　　　　你们-TM¹¹-展现-_{充分} 爱 CM-你们的　　　　-langa/-langilila

(633)　Natusungilile **ukw**ampana kusuma pa ŋanda!

　　　　让-我们-维护^{虚拟形} 关系 CM-好的 _在 家　　　-sungilila/-sungilile

　　　　让我们维护良好的家庭氛围吧！

根据句法当中的纵聚合关系，在连动式复合谓语结构体当中，动名词形式的从谓语整体上可以分析为主谓语动词的宾语。

(634) Nalitemwa **uku**teya umupila.　　我爱踢足球（这项运动）。
　　　我-TM⁹-爱 ᵈᵒⁿᵍᵐⁱⁿᵍᶜⁱ踢 足球

(635) Ndefwaya **uku**shita isabi.　　我想要买鱼(有这一意愿)。
　　　我-TM¹¹-想要 ᵈᵒⁿᵍᵐⁱⁿᵍᶜⁱ买 鱼

6.4.3.2 介词宾语

(636) **Mu ku**ya kwa nshita, icilonda calipolelele.
　　　随着 ᵈᵒⁿᵍᵐⁱⁿᵍᶜⁱ流逝 CM-的 时间 伤 它-TM³-愈合ᵍᵘᵒqᵘᵘˣⁱⁿᵍ -polela/-polelele
　　　过了一段时间，伤好了。

(637) Nalingile ukwiluka ubusanso **pa ku**tendeka.
　　　我-TM¹-应该 ᵈᵒⁿᵍᵐⁱⁿᵍᶜⁱ意识到 危险 在 ᵈᵒⁿᵍᵐⁱⁿᵍᶜⁱ开始
　　　我应该一开始就意识到有危险的。

(638) Natotela **pa ku**mfunda iciBemba.　　谢谢你教我本巴语。
　　　谢谢　因为 ᵈᵒⁿᵍᵐⁱⁿᵍᶜⁱ我-教 本巴语

(639) Baleya **ku ku**shita isabi.　　他们要去买鱼。
　　　他们-TM¹¹-去 为 ᵈᵒⁿᵍᵐⁱⁿᵍᶜⁱ买 鱼

(640) Naya **mu ku**mona inkoko.　　我这就要去看鸡。
　　　我-TM⁸-去 为 ᵈᵒⁿᵍᵐⁱⁿᵍᶜⁱ看 鸡

动名词还可以跟在形容介词---a 后面，与之构成"的"结构。例如：

(641) amenshi **ya ku**nwa　　饮用水
　　　水　CM-的 ᵈᵒⁿᵍᵐⁱⁿᵍᶜⁱ饮用

(642) ulukasu lw**a ku**limako　　种地用的锄头
　　　锄头 CM-的 ᵈᵒⁿᵍᵐⁱⁿᵍᶜⁱ种地-来着

(643) ubulwele bw**a ku**polomya　　痢疾
　　　疾病　CM-的 ᵈᵒⁿᵍᵐⁱⁿᵍᶜⁱ拉肚子

6.4.4 动名介词

有些动词不定式可以单独，或者同其他介词相配合，生成新的介词。由动名词参与构成的介词，我们称之为动名介词。

常见的动名介词有：

6.4.4.1 ukubikapo na……

(644) Abantu mupepi na 26,000 balepaiwa（ba-la-ipaiwa）cila mwaka—**ukubikapo na** bana abengi.

人们　　将近　　　26000　他们-TM[16]-杀-被　　每　年
包括　　孩子　CM-许多的
每年有将近两万六千人被杀害,包括许多孩子。　　　-ipaya/-ipaiwa

(645) Twalekwata amangalo ayengi kabili ayasuma, **ukubikapofye na** umupila wa kumakasa.

我们-TM[2]-有 娱乐活动 CM-多的 并且 CM-好的 包括 　　足球
我们有许多很好的娱乐活动,包括足球。

6.4.4.2 ukucila (pa)……

(646) Ukucingilila kwaliwamishapo **ukucila** ukupola. 预防比治疗更好。
动名词 预防　　它-TM[9]-好-更-来着　比　动名词 治疗　　-wama/-wamisha

(647) Ulukasu ulu lukulupo **ukucila pali** ulya. 这把锄头比那把大。
锄头　这 它-大的-来着　比　那

6.4.4.3 ukufuma ku/mu/pa…… ukufika ku/mu/pa……

(648) Ndemutasha **ukufuma pa** nshi ya mutima wandi!
我-TM[11]-您-感谢 从 底部 CM-的 心 CM-我的
我打心眼里感谢您。

(649) Umutika wa lukungu wabafimbile **ukufuma ku** mutwe **ukufika ku** tukondo.

一层 CM-的 灰尘 它-TM[1]-他们-覆盖过去形 从 头　　到　　脚
一层灰尘从头到脚覆盖着他们。　　　　　　　　　-fimba/-fimbile

6.4.4.4 ukufumyako fye……

(650) Abalendo bonse balisakamene sana **ukufumyako fye** akakashana akanono.

乘客 CM-所有的 他们-TM[3]-紧张过去形 非常 仅仅除了 小女孩 CM-

小的

所有乘客都非常紧张,除了一位小姑娘之外。

-sakamana/-sakamene

(651) Bonse baile mu kwangala **ukufumyako fye** Benry Mando.
所有人 他们-TM⁴-去过去形 为 动名词娱乐 仅仅除了 本利·曼朵

所有人都玩去了,只有本利·曼朵是个例外。   -ya/-ile

6.4.4.5 ukulingana na……

(652) **Ukulingana ne** funde,cila muntu alikwata insambu ya mweo.
根据   法律   每 人 他-TM⁹-有 权利 CM-的生命

根据法律,每一个人都有生命的权利。

(653) Imiti iingi iyalekanalekana ilabomfiwa, **ukulingana ne** fishibilo fya bulwele.
药 CM-许多的 CM-TM⁸-不同 它们-TM¹⁶-使用-被 根据 症状 CM-的疾病

根据病症,多种不同的药物得到使用。   -bomfya/-bomfiwa

6.4.4.6 ukulola ku……

(654) Mibele nshi tulingile ukukwata **ukulola ku** bena mupalamano?
态度 什么 我们-应该 动名词有 对于 邻居

对于邻居,我们应该有什么样的态度?

(655) Mibele nshi umukashi alingile ukulangisha **ukulola ku** mulume wakwe?
态度 什么 妻子 她-应该 动名词展现 对于 丈夫 CM-她的

对于自己的丈夫,妻子应该展现出什么样的态度?

6.4.4.7 ukupitila mu……

(656) Abengi balafwaya ukupwisha amafya yabo **ukupitila mu** kunwa ubwalwa.
许多人 他们-TM¹⁶-希望 动名词终结 问题 CM-他们的 通过 动名词喝 酒

许多人想通过喝酒来逃避自己的问题。

(657) Kuti mwatendeka ukulanshanya **ukupitila mu** kwipusha.
可以 你们-TM⁸-开始 动名词交谈 通过 动名词提问

你们可以通过提问来与人攀谈。

6.4.4.8 ukwabula……

(658) **Ukwabula** imwe, umulimo uyu teti ubombeke.
　　　没有　你们　事情　这　不能　它-办成^{虚拟形}
　　　没有你们，这件事办不成。　　　　　　　　　-bombeka/-bombeke

(659) Umuntu kuti aikala fye inshiku shisano **ukwabula** amenshi!
　　　人　能够　他-TM⁸-活　仅仅　天　CM-五　没有　水
　　　没有水，人只能活五天。

6.5 特殊动词

特殊动词是指在语义、形态变化或句法功能上具有一定特殊性的动词。

6.5.1 动词—ba/—li

动词—ba 的特殊性体现在语法、语义和形态三个方面。语法上，—ba 仅用于 TM¹、TM⁸—TM¹⁶ 这十个时态。语义上，—ba 大致相当于汉语的"在""在一起""有""是"等，具体需要根据上下文才能做出判断。形态上，—ba 在 TM¹ 当中采用—ali 形式；在 TM⁸ 当中为—li 形式；在 TM¹⁵ 当中一般用—aba 形式；偶尔也用—ba 形式；在所有其他时态当中只能采用原形—ba。

表 41 是动词—ba 的时态变化规则表。

表 41　本巴语动词-ba 时态变化规则表

TM¹	往日过去时	-ali	TM⁸	今日当前一般时	-li
TM⁹	今日当前完成时	-aliba	TM¹⁰	今日即将时	-alaba
TM¹¹	今日进行/将来时	-leba	TM¹²	今日惯常时	-akulaba
TM¹³	来日将来时	-kaba	TM¹⁴	来日惯常时	-kalaba
TM¹⁵	连日一般时	-aba/-ba	TM¹⁶	连日惯常时	-laba

6.5.1.1 "在"

—ba 后接地点状语时,表示"在某处"。

(660) ——Umukashi wandi ali kwisa?   ——我妻子在哪里?
妻子 CM-我的 她-TM⁸-在 哪里

——Talipo(ta-a-li-po). Ali mu kicini. ——不在这里,在厨房。
不-她-TM⁸-在-这里 她-TM⁸-在 在 厨房里

(661) Nine ndi pa ntanshi ku kuso.   我在左前方。
是-我 我-TM⁸-在 在 前面 在 左边

地点状语可以在添加强调标记 e 之后前移。

(662) ——Bushe Ba Musonda eko bali?   ——请问穆松达在吗?
请问 先生 穆松达 是-这里 他-TM⁸-在

——Iyo, tabaliko. / ——Ee, bali kuno.
不 不-他-TM⁸-在-来着   是的 他-TM⁸-在 在 这里

——不,他不在。/——是的,他在。

6.5.1.2 "在一起"

—ba 后接介词 na 以及与"人"有关的名词时,表示"和某人在一起"。

(663) Nkaba na iwe.   我将和你在一起。
我-TM¹³-在一起 和 你

6.5.1.3 "有"

在存在句当中,—ba 相当于"某处有某物"或"有某物在某处"当中的"有",前面必须添加同地点状语"某处"相一致的一致关系标记 ku-、pa-或 mu-。例如:

(664) Kuli kolwe ku cimuti.   树上有一只猴子。
那里-TM⁸-有 猴子 在 树上

(665) Pali nsoka apa.   这一带有蛇。
这里-TM⁸-有 蛇 在这里

(666) Muli abasambi babili mu kalasi.   教室里有两个学生。
里面-TM⁸-有 学生 CM-二 在 教室里

存在句当中没有出现具体的地点状语时,一般以 ku-作为一致关系标记。例如:

(667) **Kw**alaba ubwinga.　　　　　　　有一场婚礼就要开始了。
　　　 那里-TM¹⁰-有 婚礼

——ba 后接 na 以及比较抽象的名词时,表示主语"有某种感觉或属性"。

(668) **Ndi ne** nsala (/ cilaka).　　　　我饿了(/ 渴了)。
　　　 我-TM⁸-有 饥饿感(/ 口渴感)

(669) Mu mwaka uleisa, muka**ba na** mashuko yaibela.
　　　 在 新的一年　您-TM¹³-有 运气 CM-TM⁸-特别
　　　 在新的一年里,您将会有好运。

(670) ——U**li ne** myaka inga?　　——**Ndi ne** myaka 20.
　　　　 你-TM⁸-有 岁数 CM-多少　 我-TM⁸-有 岁数 20
　　　 ——你有多少岁?　　　　　　——我 20 岁了。

6.5.1.4 "是"

(671) **Ndi** mwaume / mwanakashi.　　我是男的/女的。
　　　 我-TM⁸-是 男性/女性

(672) Ifimbusu fyesu fy**aba** ifyabusaka.　　我们的卫生间总是很干净。
　　　 卫生间 CM-我们的 它们-TM¹⁵-是 CM-的-干净

(673) ——Mu**li** shani?　　——**Ndi** fye bwino.
　　　　 您-TM⁸-是 如何　　 我-TM⁸-是 还好
　　　 ——您好吗? ——我还好。

6.5.2 动词—cili

—cili 是一个特殊动词。其特殊性有三:首先,—cili 在语义上相当于汉语的副词"还在""还是";其次,—cili 在功能上只能独立充当谓语或者主谓语,没有充当从谓语、定语或者表语的可能;再者,—cili 自身没有否定形式。

—cili 之所以被划入动词范畴,是因为它能够在单句中充当谓语,并且添加同主语词头相一致的主格人称代词。

表 42 是—cili 主格人称代词添加规则表。

表 42 本巴语特殊动词-cili 主格人称代词添加规则表

组合序号	复数		对译	单数		对译
	名词词头	-cili 的形态		名词词头	-cili 的形态	
①	(i)fu	tucili	我们	(i)n	ncili	我
②	(i)mu	mucili	你们	(i)u	ucili	你
③	(a)ba	bacili	他们她们它们	(u)mu	acili	他她它
④	ba	bacili	他们她们它们	ø	acili	他她它
⑤	(a)ma	yacili	他们她们它们	i	licili	他她它
⑤	(a)ma	yacili	他们她们它们	(i)li	licili	他她它
⑤	(a)ma	yacili	他们她们它们	(u)bu	bucili	他她它
⑤	(a)ma	yacili	他们她们它们	(u)ku	kucili	他她它
⑥	(i)fi	ficili	他们她们它们	(i)ci	cicili	他她它
⑦	(i)mi	icili	他们她们它们	(u)mu	ucili	他她它
⑧	(i)n²	shicili	他们她们它们	(i)n³	icili	他她它
⑧	(i)n²	shicili	他们她们它们	(u)lu	lucili	他她它
⑨	(u)tu	tucili	他们她们它们	(a)ka	kacili	他她它

以下为句子实例：

(674)　Ifyani **ficili** filekula.　　　　　　　　小草还在生长。

　　　小草 它们-还 它们-TM[11]-生长

(675)　**Ncili** ndomfwa（n-la-umfwa）insoni.　我还是经常感到不好意思。

　　　我-还是 我-TM[16]-感到 难为情

(676)　Akanya **kacili** fye mwifumo lya kwa nyina.

　　　婴儿 他-还是 仅仅 在-肚子 CM- 他妈妈

　　　小宝贝还在他妈妈的肚子里。

(677)　**Tucili** tulaya mu kukola inswa cila bushiku.

　　　我们-还是 我们-TM[16]-去 为 动名词抓 飞蚁 每天

　　　我们还是坚持每天去抓飞蚁。

6.5.3　动词—tila

动词—tila 的特殊性包括功能和形态两个方面。功能上，—tila 既可以独立作谓语，又可以和其他动词一起构成复合谓语结构，在其中扮演从谓语的角色。形态上，—tila 独立充当谓语时可以截略为—ti，也可以不截略，过去形均为—tile。但是，作从谓语时一般只采用—ti 这一种形式，无过去形。

6.5.3.1 单独作谓语

语义上，—tila/—ti 大多译作汉语的"说"或"说道"。

(678) Nde**tila** kuli imwe, "Iyo."　　　　我是在跟您说："不行。"
　　　 我-TM¹¹-说 对 您 不行

(679) Imfumu ya**tile** kuli ine, "Cinshi ico ulefwaya?"
　　　 酋长 他-TM¹-说过去形 对 我 什么 RP² 你-TM¹¹-想要
　　　 酋长对我说："你想要什么？"

(680) Bamo bale**ti** Iyo, bambi ba**tile** Ee.　　有人反对，也有人赞同。
　　　 有些人 他们-TM¹¹-说 不 其他人 他们-TM⁴-说过去形 嗯

(681) Ba Hans ba**tile**, "Cawama!"　　　　汉斯先生说道："太好了！"
　　　 先生 汉斯 他-TM⁴-说过去形 这-TM⁸-好

(682) Nabwinga ale**ti**, "Nacibe ifyo fine."　　新娘说道："就这样算了！"
　　　 新娘 她-TM¹¹-说 让-这事-是虚拟形 这样 CM-原样的　　-ba/-be

有时候译作"以为""认为"。例如：

(683) Nde**ti** mulenjita (mu-le-n-ita), mukwai.
　　　 我-TM¹¹-以为 您-TM¹¹-我-叫 先生
　　　 我以为您在叫我呢，先生。

少数情况下译作"说"或"认为"均可。

(684) Tatule**tila** kuti cacitika, lelo tule**ti** cikacitika.
　　　 不-我们-TM¹¹-说 可能 它-TM⁸-发生 而是 我们-TM¹¹-说 它-TM¹³-发生
　　　 我们不是说/认为这可能会发生，而是说/认为这一定会发生。

少数情况下还可以译作"看待""思考"。例如：

(685) Inga imwe mule**ti** shani?　　　　那么您怎么看？
　　　 那么 您 您-TM¹¹-看 如何

(686) Ule**ti**po shani pali ci?
　　　 你-TM¹¹-看-来着 如何 关于 这

关于这件事，你怎么看来着？

6.5.3.2 作从谓语

—ti 作从谓语时后接引语或从句，表示主谓语动词所涉及的内容或目的。

—ti 的对译需要灵活处理。后接直接引语时，—ti 可以译作"道"字；接间接引语时，一般标注为"（内容）"；接主观推测或判断时，可以译作"好像""似乎"；表目的时，可以直译为"以便""从而"等。以下是—ti 充当从谓语的常见形式：

6.5.3.2.1 ukuti

ukuti 是—ti 的动名词形式，表示主谓语动作的"内容"。例如：

(687) **Mpepa**（n-pepa）**ukuti** icitemwiko cesu ciletwalilila.
　　　我-TM[15]-祝愿（内容）爱 CM-我们的 它-TM[11]-持续
　　　祝愿我们之间的爱地久天长。

(688) **Asosele ukuti**, "Tukamonana mailo."　　她说道："明天见！"
　　　她-TM[4]-说过去形（内容）我们-TM[13]-相见 明天　　　-sosa/-sosele

也可以表示动作的"意愿""目的"。此时，从句的谓语动词常常用虚拟形。例如：

(689) **Balefwaya ukuti** ntwe imbalala.　　　他们希望我来捣花生酱。
　　　他们-TM[11]-希望（内容）我-捣碎虚拟形 花生　　　-twa/-twe

(690) **Balipaleme ukuti** bomfwe（ba-umfwe）bwino.
　　　他们-TM[3]-靠近过去形（目的）他们-听虚拟形 好
　　　他们靠近一些以便听清楚。　　-palama/-paleme; -umfwa/-umfwe

6.5.3.2.2 atuti

atuti 由时态标记 a-和主格人称代词-tu-以及动词—ti 共同构成，只能接在同样以 tu-作为主格人称代词的主谓语后面。atuti 为书面语，口语中要改为通用的 ukuti。

(691) **Twaletontonkanya atuti**, "Nalimo shifwe takabwele."
　　　我们-TM[2]-想（内容）或许 我们的父亲 不-他-TM[13]-回来虚拟形
　　　我们当时在想："或许我们的父亲他不会回来了。"　-bwela/-bwele

(692) **Kuti twayipusha atuti**, "Bushe balatusakamana?"

可能 我们-TM[8]-自问 (内容) 是否 他们-TM[10]-我们-挂念

我们可能会问自己："他们挂念我们吗？"

(693) Tuleyasuka **atuti**, "Twatotela."　　我们回答说："谢谢！"

我们-TM[11]-回答 (内容) 谢谢

(694) Tatwasosele **atuti**, "Mwikesa（mu-i-ka-isa）."

不-我们-TM[1]-说过去形 (内容) 你们-别-TM[13]-来　　-sosa/-sosele

我们并没有说："你们以后不要来。"

6.5.3.2.3 nati

nati 由主格人称代词 n-和时态标记-a-以及动词—ti 共同构成，只能接在同样以 n-作为主格人称代词的主谓语后面。nati 可以改为通用的 ukuti。

(695) Natontonkenye **nati**，"Ali uwayemba."

我-TM[1]-想过去形 (内容) 她-TM[8]-是 CM-TM[8]-漂亮

我当时在想："她真漂亮！"　　-tontonkanya/-tontonkenye

(696) Nalapepa **nati**, "Umutende ube na imwe!"

我-TM[10]-祈祷 (内容) 平安 它-存在虚拟形 和 你　　-ba/-be

我要祈祷："愿平安与你同在！"

(697) Nalyaswike **nati**："Nshaishiba."　　我回答说："我不知道！"

我-TM[3]-回答过去形 (内容) 我-不-TM[9]-知道　　-asuka/-aswike

(698) Namwebele **nati**, "Ee, mwana wandi nalabwela nomba line."

我-TM[1]-她-说过去形 (内容) 好的 孩子 CM-我的 我-TM[10]-回来 马上

我对她说："好的，我的宝贝，我马上就回来啊！"　　-eba/-ebele

6.5.3.2.4 amuti

amuti 由时态标记 a-和主格人称代词-mu-以及动词—ti 共同构成。在陈述句当中，amuti 只能接在以 mu-作为主格人称代词的主谓语后面，可以改为通用的 ukuti。

(699) Naliino mulaipusha **amuti**, "Cinshi twabela pano calo?"

或许 你们-TM[16]-问 (内容) 什么 我们-TM[8]-是-为 在-这 世界

或许你们经常会问这个问题："我们为什么要来到这个世界？"

(700) kuti mwatontonkanya **amuti**, "Teti njikale tondolo!"

或许 您-TM⁸-想 ₍内容₎ 不能 我-保持虚拟形 沉默

您或许会想："我不能再沉默下去了。"   -ikala/-ikale

(701) Kuti mwailishanya **amuti**, "Nshalekwata inshita iikalamba"

      可能 您-TM⁸-抱怨 ₍内容₎ 我-不-TM²-有 时间 CM-充分的

      您可能会抱怨说："我当时没有足够的时间。"

在祈使句当中，即使主谓语不出现主格人称代词，只要祈使对象为"您"或"你们"，从谓语就可以采用 amuti 的形式，也可以改为通用的 ukuti。

(702) Yipusheni **amuti**, "Bushe nalaesha na maka yandi yonse?"

      自问敬祈形 ₍内容₎ 是否 我-TM¹⁰-尝试 用 力气 CM-我的 CM-全部的

      请您问自己这样一个问题："我是否会做出最大的努力？"

                                                -ipusha/-ipusheni

6.5.3.2.5 auti

auti 由时态标记 a-和主格人称代词-u-以及动词—ti 共同构成，只能接在同样以 u-作为主格人称代词的主谓语后面。auti 是书面语，可以改为通用的 ukuti。

(703) Kuti waipusha **auti**(/ukuti), "Cinshi ici?"

      可能 你-TM⁸-问 ₍内容₎ 什么 这

      你可能会问："这是什么？"

(704) Kuti wapapa mu mutima **auti**(/ukuti), "Acili alintemwa?"

      可能 你-TM⁸-想知道 在 心里 ₍内容₎ 她-依然 她-TM⁹-我-爱

      你可能心想："她还爱我吗？"

6.5.3.2.6 abati

abati 由时态标记 a-和主格人称代词-ba-以及动词—ti 共同构成，接在同样以 ba-作为主格人称代词的主谓语后面。当主语名词词头为 ba-时，abati 可与 ati 以及 ukuti 互换使用。

(705) Bamayo banjebele **abati**(/ati /ukuti), "Ici e cine."

      妈妈 她-TM⁴-我-说过去形 道 这 是 真的   -eba/-ebele

      妈妈对我说："这是真的。"

(706) Banjebele cikuuku cikuuku **abati**(/ukuti), "Wilasakamana, ula-bomba fye bwino."

他-TM¹-我-说_过去形　亲切地　　　　道　　你-别-TM¹⁶-担心 你-TM¹⁶-做 还 不错

他亲切地对我说道："别担心,你一直做得不错。"

(707)　B**a**lasoka **abati**（/u**kuti**），"Te kwesha ukunwa nga muleya mu kwensha."

他们-TM¹⁶-告诫　道 不 _动名词_尝试 _动名词_喝酒 假如 您-TM¹¹-去 为 _动名词_开车

他们经常告诫说："开车不喝酒,喝酒不开车!"

6.5.3.2.7 ati

ati 由时态标记 a-和主格人称代词-a 以及动词—ti 共同构成,接在同样以 a-作为主格人称代词的主谓语后面。当主语名词词头为 ba-时,ati 可与 abati 互换使用。ati 在口语和书面语当中都很常见,也可以改为通用的 ukuti。

(708)　**A**landile **ati**（/u**kuti**），"Ndefwaya utumenshi."

他-TM¹-说_过去形_　道 我-TM¹¹-想要 一点水　　　　-landa/-landile

他说道："我想要一点点水。"

(709)　**A**twalilila **ati**（/u**kuti**），"Witiina!"　　他继续说道："别害怕!"

他-TM⁸-继续　道 你-别-害怕

(710)　B**a**mwebele **ati**（/**abati**/u**kuti**）："Fuma muno!"

他们-TM⁴-他-说_过去形_　道 离开 从-这里　　　　-eba/-ebele

他们对他说道："出去!"

6.5.3.2.8 kwati

kwati 是一个已经连词化了的常用从谓语,表示主谓语所涉及的主观内容,在语义和功能上都同汉语的"好像""似乎"大致相当。

kwati 所接主观内容可能是个人的臆想、判断或类比。

(711)　Ng'umfwa（n-umfwa）**kwati** nshaupwa.

我-TM¹⁵-觉得 _好像_ 我-不-TM⁹-嫁人

我觉得自己好像还没有嫁人。

(712)　Kuti mwacita **kwati** tamusakamikwa.　　您可以假装自己不在乎。

可以 您-TM⁸-表现出 _好像_ 不-您-在乎　　　　-sakamika/-sakamikwa

(713) Alefoloma **kwati** ni nkalamo.

　　　　他-TM¹¹-打呼噜　好像　是　狮子

　　　　他正在打呼噜，就像狮子一样。

(714) Cilemoneka **kwati** balilufyenye pa kulemba akeyala.

　　　　这-TM¹¹-看起来　好像　他们-TM³-出错过去形　在……方面　动名词写　地址

　　　　他们好像是写错地址了。　　　　　　　　　　　　　　-lufyanya/-lufyenye

6.5.3.2.9 pakuti

pakuti 也是一个已经连词化了的常用从谓语，表示主谓语动作的目的，在语义和功能上都相当于汉语的"从而""以便""目的是"。

(715) Aishile **pakuti** engatwafwa（a-inga-tu-afwa）.

　　　　他-TM⁴-来过去形　以便　他-能-我们-帮助　　　　　　-isa/-ishile

　　　　他是为了帮助我们而来的。

(716) Mufwile ukulabombesha **pakuti** mulepekanisha abana benu ify-akulya.

　　　　你们-应该 动名词不断-努力工作 以便 你们-TM¹¹-准备-给 孩子 CM-你们的 食物

　　　　你们应该不断努力工作，从而让你们的孩子们有东西可吃。

　　　　　　　　　　　　　　　　　　　　　　　　　　　-pekanya/-pekanisha

在 pakuti 引导的状语从句当中，当谓语动词所带时态标记为 TM¹³ 和 TM¹⁵ 时，一般采用虚拟形，以进一步突出主句动作的目的性。

(717) Bushe kuti twacita shani **pakuti** tukabe no mweo wa muyayaya?

　　　　请问 可以 我们-TM⁸-做 如何 以便 我们-TM¹³-有虚拟形生命 CM-的永恒

　　　　我们该怎么做才能永葆青春呢？　　　　　　　　　　　　-ba/-be

(718) Naisa muno mushi **pakuti** imwe na ine twikatane.

　　　　我-TM⁸-来 在-这 村子 以便 你们 和 我 我们-TM¹⁵-合作虚拟形

　　　　我来到这个村子是为了同你们开展合作。　　　　-ikatana/-ikatane

6.5.4 动词—bala 和—tala

动词—bala 和—tala 的特殊性有二：其一，它们只能在复合谓语结构体当

中充当主谓语。其二,它们虽然形态上是动词,但语义上却相当于副词。

—bala 和—tala 可以表示"曾经"之意,从谓语形式为"时态标记 a + 主格人称代词 + 动词原形"。主格人称代词为 n-时,时态标记 a 通常省略。

(719) Nsha**bala** ndaba (n-laba) ico.　　　　那件事我不曾忘记。
我-不-TM⁹-曾　我-忘记 那

(720) Nsha**tala** njimonapo (n-imona-po) ukuti naba neka.
我-不-TM⁹-曾 我-自觉-来着　(内容)　我-TM¹⁵-是 我-独自
我不曾觉得自己是如此孤独。

(721) Bushe na imwe mwali**bala** amutontonkanyapo ifi?
请问 也 您　您-TM⁹-曾经 TM⁸-您-想-来着 这
您是否也曾这样想过?

表示"首先"之意时,从谓语形式为"主格人称代词 + 时态标记 a + 动词原形"。

(722) Kuti cawama na**bala** nalolela.　　　　我先等等可能会比较好。
可能 它-TM⁸-好 我-TM⁸-首先 我-TM⁸-等待

(723) Ilyo tamulasala, kuti cawama uku**tala** mwasapika.
当 不-您-还-选择 可能 它-TM⁸-好 ᵃᵈ名词首先 您-TM⁸-调查
选择之前,您最好先调查一下。

(724) Kuti twa**bala** twaumfwa ifyo umuntu alanda.
可以 我们-TM⁸-首先 我们-TM⁸-听 所 别人 他-TM⁸-说
我们可以先听听别人的说法。

充当主谓语时,—bala 和—tala 可以互换使用。但是,—bala 的动名词形式 kubala 可以和介词 pa 构成时间副词 pa kubala,—tala 则没有这样的用法。

(725) **Pa kubala**, anjikete (a-n-ikete) fye ku minwe.
刚开始　他-TM¹-我-抓ᵃ去形 只是 把 手　　　　　-ikata/-ikete
刚开始,他只是抓着我的手。

(726) **Pa kubala** fyonse fyali fye bwino.　　刚开始时,一切都还顺利。
刚开始　一切 它-TM¹-是 还 好

pa kubala 可以替换成 pa kubalilapo fye,其中 fye 可以省略。

(727) **Pa kubalilapo fye**, ifyuma fyakwe fyaliloba.
　　　一开始　　　　　　财富 CM-他的 它-TM⁹-不见
　　　一开始,他的钱就都不见了。

(728) **Pa kubalilapo**, ici kuti pambi camoneka icakosa.
　　　刚开始⁸　　　这　十有八九 它-TM⁸-看起来 CM-TM⁸-难
　　　刚开始的时候,这个或许看起来会比较难。

6.5.5 动词—suka

动词—suka 的特殊性有二:其一,—suka 虽是动词,但语义上却相当于汉语副词"最终""终于"或"终究";其二,—suka 只能在复合谓语结构体当中充当主谓语。—suka 所接从谓语形式为"主格人称代词+时态标记 a+动词原形"。例如:

(729) Davidi a**sukile** apola.　　　　　　　　戴维最终康复了。
　　　戴维 他-TM¹-终于 过去形　他-TM⁸-康复　　　　-suka/-sukile

(730) Amalinga ya musumba ya**sukile** yaingililwa.
　　　墙 CM-的　城市 它-TM¹-最终 过去形 它-TM⁸-攻破-被
　　　城墙最终还是被攻破了。　　　　　　　　　　-ingilila/-ingililwa

(731) A**suka** alaala.　　　　　　　　　　　　他终于睡了。
　　　他-TM⁸-终于 他-TM⁸-睡觉

(732) Pa numa twa**sukile** twaupana.　　　　后来,我们终于结婚了。
　　　在 后来 我们-TM¹-终于 过去形 我们-TM⁸-结婚

(733) Twa**sukile** twafika kuli ilyo itauni.
　　　我们-TM¹-终于 过去形 我们-TM⁸-抵达 于 那 小镇
　　　我们终于抵达了那座小镇。

(734) Na**suka** nabwelela ku ŋanda.　　　　　我终于回家了。
　　　我-TM⁸-终于 我-TM⁸-回-到 家　　　　　　-bwela/-bwelela

(735) Na**suka** naishiba ico nalwala.
　　　我-TM⁸-终于 我-TM⁸-知道 所 我-TM⁸-患病
　　　我终于知道自己得了什么病。

(736) Kuti mwa**suka** mwacimfya.　　　　你们最后一定会成功。
　　　 会 你们-TM⁸-最终 你们-TM⁸-成功

(737) Ba**suka** bakwata umwana umwaume!　　他们终于有了一个儿子。
　　　 他们-TM⁸-终于 他们-TM⁸-有 孩子 CM-男的

(738) Ubuntungwa bwine bwine bwa**suka** bwaisa.
　　　 自由 CM-真正的 它-TM⁸-终于 它-TM⁸-来临
　　　 真正的自由终于来临了。

(739) Awe ne subilo lya**suka** lyapwa.
　　　 哎 也 希望 它-TM⁸-最终 它-TM⁸-结束
　　　 哎，最终连希望也破灭了。

(740) Pa kubala kuti cayafya ukusambilila, lelo kuti mwa**suka** mwaishiba.
　　　 刚开始 会 它-TM⁸-难 动名词学习 但是 会 您-TM⁸-最终 您-TM⁸-明白
　　　 刚开始可能很难学，但您最后一定能学会。

6.5.6　动词—isa 和—ya

—isa 和—ya 是两个很常用的动词，分别相当于汉语的"来"和"去"。例如：

(741) ——Muso, **isa**!　　——Na**isa**.　　——穆索，过来! ——这就来。
　　　 穆索 过来　　　　 我-TM⁸-来

(742) Mwa**iseni** ku China!　　　　　　　欢迎来中国!
　　　 您-TM⁸-来敬祈形　　来　中国　　　　　　　　-isa/-iseni

(743) ——Bushe wa**ya** kwi? ——Na**ya** kwituka.
　　　 请问 你-TM⁸-去 往-哪里 我-TM⁸-去 往-商店
　　　 ——你去哪里? ——我去商店。

—isa 可以和动词—ba、—ishiba、—shibuka 等相结合，生成新的复合动词。—isa 是这些复合动词一切形态变化的承载者。例如：

(744) A**ishileba** kasunga.　　　　　　 她成为了一名护士。
　　　 她-TM¹-成为过去形 护士　　　　　　　　　　　-isaba/ishileba

(745) Mu kupita kwa nshita, na**ishileishiba** ukuti abafyashi bandi balansakamana.

在……当中 流逝 CM-的 时间 我-TM[1]-明白 过去形 （内容） 父母 CM-我的 他们-TM[16]-我-关心

随着时间的流逝，我明白了父母是爱我的。 -isaishiba/-ishileishiba

——ya 可以充当主谓语，表示从谓语所在动词是一种变化趋势，相当于汉语的"不断"。

(746) Iyi mpendwa ile**ya** ilekulilako lubilo lubilo.

这 数字 它-TM[11]-不断 它-TM[11]-增加-起来-来着 快速 -kula/-kulila

这一数字正在不断快速增加。

(747) Indupwa sha bafyashi abashimbe shile**ya** shilefulilako.

家庭 CM-的 单亲 它们-TM[11]-不断 它们-TM[11]-多-起来-来着

单亲家庭变得越来越多。 -fula/-fulila

——isa 和——ya 共同的特殊性在于：要表示"来"或"去"是为了"做某事"时，必须后接介词 ku 或 mu，然后接"做某事"所对应动词的动名词形式。例如：

(748) Tw**ishile** **ku** **ku**tubilisha muli uno mushi.

我们-TM[4]-来 过去形 为 动名词小住几日 在 这 村落

我们来这个村落小住几日。 -isa/-ishile

(749) Na**isa** **mu** **ku**mweba ukuti bawiso balimutemwa.

我-TM[8]-来 为 动名词您-告知 （内容） 您父亲 他-TM[9]-您-爱

我来告诉你你父亲是爱你的。

(750) Na**ya** ku ŋanda **ku** **ku**senda imfuti. 我回家去取枪。

我-TM[8]-去 往 家 为 动名词拿 枪

(751) Twa**ya** **mu** **ku**mona inkoko. 我们去看鸡。

我们-TM[8]-去 为 动名词看 鸡

6.5.7 动词——lingile 和——fwile

特殊动词——lingile 和——fwile 都只能作主谓语，语义上相当于汉语的"应该""必须"。

——lingile 和——fwile 所接从谓语有两种形式：一是动名词，另一是"主格人称代词＋时态标记-a-＋动词原形"。这两种形式可以互换使用。

(752) Umushishi **ulingile uku**sakulwa busaka busaka.
头发　它-应该 动名词梳-被　整整齐齐　　　　　-sakula/-sakulwa
头发应该梳得整整齐齐。

(753) Iŋanda **ilingile uku**ba cifulo ca mutende.
家　它-应该 动名词是　场所 CM-的　和平
家应该是一个和平的场所。

(754) Ulupwa **lulingile uku**ba cifulo ca kutemwa kweka kweka.
家庭　它-应该 动名词是　场所 CM-的　爱 CM-满是
家庭应该是一个充满爱的地方。

(755) Ilyashi **lilingile uku**tendeka no kulandapo kwa kusengela.
交谈 它-应该 动名词开始 以 谈话-来着 CM-的 问候
交谈应该从互致问候开始。

(756) Nililali uko kukansha **kulingile uku**tendeka?
在-何时 那 培训 它-应该 动名词开始
那场培训应该什么时候开始？

(757) **Tatufwile uku**lababombela.
不-我们-应该 动名词一直-他们-劳动-为
我们不应该一直给他们干活。

(758) **Nshifwile uku**penta umushishi.　　我不应该染发。
我-不-应该 动名词染 头发

(759) Ukutemwa kwesu **kufwile uku**ba ukwine kwine，ukwafuma ku mutima.
动名词爱 CM-我们的 它-应该 动名词是 CM-真正的 CM-TM⁸-来 自 内心
我们的爱应该是真诚的，发自内心的。

(760) **Mulingile mwa**sambilisha bwino abana benu.
您-应该 您-TM⁸-教育 好 孩子 CM-您的
您应该好好教育您的孩子。

(761) Ifwe bonse **tulingile twa**ba abaiteyanya.　我们大家应该做好准备。
我们 所有人 我们-应该 我们-TM¹⁵-是 CM-TM⁸-准备

(762) **Tufwile twa**temwana.　　　　　我们应该相亲相爱。
　　　　我们-应该 我们-TM⁸-相爱　　　　-temwa/-temwana

(763) **Ufwile wa**samba ku minwe lyonse.　你应该勤洗手。
　　　　你-应该 你-TM⁸-洗 把 手 经常

6.5.8　形容动词

兼具一定形容词特征的动词,我们称之为形容动词。

本巴语当中的形容动词非常多。一方面,形容动词就其词类划分而言属于动词,因为它们在形态上完全具备动词的基本特征,如以动词类标记-a作为词尾,有原形和过去形之分,能够添加人称标记和时态标记,等等。另一方面,形容动词在语义和句法功能上具有某些普通动词所没有的类似于形容词的特征,如能够表示人或事物的性质、状态、特征或属性,常用作定语,也可作表语,等等。形容动词的大量存在,在一定程度上压缩了形容词的"生存空间",是本巴语系统内部形容词数量特别少的重要原因之一。

以下为部分形容动词原形和过去形实例:

-cenjela/-cenjele　聪明　　-tumpa/-tumpile　傻
-talala/-talele　　冷　　　-kaba/-kabile　　热
-ina /-inine　　　胖　　　-onda/-ondele　　瘦
-buta/-butile　　 白　　　-fiita/-fiitile　 黑
-futuka/-futwike　干净　　-kowela/-kowelele 肮脏
-afya/-afishe　　 艰难　　-anguka/ angwike 容易
-kashika/-kashike 红　　　-naka/-nakile　　 累

形容动词有"四形""八式""十六时"的形态或时态变化。以—cenjela为例:

(764) Cenjeleni!　　　　　　　　　　　小心!
　　　　小心 敬祈形　　　　　　　　　　-cenjela/-cenjeleni

(765) Mucenjele sana!　　　　　　　　你要非常小心!
　　　　您-小心 虚拟形 非常　　　　　　-cenjela/-cenjele

(766) Mulecenjela!　　　　　　　　　你务必要小心!

您-TM¹¹-小心

(767) Ulingile ukucenjela.　　　　　　　　你应该小心一点。
你-应该 动名词 小心

(768) Beni abacenjela!　　　　　　　　　小心！注意！保持警惕！
是 敬祈形 CM-TM⁸-小心

(769) Alishipile, alicenjele kabili aliipeeleshe.　他勇敢、谨慎、无私。
他-TM³-勇敢过去形 他-TM³-谨慎过去形 他-TM³-无私过去形
-shipa/-shipile；-cenjela/-cenjele；-ipeelesha/-ipeeleshe

(770) Nangu nshacenjela mu milandile, mu kwishiba mwena, nalicenjela.
尽管 我-不-TM⁹-聪明 在 言谈 在 理解力 CM-至于 我-TM⁹-聪明
我嘴上有点笨，但心里是敞亮的。

大多数形容动词有加强式的词法形态。例如：

(771) Cenjeleni! Aya amenshi ya**kabisha**.　　小心！这水很烫。
小心 敬祈形 这 水 它-TM⁸-热-很
-cenjela/-cenjeleni；-kaba/-kabisha

(772) Kuti ca**wamisha** wabepusha.　　　　你最好是问问他们。
可能 它-TM⁸-好-最 你-TM⁸-他们-问　　　　-wama/-wamisha

(773) Umusunga wandi nau**talalisha**.　　　嘿,我的粥已经很凉了。
粥 CM-我的 TM⁷-它凉-很　　　　-talala/-talalisha

部分形容动词还可以通过添加专用程度副词来表示"程度很深"。

—buuta **tutu**　　　白花花　　　—fiita **fititi**　　　黑漆漆
白　很　　　　　　　　　　　　　　黑　很

—kashika **ce**　　　红彤彤　　　—kaba **se**　　　　热乎乎
红　很　　　　　　　　　　　　　　热　很

—isula **paa**　　　　满当当　　　—kosa **ndi**　　　　硬邦邦
满　很　　　　　　　　　　　　　　硬　很

—nunka **pipi**　　　臭兮兮　　　—talala **shilili**　　静悄悄；凉飕飕
臭　很　　　　　　　　　　　　　　凉　很

形容动词具有如下语法功能：

其一，用作定语，一般添加时态标记-a-(TM^8)。

在专用名词短语当中，一致关系标记为短式，第一个字母大写。

(774)　　Bemba W**a**kashika　　　　　　　红海

　　　　　海 CM-TM^8-红

(775)　　Bemba W**a**fiita　　　　　　　　黑海

　　　　　海 CM-TM^8-黑

(776)　　Bemba W**a**fwa　　　　　　　　死海

　　　　　海 CM-TM^8-死

在非专用名词短语当中，一致关系标记用长式、短式均可，第一个字母不大写。

(777)　　amenshi (a)y**a**talala　　　　　　冷水

　　　　　水 CM-TM^8-冷

(778)　　icipusho (i)c**a**cindama　　　　　重要问题

　　　　　问题 CM-TM^8-重要

(779)　　ifyakufwala (i)fy**a**lamba　　　　肮脏的衣服

　　　　　衣服　　CM-TM^8-肮脏

其二，充当谓语。

要唤起对方对某一事态的关注，形容动词可以和时态标记 Na-(TM^7) 连用。例如：

(780)　　**Na**pafiita.　　　　　　　　你看，外面天都黑了。

　　　　　TM^7-外面-黑

(781)　　**Na**mufiita.　　　　　　　　哎呀，里面很暗。

　　　　　TM^7-里面-黑

(782)　　Mu ŋanda iyi **na**mufutuka.　　这间屋子，你看，还是蛮整洁的。

　　　　　在 屋子里 CM-这 TM^7-里面-整洁

描述人或事物所具有的一种从很早以前就开始且延续至今的固有属性或状态时，通常添加时态标记-ali(TM^9)。例如：

(783)　**Ca**li**wama**！　　　　　　　　真是太好了！
　　　　它-TM⁹-好

(784)　Umunensu **ali**kalipa.　　　　我们的伙伴脾气暴躁。
　　　　我们的伙伴 他-TM⁹-暴躁

(785)　Ulupili uyu lw**ali**lepa.　　　　这座山很高。
　　　　山　这　它-TM⁹-高

(786)　**Ali**cindama kabili **ali**yemba.　她尊贵而美丽。
　　　　她-TM⁹-尊贵 并且 她-TM⁹-美丽

(787)　Ifwe bonse tw**ali**pusanapusana.　我们不一样。
　　　　我们 大家 我们-TM⁹-不一样

如果是对过去某一属性或状态的描述,在添加时态标记-ali 的同时,还需要将形容动词由原形改为过去形(TM³)。例如:

(788)　Cali**weme**！　　　　　　　　当时真是太好了！
　　　　它-TM³-好过去形　　　　　　　　　　　　　　-wama/-weme

(789)　Ifwe bonse twali**pusene**.　　　我们当时是不一样的。
　　　　我们 大家 我们-TM³-不一样过去形　　　　　-pusana/-pusene

(790)　Ali**yembele** sana ukucila abakashana bambi.
　　　　她-TM³-美丽过去形 非常 比 女孩 CM-其他的　　-yemba/-yembele
　　　　那时候她比其他女孩美得多。

(791)　Nasangile umushi wali**talele** tondolo.　我发现村子里静悄悄。
　　　　我-TM¹-发现过去形 村子 它-TM³-静过去形 悄悄
　　　　　　　　　　　　　　　　　　　　-sanga/-sangile；-talala/-talele

其三,用作表语,同系动词-ba、-moneka 等构成系表结构。

不过,虽然指向相同的主语,充当表语的形容动词所接一致关系标记同系动词所接主格人称代词在形态上存在一定的差异。表 43 为基本对应规则表。

表 43 本巴语主语词头-主格人称代词一致关系标记基本对应规则表

组合序号	名词词头	复数 系动词所接主格人称代词	复数 表语所接一致关系标记	对译	名词词头	单数 系动词所接主格人称代词	单数 表语所接一致关系标记	对译
①	(i)fu	tu-	aba-	我们	(i)n	n-	uu-	我
②	(i)mu	mu-	aba-	你们	(i)u	u-	uu-	你
③	(a)ba	ba-	aba-		(u)mu	a-	uu-	
④	ba	ba-	aba-		ø			
⑤	(a)ma	ya-	aya-	他们她们它们	i / (i)li	li-	ili-	他她它
					(u)bu	bu-	ubu-	
					(u)ku	ku-	uku-	
⑥	(i)fi	fi-	ifi-		(i)ci	ci-	ici-	
⑦	(i)mi	i-	ii-		(u)mu	u-	uu-	
⑧	(i)n²	shi-	ishi-		(i)n³	i-	ii-	
					(u)lu	lu-	ulu-	
⑨	(u)tu	tu-	utu-		(a)ka	ka-	aka-	

以下为实例：

(792) Ndi **uwapopomenwa**. Nshili **uwakosa**.

我-TM⁸-是 CM-TM⁸-伤心 我-不-TM⁸-是 CM-TM⁸-坚强

我现在很伤心。我不够坚强。

(793) Nali **uwanaka** kabili **uwaitemwa**.   我当时又懦弱又自私。

我-TM¹-是 CM-TM⁸-懦弱 并且 CM-TM⁸-自私

(794) Bamayo bali **abashasambilila**.   我母亲没有受过教育。

我母亲 她-TM¹-是 CM-TM⁸-没有-学习

(795) Imito icili **iyakaba**.   烟灰还是热的。

烟灰 它-依然 CM-TM⁸-热

(796) Ilyo wali umwaice，wali **uwashipa**.   你年轻时胆子大。

当……时 你-TM¹-是 年轻人 你-TM¹-是 CM-TM⁸-胆大

(797) Ukubombela abantu kulamoneka fye **ukwayanguka**.

_{动名词}服务-_于 人们 它-TM¹⁶-看起来 只是 CM-TM⁸-容易

为人民服务只是看起来容易而已。　　　　　　　-bomba/-bombela

6.6 动词词缀

能够和动词一起出现在谓语词节当中,黏附在动词左侧或右侧,表示"能力""否定""方位"等情态的黏着词素,我们称之为动词词缀。

根据其相对于基础动词的位置,动词词缀可以分为前缀和后缀两大类。

6.6.1 前缀-inga-、-kana-、-i-

-inga-、-kana-和-i-是三个比较常见的动词前缀。

6.6.1.1 -inga-

前缀-inga-在语义上相当于汉语的"能够",后面一般接动词原形。

(798)　Bushe cinshi n**inga**kucitila, we mwana?
　　　　请问 什么 我-_能-你-做-_为 我亲爱的 孩子
　　　　我能为你做点什么,我的孩子?　　　　　　　-cita/-citila

(799)　Bushe nikwisa tw**inga**lya?　　　　我们可以在哪里吃饭?
　　　　请问 是-_在-哪里 我们-_能-吃

如果要强调动作的持续性,还可以在-inga-同动词原形之间添加时态标记-la-。

(800)　Lesa engalamupala (a-inga-la-mu-pala).　菩萨会一直保佑你们。
　　　　菩萨 他-_会-一直-你们-保佑

前缀-inga-和副词 kuti 在语义上基本相同。但是,前者仅强调客观的能力及可能性,后者则既表示客观的能力,又呈现主观的意愿、判断或建议等。

(801)　**Kuti** natemwa ukubwelela ku bwaice.　我希望能够回到童年。
　　　　能　我-TM⁸-希望 _{动名词}回-_到 到 童年　　　-bwela/-bwelela

6.6.1.2 -kana-

—kana 可以作动词,表示"反对""拒绝"。与此同时,-kana-可以作为前缀黏着在其他动词原形前面,赋予该动词一个相反的语义,相当于汉语的"不"或"没"。

(802) Uku**kana**bomba takwawama.　　　　不劳动不好。
　　　　动名词不-劳动 不-它-TM⁸-好

(803) Kwali imyaka ya kulwala no ku**kana**umfwa bwino.
　　　　那里-TM¹-有 几年 CM-的 生病 和 动名词不-觉得 好
　　　　有那么几年,他病了,情绪很低落。

(804) Ababa mu cupo kuti baleka ukutemwana pa mulandu wa kuka-na**kwata** indalama.
　　　　人-在 在……当中 婚姻 可能 他们-TM⁸-停止 动名词相爱 因为 动名词没-有 钱
　　　　婚姻当中的人可能因为没有钱而不再相爱。

6.6.1.3 -i-

-i-作为前缀有两大功能:其一是充当反身标记,置于动词词根左侧位置,与之构成动词的"反身式";其二是用于祈使否定,相当于汉语的"不要""别"。用于祈使否定时,-i-前面必须添加主格人称代词 u-(你)或 mu-(你们;您),两者分别连读为 wi-和 mwi-。

劝听者现在不要如何时,后面直接添加动词原形即可。例如:

(805) W**i**tiina(u-**i**-tiina), pantu (ine) ndi na iwe. (你)别怕!有我呢!
　　　　你-别-害怕　　　　因为 我 我-TM⁸-是 和 你

(806) Mw**i**sakamana(mu-**i**-sakamana), Tata. 爸爸,您别担心!
　　　　您-别-担心 爸爸

劝听者不要总是如何时,wi-或 mwi-同动词之间还需要添加时态标记-la-。例如:

(807) W**i**la**l**ila(u-**i**-la-lila).　　　　　　(你)别老是哭呀!
　　　　你-别-TM¹⁶-哭

(808) Mw**i**la**k**okola(mu-**i**-la-kokola) mu cimbusu.

你们/您-别-TM¹⁶-拖延 在 厕所

(您)别总占着厕所(不出来)!

6.6.2 后缀-ko、-po、-mo

本巴语有三个常见的动词后缀,它们是-ko、-po、-mo。许多情况下,这些后缀是不能省略的,就像英语 bring about、come across 等动词固定短语当中的介词或者副词性小品词一样。

后缀的添加对于动词本身以及整个语句都有一定的影响。例如,带给相关动词"工具""方式"的语义感,或者"在这里""在那里""在其中"的方位感,有时候则仅仅用来缓和语气。我们通常把-ko、-po 对译成"来着",把-mo 对译成"来着"或"其中"。

6.6.2.1 -ko

(809) utumuti twa kulila**ko** 筷子(用来吃东西的小木棍)

小木棍 CM-的 动名词吃-用以-来着 -lya/-lila

(810) Munjelele**ko**! 请你原谅我吧!

您-我-原谅虚拟形-来着 -elela/-elele

(811) Mbweseshenі**ko** umutengo! 请给我便宜一点吧!

我-返还敬祈形-来着 价钱 -bwesesha/-bwesesheni

(812) Ukulolela kulenga fye ifintu fyabipila**ko**.

动名词等待 它-TM¹⁵-让 只是 事情 它-TM⁸-糟糕-下去-来着

等待通常只会让事情变得更糟糕。 -bipa/-bipila

6.6.2.2 -po

(813) Nibanani watemwa**po** sana pali batata nangu bamayo?

是-谁 你-TM⁸-喜欢-来着 很 对 你父亲 还是 你母亲

你更喜欢谁,你爸爸还是你妈妈?

(814) umuku wa kubalila**po** 第一次;首次

次数 CM-的 动名词首先-来着

(815) Bwekeshenі**po** na kabili. 请再来一遍!

重复敬祈形-来着 再次 -bwekesha/-bwekesheni

6.6.2.3 -mo

(816)　Nshalefwaya ukubwelela**mo** ku ng'anda.　　我不想回到家里去。
　　　　我-不-TM²-想 ᵈᵒⁿɡᵐⁱⁿɡᶜⁱ 回-到-其中 往 家　　　　-bwela/-bwelela

(817)　umuputule wa kusendama**mo**　　　　　　卧室
　　　　房间　CM-的 ᵈᵒⁿɡᵐⁱⁿɡᶜⁱ 睡觉-其中

(818)　inshila ya kwendela**mo**　　　　　　　　出行方式；交通工具
　　　　方式 CM-的 ᵈᵒⁿɡᵐⁱⁿɡᶜⁱ 出行-赖以-来着　　　　-enda/-endela

第7章 副　　词

　　副词是指能够指向特定动词、形容词或副词,用来传递时间、地点、程度、方式等概念,或者指向全句,用来对句子内容进行概括的词或词组。

　　副词在语义上可分为五类:时间副词、方位副词、方式副词、程度副词、概括副词。

　　副词在结构上分为两类:一类是单一结构,大多由名词在功能上直接转换而来;另一类是复合结构,由介词和名词共同构成。

7.1 时间副词

时间副词表示事情发生的时间。

(819) Ndefwaya ukutendekako **nomba line**.   我想马上就开始。
我-TM¹¹-想 动名词开始-来着　马上

(820) Leka ifyo ulecita **ili line**.
停止 所 你-TM¹¹-做 立即
立即放下你手头所做的事情。

(821) Natuye ku kubamona **ndakai**.
让-我们-去虚拟形 为 动名词他们-看 现在
让我们现在就去看他们吧！

(822) Nshilefwaya ncelwe na **lelo**!   我不想今天也迟到。
我-不-TM¹¹-想 我-迟到虚拟形 也 今天　-celwa/-celwe

(823) Cawama tawacipepa **lelo**.   你今天没有抽烟,这很好。
它-TM⁸-好 不-你-TM⁶-抽烟 今天

(824) Finshi mwacilya **ulucelo**.   今天早上你们吃了什么？
什么 你们-TM⁶-吃 早上

时间副词 mailo 有两个意思,一是"明天",二是"昨天"。具体词义取决于所在句子谓语词节的时态,同"将来时"呼应时表"明天",同"过去时"呼应时表"昨天"。例如：

(825) Bushe kuti tw**a**ya **mailo**?   我们明天可以去吗？
请问 可以 我们-TM⁸-去 明天

(826) Nkesa(n-**ka**-isa) **mailo**!   我明天会来！
我-TM¹³-来 明天

(827) Tu**ka**monana **mailo**.   我们明天见！

我们-TM¹³-相见 明天

(828) Ninseba shinga sha**fwile mailo**?

是-梅花雀 CM-多少 它们-TM¹-死过去形 昨天　　　　-fwa/-fwile

昨天死了几只（非洲）梅花雀？

(829) **Mailo n**a**li** no bulanda sana.　　昨天我很难过。

昨天 我-TM¹-是 有 悲伤 很

(830) Na**ile** ku Mbala **mailo**.　　我昨天去了姆巴拉。

我-TM¹-去过去形 往 姆巴拉 昨天　　　　-ya/-ile

时间副词也表示事情发生的频率。

(831) Ifi efyo tucita **ilingi**.

那些 是-所 我们-TM¹⁵-做 经常

那些是我们经常干的事情。

(832) Ufwile ukulatuushako **limo limo**.

你-应该 动名词 连续-放松-来着 偶尔

你偶尔也应该好好放松一下。

(833) Nalikutemwa, **lyonse** no **muyayaya**.　　我爱你，始终并且永远。

我-TM⁹-你-爱 始终 和 永远

(834) Zimba mwana uwa busaka. **Lyonse** alasamba ku minwe.

津巴 孩子 CM-的 干净 经常 他-TM¹⁶-洗 把 手

津巴是个干净的孩子。他经常洗手。

有些时间概念需要用短语来表达。例如：

(835) Nafyelwe **mu 1982**.　　我生于1982年。

我-TM¹-出生过去形 于 1982 年　　　　-fyalwa/-fyelwe

(836) Nafyelwe **pa July 3, 1982**.　　我生于1982年7月3日。

我-TM¹-出生过去形 于 7月 3日 1982年

(837) Nkalakubelengela ilyashi limo **cila bushiku**!

我-TM¹⁴-你-读-给 故事 CM-一 每天

我以后每天都给你读一个故事。　　　　-belenga/-belengela

(838) Twingekala（tu-inga-ikala）pamo mu nsansa **pe na pe**.

我们-会-生活　　　　在一起 在 快乐当中 永远
我们会永远快乐地生活在一起。

(839) **Tapapitile ne nshita**, Samwele aumfwile balemwita ati, "Samwele, Samwele!"

不久以后 撒母尔 他-TM¹-听到过去形 他们-TM¹¹-他-叫 道 撒母尔 撒母尔
不久以后,撒母尔听到他们在喊他:"撒母尔!撒母尔!"

-umfwa/-umfwile

(840) Icinabwingi balabomba **akasuba no bushiku** pakuti bengapanga indalama ishingi.

老百姓 他们-TM¹⁶-劳动 日日夜夜 以便 他们-能够-赚 钱 CM-一些
普通百姓总是日夜劳作以便赚取微薄的收入。

(841) **Cila mwaka** abantu abengi balalwala pa mulandu wa kulya ifyakulya ifishili bwino.

每　年 人 CM-许多 他们-TM¹⁶-生病 因为 动名词吃 食物 RP¹/CM-不-是 好
每年有许多人因为吃不好的食物而生病。

7.2　方位副词

本巴语的方位副词由介词 ku、pa、mu 同部分表方位的名词或者表维度的形容词结合而成。方位名词有 nse(外面)、kati(里面)、ntanshi(前面)、numa(后面)、mulu(上面)、isamba(下面)、pepi(附近)等。维度形容词有---no(这里)、---ø(这里)、---o(那里)、---lya(那里)、---isa(哪里)等。

不同介词带给人不同的方位感。ku 是"前后左右""平面"的;pa 是"自上而下""鸟瞰式"的;mu 是"深入其中""内部"的。

方位副词大多置于句尾,少数情况下也可以移到句首。

(842) Fumeni **apa**! 请走开！请离我远点！
离开 敬祈形 这里 -fuma/-fumeni

(843) Fuma **muno**! 给我出去！
离开 在-这里面

(844) Kuti natemwa ukulaala **panse**. 我想睡到屋子外面去。
会 我-TM⁸-高兴 动名词睡觉 在-外面

(845) Bamutamfishe **kunse**. 他们把他赶了出去。
他们-TM⁴-他-驱赶过去形 往-外面 -tamfya/-tamfishe

(846) Ifyakulya ukufuma **kunse** teti fingile mu musumba uyu.
食物 来自 外面 不能 它-进虚拟形 入 城市 这 -ingila/-ingile
外面的食物进不了这座城市。

在描述特定空间存在某人、某物或某种属性时，语法主语由方位副词充当，谓语词节必须以介词 ku、pa 或 mu 作为一致关系标记(CM)。例如：

(847) **Mu** misepela **muli** ubukumu ubwingi.
在 年轻人当中 CM-TM⁸-有 潜力 CM-许多的
年轻人蕴含着无穷的潜力。

(848) **Pa**cili na**pa**fita **panse**. 你看，外面依然还是漆黑一片。
CM-依然 TM⁷-CM-黑 在-外面

kwi(sa)是一个比较常用的方位疑问副词，相当于汉语的"哪里"。例如：

(849) Bushe uleya **kwi**? 你这是去哪里？
请问 你-TM¹¹-去 往-哪里

(850) Wikala **kwisa**? 你住哪里？
你-TM¹⁵-住 在-哪里

7.3 方式副词

方式副词是表示动作进行或存在方式的副词。例如：

第7章 副　　词

(851)　　Mwende **bwino**!　　　　　　　您慢走！

　　　　您-走^{虚拟形} 好　　　　　　　　　　　　　　-enda/-ende

(852)　　Musendame **bwino**!　　　　　晚安！

　　　　您-休息^{虚拟形} 好　　　　　　　　　　　　-sendama/-sendame

(853)　　Iseni **bwangu**!　　　　　　　请快点过来！

　　　　来^{敬祈形} 快　　　　　　　　　　　　　　-isa/-iseni

(854)　　Imbwa yandi ilangafwa（i-la-n-afwa）ukwenda **bwangu**.

　　　　狗　CM-我的 它-TM¹⁶-我-帮助 ^{动名词}走 快

　　　　我的狗能帮助我走得快一点。

(855)　　Twingatemwa ukumona abantu ukwikala **capamo** mu mutende.

　　　　我们-会-开心 ^{动名词}看到 人们 ^{动名词}生活 在一起 在 平安当中

　　　　我们非常希望看到人们平安地生活在一起。

(856)　　Imishobo yonse na bantu bapusana inkanda bakabombela **capamo**.

　　　　民族 CM-所有的 和 人们 CM-不同 肤色 他们-TM¹³-劳动-以 在一起

　　　　所有的民族以及不同肤色的人们将团结协作。　-bomba/-bombela

许多方式副词由名词重叠而来。例如：

(857)　　Banjebele **cikuuku cikuuku** abati，"Wilasakamana."

　　　　他-TM⁴-我 说^{过去形} 亲切地 道 你-别-TM¹⁶-担心　　　-eba/-ebele

　　　　他亲切地对我说道："别担心！"

(858)　　Umushishi ulingile ukusakulwa **busaka busaka**.

　　　　头发　　它-应该 ^{动名词}梳理-被 整整齐齐　　-sakula/-sakulwa

　　　　头发应该被梳理得一丝不乱。

(859)　　Nga naukwata ifyakuilishanya，ulelanda **mucinshi mucinshi**.

　　　　如果 TM⁷-你-有 东西-要-夫-抱怨 你-TM¹¹-说出 毕恭毕敬地

　　　　我说，如果有意见的话，你应该礼貌地提出来。

(860)　　Bamayo nga baumfwa fye uuli onse alelanda **bukali bukali** kuli ine，balampokololako.

　　　　妈妈 如果 她-TM⁸-听 仅仅 任何人 他-TM¹¹-说话 凶狠 对 我 她-TM¹⁶-我-保护-来着

听到有人对我说话很凶,妈妈总是会保护我。

7.4 程度副词

程度副词是从程度的高低角度对动作或状态进行描述的副词。例如:

(861) Natotela **saana**.　　　　　　我深表谢意!谢谢!
　　　我-TM⁸-感激 非常

(862) Twatotela **saana**.　　　　　我们深表谢意!谢谢!
　　　我们-TM⁸-感激 非常

(863) Ndafwaisha ukusambilila iciBemba **nganshi**.
　　　我-TM¹⁶-想-很 ᵈᵒⁿɢᵐⁱⁿɢᶜⁱ学习 本巴语 非常　　　　-fwaya/-fwaisha
　　　我一直都很想学习本巴语。

(864) Mutale muuntu uwatalalila **nganshi**.
　　　穆塔勒　人　CM-TM⁸-沉默 非常
　　　穆塔勒是一个沉默寡言的人。

(865) Alililile **apakalamba**.　　　　她哭啊哭,哭得很厉害。
　　　她-TM⁴-哭个-不停ᵍᵘᵒqᵘˣⁱⁿɡ 非常　　　　-lila/-lililila/-lililile

(866) Abantu ba iko balicula **apakalamba**.
　　　人们 CM-的 他 他们-TM⁹-受苦 非常
　　　他(国王)的百姓一直遭受着巨大的苦难。

(867) Napatalale **cibi** (na-pa-talala icibi) panse.　哎呀,外面好冷呀!
　　　TM⁷-外面-冷 非常　在-外面

(868) Twaletushatusha pantu amaboko yesu yalikalipe **cibi**.
　　　我们-TM²-休息个不停 因为 胳膊 CM-我们的 它们-TM³-痛 非常
　　　我们总是停下来休息,因为我们的胳膊已经痛得受不了了。

(869) Ababomfi bakwe kuti bamutetekela **umupwilapo**.

工人 CM-他的 可以 他们-TM⁸-他-信任 完全地

他的员工可以完全信任他。

(870) Musonda ali uwakosesha **umupwilapo** ukucila Mulungu.

穆松达 他-TM⁸-是 CM-TM⁸-强壮-更 完全地 比 穆隆古

穆松达要比穆隆古强壮得多。　　　　　　　-kosa/-kosesha

(871) Naisa nomba line. Loleleni **panono**!　　我来了，请等一下！

我-TM⁸-来 马上 等⁽敬祈形⁾ 一下　　　　　　-lolela/-loleleni

(872) Kuti nalanda **panono** icisungu.　　我会讲一点点英语。

会 我-TM⁸-讲 一点点 英语

部分程度副词可以通过重叠来加强表达效果。

(873) Landa **panono panono** napapata.　　请说慢一点！

说　　慢一点点　　　请

(874) **Panono panono** natendeke ukwangusha imikalile yandi.

渐渐地　我-TM¹-开始⁽过去形⁾ ⁽动名词⁾轻松-使 生活 CM-我的

渐渐地，我开始放松自己的生活节奏。

　　　　　　　　　　　　-tendeka/-tendeke；-anguka/-angusha

(875) Ubulwele bwa nsala bulonaula（bu-la-onaula）umubili, **sana sana** uwa mwana.

疾病 CM-的 饥饿 它-TM¹⁶-伤害 身体 尤其是 CM-的 孩子

营养不良会对身体造成很大的伤害，尤其是对孩子（的身体）。

(876) Abengi balileka ukwipusha, **sana sana** amepusho ayacindama.

许多人 他们-TM⁹-不再 ⁽动名词⁾提问 尤其是 问题 CM-TM⁸-重要

许多人已经不再问问题了，尤其是那些重要的问题。

部分程度副词由名词重叠而来。例如：

(877) **Maka maka** tulingile ukucetekela ukuti tucili ifibusa ifyatemwana sana.

重要的是　我们-应该 ⁽动名词⁾相信 ⁽内容⁾ 我们-还是 朋友 RP¹/CM-TM⁸-相爱 非常

重要的是，我们应该相信我们依然是最要好的朋友。

(878) Imiti, **maka maka** iya cina Zambia ileya ileloba **lubilo lubilo**.

树木 尤其是 CM-的 特有品种 赞比亚 它们-TM[11]-不断 它们-TM[11]-消失 快速地

许多树种,尤其是赞比亚所特有的树种,正在快速地消失。

本巴语当中存在专用程度副词这一特殊的语法现象。所谓专用程度副词,是指那些就表达效果而言与通用程度副词无异,但就适用对象而言具有极大局限性的特殊程度副词。根据目前的研究,专用程度副词的限定对象都是形容动词,且都位于形容动词后面。例如,—buuta tutu 表示"白花花",专用程度副词为 tutu;—fiita fititi 表示"黑漆漆",专用程度副词为 fititi。[①]

7.5 概括副词

概括副词是指置于句首,不指向特定的句子成分,而是和整个句子有着松散语法关系的副词。这些副词在语义上具有概括性,故称之为概括副词。例如:

(879) **Kanshi** nalitemwa ukuteya umupila saana.
因此 我-TM[9]-喜欢 动名词 踢 足球 非常
因此,我非常喜欢踢足球。

(880) **Nakuba** ico tacacindama.　　　　事实上,那并不重要。
事实上 那个 不-它-TM[9]-重要

(881) **Lyena**, twalyupene na Robert.　　　于是,我和罗伯特结婚了[②]。
于是 我们-TM[3]-结婚过去形 同 罗伯特　　　　-upana/-upene

(882) **Cabulanda**, ifi te fyo ciba lyonse.
遗憾的是 这 非 所 它-TM[15]-是 始终
遗憾的是,情况并非总是如此。

---

① 更多专用程度副词实例参见 6.5.8 章节。
② 本巴语"我和某人结婚。"要表述为"我们结婚和某人。",主语只能是"我们"。

(883) Pali ubwafya. **Lelo** tatulefwaya ukububombelapo.

那里-TM[8]-有 问题 但是 不-我们-TM[11]-想 _{动名词}它-解决-_{来着}

有问题。但是,我们不想去解决。

许多短语扮演着概括副词的角色。例如:

(884) **Mu kwipifya**, ntetekela! 简而言之,请相信我!

简而言之 我-相信

(885) **Ca cine**, ifimbusu fyesu fyaba ifya busaka.

真的 卫生间 CM-我们的 它-TM[15]-是 CM-_的 干净

真的,我们的卫生间总是很干净。

(886) **Ica kubalilapo**, ulingile ukucita bwino cimo cine.

首先 你-应该 _{动名词}做 好 同样的事

首先,你应该做好同样的事情。

(887) **Ku cakumwenako**, Zimba alasamba ku minwe ilyo talatampa ukulya.

比如说 津巴 他-TM[16]-洗 把 手 当 不-他-还-开始 _{动名词}吃

比方说,津巴总是会在吃饭前洗手。

(888) **Ukwabula ukutwishika**, mukabomba bwino uyu mulimo.

毫无疑问 你们-TM[13]-做 好 这 工作

毫无疑问,你们是能够做好这份工作的。

第8章 介　　词

　　介词是一种能够同所结合或约束的对象一起构成一定的结构体,呈现该对象同其他句子成分之间某种联系的词类。介词的结合对象是词、词组或短语。相比之下,连词的结合对象则是句子,比词、词组或短语有着更高的语法层次。

　　本巴语介词可以根据其相对位置分为前置介词和后置介词两类。前置介词置于所约束的名词前面,后置介词置于所约束的名词后面。

　　形态上,介词有独立和黏着之分。独立介词没有语法槽,不需要添加一致关系标记,我们依然称之为介词。黏着介词则带有一定的形容词特征——它们自带语法槽,需要添加同其所约束或修饰的名词词头相一致的一致关系标记。我们据此将黏着介词称为形容介词。

　　构成成分上,介词可以分为简单介词和复合介词两类。简单介词是指只有一个构成成分的介词。复合介词则是指在功能上只相当于一个介词但在构成上由两个或两个以上成分复合而成的介词。

8.1 后置简单介词

本巴语只有一个后置简单介词---ena。---ena 跟在所约束的名词后面,语义上相当于汉语的"至于""话说""就……而言",自带强调和对比的韵味。

---ena 是个形容介词,语法槽位置需要添加短式一致关系标记,添加结果如表 44。

表 44　形容介词---ena 形态变化规则表

组合序号	复数		汉译	单数		汉译
	名词词头	形容介词 ---ena		名词词头	形容介词 ---ena	
①	ifu-	/	我们	in-	/	我
②	imu-	/	你们	iu-	/	你
③	aba-	bena	他们她们它们	umu-	ena/wena	他她它
④	ba-	bena		ø-	ena/wena	
⑤	ama-	yena		i-	lyena	
⑤	ama-	yena		ili-	lyena	
⑤	ama-	yena		ubu-	bwena	
⑤	ama-	yena		uku-	kwena	
⑥	ifi-	fyena		ici-	cena	
⑦	imi-	yena		umu-	wena	
⑧	in-	shena		in-	yena	
⑧	in-	shena		ulu-	lwena	
⑨	utu-	twena		aka-	kena	

以下为例句:

(889) **In**soka ishali panshi **shena** shali sha cine.

　　　蛇 RP[1]/CM-TM[1]-在 在-地上 CM-至于 它们-TM[1]-是 CM-的 真

至于地上那些蛇，它们都是真的。

（890） **Im**bwa ya mweo **yena** yawama ukucila inkalamo iyafwa.
狗　CM-的　活 CM-至于　它-TM^8-好　过　狮子 CM-TM^8-死
一条活狗要好过一头死狮子。

值得注意的是，---ena 还可以约束由介词 ku、mu、pa 参与构成的介宾结构，同样表示强调和对比。此时的---ena 分别采用 kwena、mwena 和 pena 的形式，例如：

（891） **Mu** mutima wandi **mwena**，nalimutemwa.
在　心里 CM-我的 CM-话说　我-TM^9-她-爱
话说在我的内心深处，我还是爱着她的。

（892） **Pali** Cisano **pena**，tababomba.　　星期五的话，他们不用上班。
在 星期五 CM-至于　不-他们-TM^{15}-上班

8.2　前置简单介词

本巴语有 14 个比较常用的简单前置介词。除 atemwa、na、nga 之外，其他均以可互换或互补的小组形式出现。

8.2.1　---a/---a kwa

---a 和---a kwa 是一对有着功能互补关系的形容介词。

两者的共性有二：其一，都不能单独作定语，而是必须与后接成分相结合，先构成形容词性的"的"结构，再修饰前面的名词；其二，都有语法槽，添加与所修饰名词词头相一致的一致关系标记。

两者的互补性表现为：前者的后接成分包括名词、动名词、副词、物主代词或介宾结构等，但不能是以 ø-作为词头的名词；后者的后接成分则只能是以 ø-作为词头的名词。

先来看---a 后接**非名词**的实例：

(893) amaka ya kubomba uyu mulimo　　做这件事的能力
　　　 能力 CM-的 动名词做 这 事情
　　　　　　　　　　　　　　　　　　　　　　　　　　　（动名词）

(894) imbeketi ya kutapilako amenshi　　打水的桶子
　　　 桶子 CM-的 动名词打-用于-来着 水
　　　　　　　　　　　　　　　　　　　　　　　　　　　（动名词）

(895) cibusa wa pe na pe　　永远的朋友
　　　 朋友 CM-的 永远
　　　　　　　　　　　　　　　　　　　　　　　　　　　（副词）

(896) imyaka ya nomba　　近几年
　　　 年 CM-的 现在
　　　　　　　　　　　　　　　　　　　　　　　　　　　（副词）

(897) imfumu na babomfi ba iko　　酋长和他的仆人
　　　 酋长 和 仆人 CM-的 他
　　　　　　　　　　　　　　　　　　　　　　　　　　　（物主代词）

(898) ifyuni ne nyimbo sha fiko　　小鸟和它们的歌声
　　　 小鸟 和 歌声 CM-的 它们
　　　　　　　　　　　　　　　　　　　　　　　　　　　（物主代词）

(899) umulimo wa mwibala　　田里的事情；农活
　　　 事情 CM-的 在-田里
　　　　　　　　　　　　　　　　　　　　　　　　　　　（介宾结构）

(900) ifyuni fya mumuulu　　天上的小鸟
　　　 小鸟 CM-的 在-天上
　　　　　　　　　　　　　　　　　　　　　　　　　　　（介宾结构）

(901) icishima ca mupepi　　附近的水井
　　　 水井 CM-的 在-附近
　　　　　　　　　　　　　　　　　　　　　　　　　　　（介宾结构）

当后接成分为名词时，需要特别关注名词词头。只有当词头不是 ø- 时才能用---a。大多数情况下，---a 语义上相当于汉语"……的""属于……的"。例如：

(902) intulo ya nsansa　　快乐的源泉
　　　 源泉 CM-的 快乐
　　　　　　　　　　　　　　　　　　　　　　　　　　　（词头为in-）

(903) motoka ya bakafundisha　　老师们的小汽车
　　　 小汽车 CM-的 老师们
　　　　　　　　　　　　　　　　　　　　　　　　　　　（词头为ba-）

有时候，---a 还能够表示两个名词之间的同位关系。例如：

(904) Mpili sha Andes　　安第斯山脉
　　　 山脉 CM-的 安第斯

(905) icalo ca Zambia　　赞比亚（国）

国家 CM-的　赞比亚

当后接名词词头为 ø-时，必须用---a kwa。

---a kwa 有时相当于汉语"属于……的""来自……的"。例如：

(906)　motoka **ya kwa** kafundisha　　　老师的小汽车
　　　　小汽车 CM-的　老师　　　　　　　　bakafundisha/kafundisha

(907)　amashiwi **ya kwa** mayo　　　妈妈的话
　　　　话语 CM-的　妈妈　　　　　　　　　bamayo/mayo

有时又相当于汉语"关于……的"。

(908)　ilyashi l**ya kwa** Paulo　　　关于保罗的故事
　　　　故事 CM-的　保罗　　　　　　　　　Ba Paulo/Paulo

(909)　icitabo **ca kwa** Lesa　　　关于神仙的书籍
　　　　书籍 CM-的　神仙　　　　　　　　　baLesa/Lesa

8.2.2　atemwa

介词 atemwa 用于连接两个或两个以上并列的单词或短语，语义上相当于汉语的"或者"。

(910)　golde **atemwa** silfere **atemwa** ilibwe　黄金、白银或石头
　　　　黄金　或　　白银　或　　石头

(911)　umo，babili，**atemwa** batatu　　　一个人、两个人或者三个人
　　　　一人　两人　或　三人

(912)　mu ŋanda, mu citente, **atemwa** mu cifulo icili conse
　　　　在　家　在　社区　　或　　在　地方 CM-任何的
　　　　在家里、在社区或者在任何地方

8.2.3　ku/kuli

ku 和 kuli 是一对有着功能互补关系的介词。具体表现为：

其一，ku 和 kuli 都可以约束普通名词，但约束对象有所区别。ku 所约束的是除第①、②、④组名词之外的所有名词，kuli 的约束对象则仅限于第①、②、④组名词。

其二，一个名词只要带有前置指示代词，就只能受 kuli 约束。

其三，当约束对象为不定代词、指示代词时，也只能用 kuli。

语义上，ku 和 kuli 都可以表示动作的起点、来源、原因、指向等，相当于汉语的"从""自""源于""对于""关于""由于""对""向"等。例如：

(913) Abengi bafwa **ku** bulwele bwa **ku** mutima.
　　 许多人 他们-TM¹⁵-死 于 病 CM-的 关于 心脏
　　 许多人死于心脏病。

(914) Iseni **kuli** ine!　　　　　　到我这里来吧！
　　 来 敬祈形 朝向 我　　　　　　-isa/-iseni

(915) Tulefwaisha ukwishiba ifyasuko **kuli** ifi fipusho.
　　 我们-TM¹¹-想-很 动名词 知道 答案 对 这些 问题
　　 对于这些问题，我们很想知道答案。　　-fwaya/-fwaisha

(916) Ifyo mushilefwaya abantu balecita **kuli** imwe，na imwe mwilacita **kuli** bene.
　　 所 你们-不-TM¹¹-想 人们 他们-TM¹¹-做 对 你们 也 你们 你们-别-TM¹⁶-做 对 他们
　　 己所不欲，勿施于人。（你们不想别人对你们做的事情，你们也不要对别人做。）

ku 和 kuli 都能在被动句当中同谓语动词的被动式相配合，引出动作的真正发出者，大致相当于汉语的"被"字。例如：

(917) Basuminwe **ku** mbwa shabo abene.　　他们被自家的狗给咬了。
　　 他们-TM¹-咬-被 过去形 被 狗 CM-他们的 他们自己
　　　　　　　　　　　　　　　　-suma/-sumwa/-suminwe

(918) Auminwe **kuli** wishi.　　　　　他让他爸爸给打了一顿。
　　 他-TM¹-打-被 过去形 被 他父亲　　-uma/-umwa/-uminwe

(919) Ici caishibikwe **kuli** bonse.　　大家都知道了这件事。
　　 这 它-TM¹-知道-被 过去形 被 大家　-ishiba/-ishibikwa/-ishibikwe

(920) Umukashana aipushiwe **kuli** kafundisha wakwe ukwimba ulwimbo.
　　 小姑娘 她-TM¹-要求-被 过去形 被 老师 CM-她的 动名词 唱 歌

小姑娘的老师让她唱了一首歌。　　-ipusha/-ipushiwa/-ipushiwe

ku 和 kuli 可以后接表地点和方位的名词，在存在句当中表示事物存在的场所，或者在非存在句当中表示动作的发生地、来源地或目的地。

(921) ——Mwikala kwisa?　——Njikala **ku** Kasama.　——你住哪里？
　　　你-TM¹⁵-住 在-哪里　　我-TM¹⁵-住 在 卡萨玛　　——我住在卡萨玛。

(922) ——Mwafuma kwi?　——Nafuma **ku** China.　——您来自何方？
　　　您-TM⁸-来 自-哪里　　我-TM⁸-来 自 中国　　——我来自中国。

(923) ——Bushe waya kwi?　——Naya **ku** cimbusu.　——请问你去哪里？
　　　请问 你-TM⁸-去 往-哪里 我-TM⁸-去 往 厕所　　——我去厕所。

需要注意的是，在存在句当中，ku 所在的介宾结构，无论其位置是在句首还是在句尾，都被认为是句子语法上的主语。因此，谓语词节必须相应地把 ku-作为一致关系标记。此时的 ku-表示"那里"，和动词—ba 构成谓语词节 kuli、kwaba 等，表示"在某处有某物"或者"有某物在某处"。例如：

(924) **Ku** cimuti **kuli** kolwe.　　　　树上有一只猴子。
　　　在 树上 那里-TM⁸-有 猴子

(925) **Kwaba** abantu abalwala **ku** cipatala.　医院里总是有很多病人。
　　　那里-TM¹⁵-有 人 RP¹/CM-TM⁸-生病 在 医院

部分动词的直接宾语前需要添加 ku，表示动作的对象。此时的 ku 在功能上相当于汉语介词"把"。kuli 没有这种用法。

(926) Sambeni **ku** minwe lyonse!　　　请经常洗手！
　　　洗敬祈形　把 手 经常　　　　　（请经常把手洗！）

(927) Ine na bamayo twalifililwe ukwisula **ku** ciibi.
　　　我 和 我妈妈 我们-TM¹-无法 过去形 动名词 打开 把 门　-filwa/-fililwe
　　　我和妈妈打不开门。

(928) Balaipakisha ukukutika **ku** nyimbo.　他们特别喜欢听音乐。
　　　他们-TM¹⁶-喜爱 动名词 听 把 音乐　　（他们特别喜欢把音乐听。）

kuli 可以约束指示代词和不定代词等，ku 不能。

(929) Fumyeniko ifi **kuli** ifyo.　　　　把这个从那个当中减掉。
　　　减掉敬祈形-来着 这 从……当中 那

(930) Cinshi mwingasambililako **kuli** ifi?　你们能够从中学到什么呢？

什么 你们-能-学习-来着　从……当中　这

8.2.4　mu/muli

mu 和 muli 是一对有着功能互补关系的介词。具体表现为：

其一，mu 和 muli 都可以约束普通名词，但约束对象有所区别。mu 所约束的是除第①、②、④组名词之外的所有名词。例如：

(931)　Anjabwile（a-n-abwile）**mu** menshi ayengi.
　　　　他-TM¹-我-拉过去形　　　从　水中　CM-许多的　　　-abula/-abwile
　　　　他从大水中把我拉了上来。

(932)　Bamo bapooselwe **mu** fifungo.　　　　有些人被抓进了监狱。
　　　　一些人 他们-TM¹-扔-被过去形 到 监狱里　-poosa/-pooswa/-pooselwe

(933)　Bushe namupyanga **mu** ŋanda?
　　　　请问 TM⁷-你们-打扫 在 房间里
　　　　诶，你们已经打扫房间了吗？

(934)　Leka nwemo utumenshi **mu** mutondo obe.
　　　　让 我-喝虚拟形-来着　一点水 在 瓶子里 CM-你的
　　　　让我喝一点你瓶子里的水吧！　　　　　　-nwamo/-nwemo

muli 的约束对象仅限于第①、②、④组名词。

(935)　Calicindama ku bengi aba **muli** ifwe.
　　　　它-TM⁹-重要 对 许多人 CM-的 在……当中 我们
　　　　这对于我们当中多数人很重要。

(936)　Bushe umuntu wa **muli** imwe nalwala（na-a-lwala）?
　　　　请问 人 CM-的 在……当中 你们 TM⁷-他-生病
　　　　诶，你们当中有人生病了吗？

(937)　Imilonga itwala amenshi **muli** babemba. 涓涓细流汇成汪洋大海。
　　　　溪流　它们-TM¹⁵-带 水 入 大海

其二，一个名词只要带有前置指示代词，就只能受 muli 约束。

(938)　**Muli** co calo cipya, abantunse bakekatana.
　　　　在 那 世界 CM-新的 人类 他们-TM¹³-团结

在那个新世界,人们将团结一心。

(939) Finshi twalasambilila **muli** cino cipande?
什么 我们-TM¹⁰-学习 从……当中 这 文章
我们将从这篇文章当中学到什么?

其三,当约束对象为不定代词、指示代词时,只能用 muli。

(940) Tatwapalana **muli** cimo.　　我们没有任何相同之处。
不-我们-TM⁹-相同 在 一点

(941) Takuli umulandu wa cilambu **muli** ico. 那件事没有奖励的理由。
不-那里-TM⁸-有 理由 CM-的 奖励 在 那事

mu 或 muli 可以约束"某年""某月"或"某年某月"。

(942) ——Mwafyelwe lilali?　　——您是何时出生的?
您-TM¹-出生过去形 何时　　　　　　　-fyalwa/-fyelwe

——Nafyelwe **mu** December 1973. ——我出生于1973年12月。
我-TM¹-出生过去形 在 12月 1973年

(943) **Muli** ulya wine mwaka, twaupene.　就在那一年,我们结婚了。
在 那 CM-就 年 我们-TM¹-结婚过去形　　-upana/-upene

除了 bulya bushiku 前可以使用 muli 之外,特定的"某日"前一般不受 mu 或 muli 约束。

(944) Afwile **muli** bulya bushiku.　　他在那一天死了。
他-TM¹-死过去形 在 那 天　　　　　-fwa/-fwile

mu 和 muli 还可以约束"方式",表示"以某种方式"。

(945) Kuti twabombela abantu **mu** nshila imo ine.
能 我们-TM⁸-服务-于 人们 以 方式 CM-相同的
我们可以用同样的方式服务于人们。

(946) **Muli** iyi nshila, twakulasambilila pamo.
以 这 方式 我们-TM¹²-学习 一起
我们今后将以这种方式共同进步。

也可以约束"语言",表示"以某种语言"。

(947) Ulanda shani ici **mu** Cibemba?　这个东西本巴语怎么说?

你-TM[15]-说 如何 这个 以 本巴语

(948) **Mu** mashiwi yambi, taali uwacetekelwa.
 以 言语 CM-其他的 不-他-TM[8]-是 CM-TM[8]-信赖-被
 换言之,他不值得信赖。   -cetekela/-cetekelwa

在存在句当中,mu 或 muli 所在的介宾结构,无论其位置是在句首还是在句尾,都被认为是句子语法上的主语。因此,谓语词节必须相应地把 mu-作为一致关系标记。此时,mu-和动词—ba 的特殊形式—li 构成谓语词节 muli,意思是"……里面有……"。例如:

(949) Bushe **mu**li iŋombe shinga **mu** itanga?
 请问 里面-TM[8]-有 牛 CM-多少 在 牛栏里
 请问有几头牛在牛栏里面?

(950) **Mu** kalasi **mu**li abasambi babili.   教室里有两个学生。
 在 教室里 里面-TM[8]-有 学生 CM-二

(951) **Mu**li bemba **mu**li iŋwena.   湖里有鳄鱼。
 在 湖里 里面-TM[8]-有 鳄鱼

8.2.5　na

介词 na 后接名词、动名词或其他名词性短语。

na 所接名词均为长式名词,但 na 是否同其前缀发生融合因名词而异。

接第一人称名词 ifwe/ine 和第二人称名词 imwe/iwe 时,na 同 i 不融合。例如:

(952) inkashi nandi **na** ine   我姐姐和我
 iwe **na** ine   你和我
 ine **na** iwe   我和你
 ifwe **na** imwe   我们和你们
 imwe **na** ifwe   你们和我们

接第三人称名词时,na 在慢速的语言教学过程中通常不与其前缀融合,在正常的生活语速当中则融合得极为明显。融合规则为:同 a 融合为 na;同 i 融合为 ne;同 u 融合为 no。试对比:

(953) 慢速 常速 语义
　　　　ine **na** abafyashi bandi　　ine **na** bafyashi bandi　　我和我爸妈
　　　　ifibusa **na** abalwani　　　ifibusa **na** balwani　　　朋友和敌人
　　　　indupwa **na** ifibusa　　　indupwa **ne** fibusa　　　家人和朋友
　　　　ing'anda **na** ing'anda　　ing'anda **ne** ng'anda　　一栋又一栋房子
　　　　ilipusho **na** ubwasuko　　ilipusho **no** bwasuko　　问题与答案
　　　　umukaka **na** ubuci　　　umukaka **no** buci　　　牛奶和蜂蜜

为增强表达效果，na 前面可以添加副词 elyo。例如：

(954)　　mu mishi **elyo na** mu misumba　　　　在乡村和城市
　　　　ku Bulaya **elyo na** ku Canada　　　　来自英国和加拿大
　　　　ifyakulya **elyo ne** fyakufwala　　　　吃的和穿的
　　　　amakwebo **elyo ne** misebo　　　　　贸易和交通

也可以添加副词 pamo。例如：

(955)　　abena abanono **pamo na** bakalamba　　年轻人和老年人
　　　　batata **pamo na** bamayo　　　　　　我爸爸和我妈妈
　　　　Satana **pamo ne** ngehena　　　　　撒旦和地狱
　　　　wene **pamo no** lupwa lwakwe　　　　他本人还有他的家人

na 具有如下语法功能：
其一，连接两个并列结构。
该并列结构可能是单词，包括名词、副词、形容词等。例如：

(956)　　akasuba **no** bushiku　　　　　　白天和黑夜；日日夜夜
　　　　lelo **na** mailo　　　　　　　　今天和明天
　　　　inama ishikalamba **ne** shinono　　大动物和小动物

也可能是介宾结构。例如：

(957)　　pa kulaala **na** pa kubuuka　　　　睡觉时和起床时
　　　　mu 1989 **na** mu 1991　　　　　在1989年和1991年
　　　　ku Kasama **na** ku Ndola　　　　在卡萨马和恩多拉

还有可能是联合式的复合谓语结构，语义相当于汉语的"并且""然后"等。
该复合结构的从谓语必须采用动名词形式。例如：

(958) Aimine **no ku**ya. 他起身走了。
他-TM¹-站起来_{过去形} 并且 _{动名词}走　　　　　-ima/-imine

(959) Tukekala（tu-ka-ikala）mu mwenso **no ku**fwa mu mwenso.
我们-TM¹³-生活 在……中 恐惧 然后 _{动名词}死 在……中 恐惧
我们将在恐惧中生活,然后在恐惧中死去。

其二,与名词构成介宾结构,在句中做状语。
该状语可能表示谓语动作的对象或伙伴。

(960) Tulelanda **na** bantu bambi.
我们-TM¹¹-谈话 和 人 CM-其他的
我正在和其他人谈话。①

也可能表示谓语动作的手段、工具和方式。

(961) Kwalepesha ukuya **na** moolu.　　走路去那里太远了。
它-TM⁸-远-_太 _{动名词}去 用 脚　　　　　-lepa/-lepesha

在被动句当中同谓语动词的被动式相呼应时,na 约束动作的真正发出者,大致相当于汉语的"被"字。此时的 na 可以同 ku 或 kuli 互换使用。

(962) Abengi balasumwa **na** bamuŋwiŋwi cila bushiku.
许多人 他们-TM¹⁶-咬-_{被被} 蚊子 每 天　　　　-suma/-sumwa
许多人每天都会被蚊子咬。

其三,na 还有一个副词性的补充功能,相当于汉语的"也""又"。例如:

(963) **Na** ine wine ndayumfwa（n-la-umfwa）ukunaka.　我也觉得累。
也 我 CM-同样的 我-TM¹⁶-觉得 _{动名词}累

8.2.6　nangu/nelyo

介词 nangu 和 nelyo 均用于连接两个或两个以上并列的单词或短语,语义上相当于汉语的"或者"。前者一般用于口语,后者一般用于书面语。

---

① 和例句(881)相类似,"我和某人交谈"要表述为"我们交谈和某人"。

(964) lelo **nangu** mailo 今天或明天

imyaka ibili **nelyo** itatu 2年或3年

umo **nangu** babili 1个人或2个人

ukulwala，ubulanda，**nelyo** imfwa. 疾病、忧伤或死亡

abafyashi **nangu** umukalamba umbi 父母或其他长辈

umwaume **nelyo** umwanakashi 男人或者女人

mu musana，**nangu** pa nkolokoso，**nangu** mu mushishi

在腰部、脚踝处或头发上

在否定句当中，nangu 或 nelyo 可以和数量形容词---mo（一）的单数已然形配合使用，强调相关的人或事物等"一个都没有"。---mo 的语法槽位置必须添加与所指向名词词头相一致的单数一致关系标记。例如：

(965) Takwali umuntu **nelyo** umo.

不-那里-TM¹-有 人 哪怕 CM-一

那里当时连一个人都没有。

(966) Mona，wisosa ku muntu **nangu** umo. 注意，别跟任何人说！

注意 你-别-说 对 人 哪怕 CM-一

(967) Tabakwete umwana **nangu** umo.

不-他们-TM¹-有过去形 孩子 哪怕 CM-一   -kwata/kwete

他们连一个孩子都没有。

(968) Nshasangile ubupusano **nangu** bumo.

我-不-TM¹-发现过去形 差异 哪怕 CM-一   -sanga/-sangile

我当时没有发现任何差异。

(969) Takuli uluseba **nangu** lumo. 一根玉米芯都没有。

不-那里-TM⁸-有 玉米穗轴 哪怕 CM-一

(970) Aliile ukwabula ukucita **nangu** cimo icibi.

他-TM³-走过去形 没有 动名词 做 哪怕 一件事 CM-坏的   -ya/-ile

他直接走了，没做任何坏事。

(971) Nshicita kantu **nangu** kamo neka.

我-不-TM¹⁵-做 小事 哪怕 CM-一 我-独自

我一般不会独自做任何事情。

(972) Takwali ilinso **nangu** li**mo** ilishaponeshe ifilamba.

不-那里-TM¹-有 眼睛 哪怕 CM-一 RP¹/CM-不-TM¹-掉下 过去形 眼泪

当时所有的人都哭了。（当时没有流泪的眼睛一只都没有）

-ponya/-poneshe

8.2.7 nga

介词 nga 和它所约束的名词构成介宾结构，在句中充当状语。同介词 na 一样，nga 所约束的名词也必须采用长式，但介宾之间是否发生语音融合因名词而异。当被约束的名词为第一人称名词 ifwe/ine、第二人称名词 imwe/iwe 时，nga 同 i-小融合。例如：

(973) **nga** ifwe   像我们这样；至于我们

nga ine   像我这般；至于我

nga imwe   像您/你们一样；至于您/你们

nga iwe   像你这样；至于你

后接第三人称名词时，nga 在慢速的语言教学过程中通常不与这些名词的前缀融合，但在日常生活的正常语速当中则具有明显的融合倾向。融合规则为：名词第一个音节为 a 时融合为 nga；为 i 或 e 时，融合为 nge；为 u 或 o 时，融合为 ngo。例如：

(974) 慢速   常速   语义

ng**a a**bantu   ng**a** bantu   作为人；像某些人那样

ng**a a**bafyashi   ng**a** bafyashi   作为父母；作为家长

ng**a i**mbushi   ng**e** mbushi   作为山羊；像山羊那样

ng**a i**mfumu   ng**e** mfumu   作为国王；像国王那样

ng**a u**mwana   ng**o** mwana   作为孩子；像孩子那样

ng**a u**lupwa   ng**o** lupwa   作为一个家庭；像一个家庭那般

nga 的语义有如下三种可能，具体取决于上下文：

其一是"作为"。

(975)　Mulebamona **nga** bacibusa ba cine cine.
　　　　您-TM[11]-他们-看 作为 朋友 CM-的 真正
　　　　您应该把他们看作是真正的朋友。

其二是"像……那样"或"和……一样"。前面可以添加副词 pamo 以加强语气。

(976)　**Pamo nga** pe，nabwelele ku ŋanda.　　像往常一样，我回到了家。
　　　　像……那样 平常 我-TM[1]-回过去形 到 家　　　　-bwela/-bwelele

其三是"那么……怎么样"。用于引出与之前话题相关的新对象。为了同前面两种语义区分开来，部分调查对象刻意将此处的 nga 读作 inga。例如：

(977)　**Nga/Inga** iwe，niwe naani?　　那么你呢？你是谁？
　　　　那么　　　你　是-你 谁

8.2.8　pa/pali/palwa

pa 和 pali 是一对有着功能互补关系的介词。具体表现为：

其一，pa 和 pali 都可以约束普通名词，但约束对象有所区别。pa 所约束的是除第①、②、④组名词之外的所有名词。例如：

(978)　**pa** bafyashi na bana　　　　　　　关于父母和孩子
　　　　pa muku wa kubalilapo　　　　　第一次
　　　　pa myaka itatu　　　　　　　　　有3年；持续3年了
　　　　pa ŋanda　　　　　　　　　　　　在家；从家里
　　　　pa Cibelushi　　　　　　　　　　在星期六

pali 的约束对象同 pa 刚好相反，只能是第①、②、④组名词。例如：

(979)　**pali** ifwe　　　　　　　　　　　关于我们
　　　　pali ine　　　　　　　　　　　　关于我
　　　　pali imwe　　　　　　　　　　　关于你们；关于您
　　　　pali iwe　　　　　　　　　　　　关于你
　　　　pali Bemba Wakashika　　　　　关于红海

其二，当约束对象为代词、带前置指示代词的名词以及兼具副词功能的名

词时,只能用 pali。例如:

(980) **pali** Cimo 在星期一

pali Cibili 在星期二

pali ino nshita 眼下;日前

pali cinshi 关于什么;基于什么

pali nomba 目前

在存在句当中,pa 或 pali 所在的介宾结构被认为是句子语法上的主语。因此,谓语词节必须以 pa-作为一致关系标记。此时的 pa-和谓语动词—ba 构成谓语词节 pali、paliba 等,意思是"在某处有某物"。例如:

(981) **Pa** cibumba **pali** ifikope finga? 墙上有几幅画?

在 墙上 那里-TM[8]-有 画 CM-多少

(982) **Pano** isonde **pa**liba ifintu ifyapusanapusana.

在-这 地球 那里-TM[9]-有 事物 CM-TM[8]-不同

在这个地球上有各种各样的事物。

pa 和 pali 具有如下语法功能:

其一,表示动作发生在"某一特定时刻或日期"。

(983) **Pali** nomba twikala mu China. 目前我们住在中国。

在 现在 我们-TM[15]-住 在 中国

(984) Nafyelwe **pa** December 7,1973.

我-TM[1]-出生过去形 于 12 月 7 日 1973 年   -fyalwa/-fyelwe

我出生于 1973 年 12 月 7 日。

其二,表示动作或状态"持续了一段时间"。

(985) Babombele na bena myabo **pa** myaka itatu.

他-TM[1]-劳动过去形 和 爱人 持续 年 CM-三   -bomba/-bombele

他和他爱人共事 3 年了。

(986) **Pa** myaka iingi abena China balecula.

持续 年 CM-许多的 人 中国 他们-TM[2]-受苦

中国人民受过很多年的磨难。

其三,表示动作"借助了某种方式或手段"。

(987) Bonse batatu bendela **pa** ncinga sha balemana.
大家 三人 他们-TM[15]-走-靠靠 轮椅 CM-的 残疾人   -enda/-endela
这三个人都坐上了轮椅。

(988) Bamo baishile na makasa, bambi baishile **pa** mpunda.
有些人 他们-TM[4]-来过去形 用 脚 其他人 他们-TM[4]-来过去形 用 驴
一些人是走路过来的，还有一些人是骑驴过来的。   -isa/-ishile

其四，表示动作发生的"地点或方位"。

(989) Abasambi tabaleikala fye **pa** ŋanda.
学生 不-他们-TM[11]-呆 仅仅 在 屋子里
学生不应该只呆在屋子里。

(990) Umweshi wabulungana ubalika **pa** mpanga ya lubuto lwanakilila.
月亮 CM-TM[8]-呈圆形 它-TM[15]-照耀 在 原野 CM-的 光芒 CM-TM[8]-柔和-极
一轮圆月照耀在散发着柔和光芒的原野上。   -naka/-nakilila

其五，同 ukuti 相结合生成 pakuti，引导目的状语从句。

(991) Aishile **pakuti** engatwafwa（a-inga-tu-afwa）.
他-TM[4]-来过去形 以便 他-能-我们-帮助   -isa/-ishile
他是为了帮助我们而来的。

(992) Finshi tufwile ukucita **pakuti** tube abakalamba?
什么 我们-应该 动名词做 以便 我们-变虚拟形 大人   -ba/-be
我们该做什么才能够成长起来？

(993) Mufwile ukucitapo fimo **pakuti** mwikale bwino.
您-应该 动名词做-来着 一些事 以便 您-生活虚拟形 好   -ikala/-ikale
为了生活得更好，您需要做些事。

其六，限定描述对象的范围，相当于汉语的"在所有的……当中"。例如：

(994) **Pa** nkoko shesu tapafwile nangu imo.   我们的鸡一只都没死。
在 鸡当中 CM-我们的 不-那-TM[1]-死过去形 哪怕 一只   -fwa/-fwile

(995) Uyu e mulandu umo **pa** milandu iingi
这 是 原因 CM-一 在 原因当中 CM-许多

这是诸多原因当中的一个。

(996) Umo **pali** bene atile,"Natotela."
一个人 在 几个人当中 他-TM[1]-说过去形 谢谢　　　　-ti/-tile
他们当中有一个人说道:"谢谢!"

(997) Eico bamo **pali** bene balisumine.
后来 一些人 在 几个人当中 他们-TM[3]-相信过去形　-sumina/-sumine
后来,他们当中有些人信了。

　　pa 和 pali 的语义及功能都比较多。鉴于此,为避免歧义,当我们需要强调说明动作是"涉及或关于某一具体事务、对象、内容"时,可以使用介词 palwa。例如:

(998) 　-belenga **palwa**　　　　　　读到(……的内容)

　　　-eba **palwa**　　　　　　　　告知(……的内容)

　　　-ishiba **palwa**　　　　　　　了解到(……的内容)

　　　-ishibishiwa **palwa**　　　　　被告知(……的内容)

　　　-landa **palwa**　　　　　　　谈及(……的内容)

　　　-lanshanya **palwa**　　　　　探讨(……的内容)

　　　-lemba **palwa**　　　　　　　写(……的内容)

　　　-patikisha **palwa**　　　　　　主张(……的内容)

　　　-pingula **palwa**　　　　　　决定(……的内容)

　　　-sakamana **palwa**　　　　　关注(……的内容)

　　　-sambilila **palwa**　　　　　　学习(……的内容)

　　　-sambilisha abantu **palwa**　　教人们(……的内容)

　　　-umfwa **palwa**　　　　　　　听到(……的内容)

　　　-itcyanya **palwa**　　　　　　为……做准备

　　　-sansamuka **palwa**　　　　　对……很兴奋

　　　-shininwa **palwa**　　　　　　对……至信不疑

　　　-tontonkanya **palwa**　　　　　对……加以思考

　　　-tungilila **palwa**　　　　　　在……(方面)给予支持

8.3 复合介词

复合介词是指在功能上只相当于一个介词,但在结构上却是由两个或两个以上单词复合而成的介词。绝大多数复合介词的构成模式是:

ku/mu/pa + 短式名词 + 形容介词---a

表45 为常用复合介词一览表。

表45　本巴语常用复合介词一览表

序号	名词			复合介词	
	长式	短式	词义	构成	词义
①	akabanga	kabanga	东边	ku kabanga ka ---	在……东边
②	amasamba	masamba	西边	ku masamba ya ---	在……西边
③	umuulu	muulu	上面	pa muulu wa ---	在……上面
④	isamba	isamba	下面	pe samba lya ---	在……下面
⑤	ukuso	kuso	左侧;北边	ku kuso kwa ---	在……左侧/北方
⑥	ukulyo	kulyo	右侧	ku kulyo kwa ---	在……右侧
⑦	intanshi	ntanshi	前面	pa ntanshi ya ---	在……前面/之前
⑧	amenso	menso	眼睛	pa menso ya ---	在……眼前/面前
⑨	inuma	numa	后面	ku numa ya ---	(方位)在……后面
				pa numa ya ---	(时间)在……之后
⑩	akati	kati	中间;里面	pa kati ka ---	(方位等)在……当中
				mu kati ka ---	(时间等)在……期间
⑪	inse	nse	外面	pa nse ya ---	在……外面
⑫	imbali	mbali	四周	ku/mu mbali ya ---	在……两边/四周
⑬	ukutendeka	kutendeka	开始	ku kutendeka kwa ---	在……起点/初期
				pa kutendeka kwa ---	

续表

序号	名词			复合介词	
	长式	短式	词义	构成	词义
⑭	ukutampa	kutampa	开始	ku kutampa kwa ---	在……起点/初期
				pa kutampa kwa ---	
⑮	impela	mpela	终点	pa mpela ya ---	在……终点
⑯	ukupwa	kupwa	结束	pa kupwa kwa ---	在……末期/结束时
⑰	icifulo	cifulo	场所	mu cifulo ca ---	作为……的替代；而不是
⑱	umulandu	mulandu	原因	pa mulandu wa ---	因为……原因

以下是部分复合介词的例句：

(999) Baleikala **pa muulu wa** lupili ulwasansamisha.

他们-TM¹¹-住 在……上面 山 CM-TM⁸-高-很 -sansama/-sansamisha

他们住在一座很高的山上。

(1000) Ni shani fintu tulingile ukusunga abakote **pa kati kesu**?

如何 我们-应该 动名词 照顾 老人 在……当中 我们的

我们该如何照顾我们当中的老人？

(1001) Bambi balonganine **ku mbali ya** mumana 其他人聚在河边。

其他人 他们-TM¹-聚集-于 过去形 在……边上 河

-longana/-longanina/-longanine

(1002) Indalama shinono shalisheleko **pa mpela ya** mweshi

钱 CM-少量的 它-TM³-剩下 过去形-来着 在……底 月 -shala/-shele

月底还余下了一点点钱。

(1003) Twalitendeke ukulapusana no mwina mwandi **pa mulandu wa** ndalama.

我们-TM³-开始 过去形 动名词 经常-出现分歧 同 我的爱人 因为 钱

因为钱，我和我的爱人开始经常出现分歧。 -tendeka/-tendeke

(1004) **Ku kutendeka kwa** lusuba, abalimi balaipekanya ukubolola.

在……之初 旱季 农民 他们-TM¹⁶-准备 动名词 收割

旱季之初，农民们通常要做好收割的准备。

以上复合介词都和---a 有关。下面两个复合介词和简单介词 na 有关。

一个是 mupepi na。该介词的基本义为方位上的"在……附近",引申义为时间、数量上的"大约"。

(1005)　　Ampeele **mupepi na** 20 Kwacha.

　　　　　他-TM[1]-我-给^{过去形}　^{大约} 20 克瓦查　　　　　-peela/-peele

　　　　　他给了我大约 20 克瓦查。

(1006)　　**Mupepi na** mabwe yane yaliponene **mupepi ne** ŋanda yesu.

　　　　　^{大约}　石头 CM-四 它们-TM[3]-降落^{过去形} ^在 房子^{附近} CM-我们的

　　　　　大约有 4 块石头落在我家附近。　　　　　　　　-pona/-ponene

另一个是 mpaka na ku/mu/pa。语义相当于汉语的"到……为止""在……之前",其中的介词 na 可以省略。

(1007)　　Mfutauka fye **mpaka na ku** matundaca.

　　　　　我-TM[15]-不安 只是　^{直到} 黎明

　　　　　我总是辗转反侧,直到天明。

(1008)　　Tumeni ubwasuko kuli ifwe **mpaka pa** 28.

　　　　　寄出^{敬祈形} 答案　给　我们　^{截至} 28 号　　　　-tuma/-tumeni

　　　　　请在 28 号以前把答案寄给我们。

8.4　动名介词

有动名词参与构成的介词,我们称之为动名介词。少数动名介词就是动名词本身,如 ukufikila 和 ukwabula。大多数动名介词由动名词同 na、ku、mu、pa 等简单介词共同构成,如 ukubikapo na 和 ukufika ku/mu/pa 等。当介词宾语为第①、②、④组名词时,需要将简单介词 ku、mu、pa 分别变成它们的互补形式 kuli、muli 或 pali。

现将比较常用的动名介词列举如下。其中,可以省略的简单介词置于括号

"()"当中,可随机选择性使用的简单介词之间用正斜杠"/"隔开。

(1009) ukubikapo na   包括……在内
        ukucila (pa)   相比于……
        ukufika (ku/mu/pa)   直到……;达到……
        ukufikila   终止于……;到……为止
        ukufuma (ku/mu/pa)   起始于……;从……
        ukufumyako fye   除了……之外
        ukulingana na   根据……;依照……
        ukulola ku   朝着……;对着……
        ukupitila mu   通过……;借助……
        ukupula mu   透过……;穿越……;经历……
        ukushinguluka   围着……;环绕……
        ukutampa mu/pa   开始于……;起始于……
        ukutula ku/mu/pa   开始于……;起始于……
        ukwabula   没有……的情况下

以下举几个句子实例,更多实例可以参照6.4.4章节。

(1010) Tuli ne milimo **ukufuma** ulucelo **ukufika** icungulo.
        我们-TM⁸-有 事   从   早上   到   晚上
        我们从早到晚都很忙。

(1011) **Ukwabula** ukutwishika,nalitemwa ulupwa lwandi.
        没有   动名词 疑问   我-TM⁹-爱 家庭 CM-我的
        毫无疑问,我爱我家。

(1012) Nshifwaya ukulapanga indalama **ukupitila mu** kwibila abantu.
        我-不-TM¹⁵-想 动名词总是-赚 钱 通过 动名词 偷窃-于 人们
        我不想总是通过偷别人(的东西)来获得财富。   -iba/-ibila

第9章 连　　词

连词是一种不可以单独作任何句子成分，但能够通过约束句子使之降格为从句来确立该句子同其他句子或句子成分之间某种联系的词类。连词约束从句时所构成的结构体，我们称之为"连从结构"。

连词可以分为名词性连词、形容词性连词和副词性连词三类。当连从结构作为一个整体在主句当中扮演名词角色时，其中的连词为名词性连词。当连从结构在主句当中扮演形容词角色时，其中的连词为形容词性连词。当连从结构在主句当中扮演副词角色时，其中的连词为副词性连词。

不同连词约束或引导不同类别的从句。名词性连词引导主语从句或宾语从句；形容词性连词引导定语从句；副词性连词引导状语从句。

9.1 名词性连词

名词性连词分为两类：一类既可以引导主语从句，又可以引导宾语从句，包括 ifyo 和 ico 等成员，大致相当于汉语的"所"字，但通常不译；另一类只能引导宾语从句，常用的有 uko、kuntu、ukuti、kwati、nga（cakuti）等。

9.1.1 ifyo

ifyo 可以引导主语从句。例如：

(1013) **Ifyo** nasambilile fyalimfikile pa mutima.
　　　所　我-TM¹-学习^{过去形}　它-TM³-我-抵达^{过去形}　于　心
　　　这些新知识让我感触良多（触动了我的内心）。
　　　　　　　　　　　　　　　　　　　　　-sambilila/-sambilile；-fika/-fikile

(1014) **Ifyo** abantu bafwaya filapusanapusana.
　　　所　人们　他们-TM⁸-希望　它们-TM¹⁶-不同
　　　人们总是有着不同的愿望（人们所希望的东西是不同的）。

也可以引导宾语从句。例如：

(1015) Munjeleleko pa **fyo** nalandile.
　　　您-我-原谅^{虚拟形}-来着　因为　所　我-TM¹-说^{过去形}
　　　请原谅我所说的一切。　　　　　　elela/-elele；-landa/-landile

(1016) Ningacita **ifyo** ndefwaya ukucita.
　　　我-可以-做　所　我-TM¹¹-想　^{动名词}做
　　　我可以做我想做的那些事情。

(1017) Mulelemba **ifyo** muleumfwa.
　　　您-TM¹¹-写下　所　您-TM¹¹-想
　　　你应该把你的那些感想写下来。

9.1.2　ico

ico 可以引导主语从句。例如：

(1018)　**Ico** alefwaya，kwikalako bwino mu cupo.

　　　　所　他-TM¹¹-希望 动名词生活-来着　好　在　家里

　　　　他的愿望是家人的幸福生活。

(1019)　**Ico** asosele no kucita cali ca cine.　他的所言所为都是对的。

　　　　所　他-TM¹-说过去形　和　动名词做　它-TM¹-是 CM-的　对　-sosa/-sosele

也可以引导宾语从句。例如：

(1020)　Nalakupeela **ico** nkwete.　　　　我马上把我有的东西都给你。

　　　　我-TM¹⁰-你-给　所　我-TM⁴-有过去形　　　　　-kwata/-kwete

(1021)　Naebele tata **ico** nalefwaya ukucita.

　　　　我-TM¹-告诉过去形　父亲　所　我-TM²-想要　动名词做　　-eba/-ebele

　　　　我把自己想要做的事告诉了爸爸。

9.1.3　uko/kuntu

uko 和 kuntu 只能引导宾语从句，表示"地点"或"方位"，可以互换使用。

(1022)　Njebeni (n-ebeni)**uko** mwikala!　请告诉我您住哪儿！

　　　　我-告诉敬祈形　　　所在　您-TM¹⁵-住　　　　-eba/-ebeni

(1023)　Kukabako ukulongana mupepi na **kuntu** wikala.

　　　　那里-TM¹³-有-来着　聚会　在……附近　所在　你-TM¹⁵-住

　　　　你住所附近将举办一次聚会。

(1024)　Nshacishiba **uko** bacifuma.　　　我不知道他们来自何方。

　　　　我-不-TM⁶-知道　所在　他们-TM⁶-来自

(1025)　Calicindama ku bafyashi ukwishiba **kuntu** abana babo bangalila.

　　　　它-TM⁹-重要　对于　父母　动名词知道　所在　孩子 CM-他们的　他们-

TM¹⁵-玩在　　　　　　　　　　　　　　　　　　　　-angala/-angalila

对于父母而言，知道自己的孩子通常在什么地方玩很重要。

9.1.4 ukuti

ukuti 只能引导宾语从句。例如：

(1026)　Anjebele（a-n-ebele）**ukuti** ishina lyakwe ni Katie.
　　　　她-TM¹-我-告诉过去形　（内容）名字 CM-她的　是　凯蒂　 -eba/-ebele
　　　　她告诉我她的名字叫凯蒂。

(1027)　Nasumina **ukuti** ubumi bwalikwata ubupilibulo.
　　　　我-TM⁸-相信（内容）生命 它-TM⁹-有 意义
　　　　我相信生命是有意义的。

9.1.5 kwati

kwati 只能引导宾语从句，语义上相当于汉语的"好像"。例如：

(1028)　Ng'umfwa（n-umfwa）**kwati** nshalwala!
　　　　我-TM¹⁵-觉得　　　　好像　我-不-TM⁹-生病
　　　　我觉得自己好像没有生病。

(1029)　Nalemona **kwati** pali ico nalufyenye.
　　　　我-TM²-觉得　好像　关于 那个 我-TM¹-犯错过去形
　　　　我觉得好像在那一点上我错了。　　　　-lufyanya/-lufyenye

9.1.6 nga (cakuti)

nga cakuti 只能引导宾语从句，语义上相当于汉语的"是否"，其中的 cakuti 可以省略。

(1030)　Kuti naishiba shani **nga** alintemwa?
　　　　能 我-TM⁸-知道 如何　是否　她-TM⁹-我-爱
　　　　我怎么才能知道她是否爱我呢？

(1031)　Tatwishibe **nga cakuti** Muso aliile ku Mbala.
　　　　不-我们-TM¹-知道过去形　是否　穆索 他-TM³-去过去形　往　姆巴拉
　　　　我们不知道穆索是否去了姆巴拉。　　　　-ishiba/-ishibe；-ya/-ile

9.2 形容词性连词

在本巴语当中,形容词性连词和宾格关系代词[1]实质上是"两位一体"的。称之为形容词性连词时,我们所强调的是这一类词的句际连接功能,即引导一个形容词性从句修饰主句当中的某一名词性成分的功能。称之为宾格关系代词时,我们着眼的是这一类词在从句内部的宾语地位及其对先行词的指代作用。

形容词性连词,或曰宾格关系代词,由一致关系标记同关系形容词结合而成:

形容词性连词 = 一致关系标记-关系形容词

此处关系形容词有两个: ---ntu 和 ---o¹。其中, ---ntu 前面添加一致关系标记短式, ---o¹ 添加长式。表 46 为先行词词头同形容词性连词对应规则表。

表 46 本巴语先行词词头——形容词性连词对应规则表

名词组合序号	复数			单数		
	先行词词头	形容词性连词		先行词词头	形容词性连词	
		---ntu	---o¹		---ntu	---o¹
①	ifu-	/	fwe bo	in¹-	/	ne o
②	imu-	/	mwe bo	iu-	/	we o
③	aba-	bantu	abo	umu¹-	untu	uo
④	ba-			ø-		
⑤	ama-	yantu	ayo	i- ili-	lintu	ilyo
				ubu-	buntu	ubo
				uku-	kuntu	uko

---

[1] 关于宾格关系代词,参见 4.5.2 "宾格关系代词"部分。

续表

名词组合序号	复数			单数		
	先行词词头	形容词性连词		先行词词头	形容词性连词	
		---ntu	---o^1		---ntu	---o^1
⑥	ifi-	fintu	ifyo	ici-	cintu	ico
⑦	imi-	**intu**	**iyo**	umu^2-	**untu**	**uo**
⑧	in^2-	shintu	isho	in^3-	**intu**	**iyo**
				ulu-	luntu	ulo
⑨	utu-	tuntu	uto	aka-	kantu	ako

在对译过程中,我们把引导定语从句的形容词性连词标注为 RP^2。例如:

(1032) Ninkwata (na-n-kwata) ifyakulya **ifyo** imwe mushishibe.
TM^7-我-有 食物 RP^2 你们 你们-不-TM^4-知道^{过去形}
嘿,我有你们不知道的食物。 -ishiba/ishibe

(1033) Indalama **shintu** nasungile shaile shilepwa panono panono.
钱 RP^2 我-TM^1-积攒^{过去形} 它-TM^1-不断^{过去形} 它-TM^{11}-无 渐渐
我攒下的钱慢慢用完了。 -sunga/-sungile;-ya/-ile

9.3 副词性连词

副词性连词同其所约束的从句一起构成副词性"连从结构",在主句当中充当状语。

常用的副词性连词有 8 个。

9.3.1 apo

连词 apo 表示"前提条件",根据上下文可以翻译成汉语的"只要""在……前提下""在……条件下""鉴于""因为"等。

(1034) Isa **apo** uletemenwa.

来 只要 你-TM[11]-喜欢-因为　　　　　　　-temwa/-temenwa

只要你喜欢，你就过来。

(1035) **Apo** ndi mushimbe, kuti nayalula ifyo ndefwaya ukucita inshita iili yonse.

因为 我-TM[8]-是 单身 能 我-TM[8]-调整 所 我-TM[11]-想 [动名词]做 时间 CM-任何的

因为我是单身，所以任何时候都可以调整（工作计划）。

apo 也可以表示"对比"和"反差"。

(1036) Ine nalacita ici **apo** imwe mwalacita ifyo.

我 我-TM[10]-做 这 然而 您 您-TM[10]-做 那

我来做这个，您做那个。

(1037) Batata balimi **apo** bamayo ni bakafundisha.

我爸爸 农民 然而 我妈妈 是 老师

我爸爸是农民，妈妈是老师。

9.3.2 cikulu (fye)

连词 cikulu fye 也表示"前提条件"，大致相当于汉语的"只要"，fye 可以省略。

(1038) Abana kuti babombako **cikulu fye** balebomba na bafyashi.

孩子们 能 他们-TM[8]-工作-来着 只要 他们-TM[11]-工作 和 父母

只要是和父母在一起，孩子们也可以（在那里）干活。

(1039) Umuntu umo umo kuti aupa nelyo aupwa **cikulu fye** aumfwila ifunde.

人 CM-任一的 能 他-TM[8]-娶 或 她-TM[8]-嫁 只要 他/她-TM[15]-听-从 法律

只要遵守法律，任何人都可以结婚。　　　　　-umfwa/-umfwila

(1040) Kuti wacita icili conse **cikulu fye** tabakwikete.

能 你-TM[8]-做 任何事情 只要 不-他们-TM[8]-你-抓[过去形]

只要他们不把你抓起来，你做什么都可以。　　　　-ikata/-ikete

9.3.3 epali

连词 epali 表示否定目的,大致相当于汉语的"以免"。

(1041)　Ulingile ukucenjela, **epali** waibepa.
　　　　你-应该 动名词小心 以免 你-TM⁸-自欺
　　　　你应该小心,以免自欺欺人。

(1042)　Mwilakumyako **epali** mwafwa.
　　　　您-别-老是-触摸-来着 以免 您-TM⁸-死
　　　　你千万别触摸它,以免带来杀身之祸。

(1043)　Ufwile ukubomfya ululimi lwine lwine lyonse, **epali** walufya amaka ya kulanda lwene bwino.
　　　　你-应该 动名词用 语言 CM-纯正的 经常 以免 你-TM⁸-失去 能力 CM-的 动名词讲 它 好
　　　　你应该经常使用标准语,以免失去讲好它的能力。

9.3.4 ilyo/(i)lintu

连词 ilyo 和 ilintu 大致相当于汉语的"在……时候"。其中,ilintu 常常省略第一个音节直接说成 lintu。以下为实例:

(1044)　Naciba mu tulo **ilyo** acindamfya(a-aci-n-lamfya).
　　　　我-TM⁶-是 在 休息 当 他-TM⁶-我-弄脏
　　　　他趁我休息时把我弄脏了(往我身上抹了泥巴等)。

(1045)　Wilolesha panse nangu kumbi **ilyo** tulesambilila.
　　　　你-别-看 外面 或 别处 当 我们-TM¹¹-学习
　　　　咱们学习时,你别看窗外或别处。

(1046)　**Ilintu** akasuba kalewa nalifikile.
　　　　当 太阳 它-TM²-下山 我-TM³-抵达过去形　　-fika/-fikile
　　　　当太阳快要下山时,我终于到了。

(1047)　**Lintu** ndi mu tulo, umutima wandi wena, ulelola.
　　　　当 我-TM⁸-是 在 休息 心 CM-我的 CM-至于 它-TM¹¹-清醒

我人在休息，心却清醒。

ilyo 和 ilintu 所引导的从句，如果谓语词节当中同时出现否定词素 shi-或 ta-以及"连日惯常时"标记-la-时，语义上相当于汉语的"在……之前"。

（1048） Alasamba ku minwe **ilyo tala**tampa ukulya.

他-TM¹⁶-洗 把 手 当 不-他-还-开始 动名词吃

他总是在吃东西之前洗手。

（1049） Alishiba amano yesu **lintu tatula**landa.

他-TM⁹-知道 想法 CM-我们的 当 不-我们-还-说

我们还没开口他就知道我们的想法了。

（1050） **Ilyo** nshilaya ku Kasama, nailetandalila umukalamba wandi Judy.

当 我-不-还-去 往 卡萨马 我-TM¹-去看望过去形 姐姐 CM-我的 朱迪

去卡萨马之前，我看望了我的姐姐朱迪。 -yatandalila/-iletandalila

9.3.5 nangu (cakuti)/nelyo (cakuti)

连词 nangu cakuti 和 nelyo cakuti 表"转折"或"让步"，语义上相当于汉语的"尽管""虽然"，其中的 cakuti 可以分开书写为 ca kuti，还可以整体上省略。例如：

（1051） **Nangu cakuti** nalifwilwa abalume bandi, nshatalalilwa.

尽管 我-TM⁹-死掉 男人 CM-我的 我-不-TM⁹-孤单

尽管我丈夫死了，我并不感到孤独。

（1052） **Nangu ca kuti** ndi mukalamba, ncili ndebombela abantu.

尽管 我-TM⁸-是 老人 我-依然 我-TM¹¹-服务-于 人们

尽管我是个老人，我依然在为人们服务。 -bomba/-bombela

（1053） **Nelyo ca kuti** alekabila ubwafwilisho, bacibusa bakwe balifilil-we ukumwafwilisha.

尽管 他-TM²-需要 帮助 朋友 CM-他的 他们-TM³-无法过去形 动名词他-帮助

他需要帮助，但他的朋友帮不了他。 -filwa/-fililwe

nangu 经常和 fye ni 连用，大致相当于汉语的"就算是"。例如：

（1054） **Nangu fye ni** lelo abantu balalwala no kufwa.

就算是　今天　人们　他们-TM¹⁶-生病　和　动名词 死亡

即使是今天，人还是有生老病死。

(1055)　Kuti twaicingilila **nangu fye ni** ku bulwele bwa AIDS.
　　　　能　我们-CM⁸-自我保护　就算是　针对　病 CM-的　艾滋

就算是面对艾滋病，我们也能保护好自己。

9.3.6 nga (cakuti)

连词 nga cakuti 表示"假设"，相当于汉语的"如果"，其中的 cakuti 可以省略。例如：

(1056)　**Nga** cingacitika, landeni ne ndupwa shimbi.
　　　　如果　它-可能-发生　交谈敬祈形　同　家人 CM-其他的　　-landa/-landeni

如果可能的话，请同其他家人也谈谈。

(1057)　**Nga** namukwata amepusho, tulembeleni.
　　　　如果　TM⁷-你-有　问题　我们-写信-给敬祈形

如果您有问题，请给我们写信。　　-lemba/-lembela/-lembeleni

当所引导的从句中出现时态标记-le-时，nga 相当于汉语"当……的时候"。例如：

(1058)　**Nga** tu**le**samba, tatubomfya amenshi ayakaba ayengi.
　　　　当　我们-TM¹¹-洗澡　不-我们-TM¹⁵-使用　水 CM-TM⁸-热 CM-许多的

我们洗澡的时候一般不用很多热水。

(1059)　Lyonse tamubikako amano **nga** ndelanda（n-**le**-landa）.
　　　　总是　不-您-TM¹⁵-给予-来着　关注　当　我-TM¹¹-说话

我说话的时候，你从来都不在意。

9.3.7 pakuti

连词 pakuti 引导目的状语从句，相当于汉语的"为了""以便"。其中，pakuti 也可以分开书写为 pa kuti。例如：

(1060)　Mufwile ukubombesha **pakuti** mwikale bwino muli cino calo.
　　　　你-应该　动名词 劳动-努力　以便　你-生活虚拟形　好　在　这　世界

为了更好地生活在这个世界，你应该更努力地劳动。

-bomba/-bombesha；-ikala/-ikale

（1061） Balebombesha ubushiku na kasuba **pakuti** bengapanga ubwikalo.
他们-TM[11]-劳动-努力 夜晚 和 白天 以便 他们-能够-谋 生
他们日夜辛勤劳作以便能够活下来。

（1062） Mwilashimya amalaiti ubushiku **pa kuti** alemona bwino pa kuya ku cimbusu.

您-不要-总是-熄灭 灯 晚上 以便 他-TM[11]-看 清楚 为 动名词去 往 厕所

你晚上不要关灯，这样他去上厕所就能看得清了。

9.3.8 pantu / pa mulandu wakuti

连词 pantu 和 pa mulandu wakuti 都用来引导原因状语从句，相当于汉语的"因为"。其中，wakuti 可以分开书写为 wa kuti，但不能省略。例如：

（1063） Mbeleleni uluse. **Pantu** nshili na maka.
我-发敬祈形 善心 因为 我-不-TM[8]-有 力气   -belela/-beleleni
对不起，我已经没有力气了。

（1064） Wiseela! **Pantu** nalakushuta!   别动！要不然我开枪了！
你-别-动 因为 我-TM[10]-你-开枪

（1065） Bukaca bwino mailo, **pantu** umuulu naukashika ce.
它-TM[13]-破晓 不错 明天 因为 天空 TM[7]-它 红 很
明天天气会不错，因为，你看，天空是红彤彤的。

（1066） Nshalefwaya ukukutika **pa mulandu wa kuti** nshacetekele abasungu.
我-不-TM[2]-想 动名词听 因为 我-不-TM[3]-相信过去形 白人
我不想听，因为我不相信白人。   -cetekela /-cetekele

（1067） **Pa mulandu wa kuti** Anne alilwele, twabwelelemo ku Ndola.
因为   安妮 她-TM[3]-生病过去形 我们-TM[3]-回过去形-来着 到 恩多拉
-lwala/-lwele；-bwela/-bwelele
因为安妮生病，所以我们回恩多拉了。

第10章 句类句式

所谓句类,是指按用途和语气给句子所分的类,是句子的表达功能或语用价值的类别,一般分为陈述句、祈使句、疑问句、感叹句,后来又新增表达呼唤或应答的呼应句。[①]

关于句式,学界仍有不同角度的认定。如果从语义角度出发,可以分为存在句、比较句和被动句等。

本章对比较特殊的句类句式展开研究,具体包括:判断句、存在句、比较句、被动句、感叹句、疑问句。

---

① 陆俭明. 句类、句型、句模、句式、表达格式与构式[J]. 汉语学习,2016(1).

10.1 判断句

判断句是以名词或名词性词组作为谓语,对事物的属性做出判断的句子。

根据判断标记的异同,判断句可以分为四大类,即ø判断句、ni(-)判断句、e判断句和—ba判断句。

10.1.1 ø判断句

ø表示无,也叫零标记。ø判断句就是零标记判断句。

任何一个第三人称名词只要去除前缀,同时将中缀的元音略加延长,即可表判断——所在单句有无主语均可。以下是无主语的实例:

(1068)　Muukashi wabo.　　　　　　　(这位/那位是)他的妻子。
　　　　　妻子　CM-他的

(1069)　Ciipushi.　　　　　　　　　　(这/那是一只)南瓜。
　　　　　南瓜

有主语的时候,无标记判断句的主谓之间有着非常明显的停顿。如果主语是指示代词,该代词第二个音节的声调一般需要由55变为35。在以下例句当中,我们在主谓之间添加逗号来表示这一停顿,声调变化不予标出。例如:

(1070)　Uyu, muukashi wandi.　　　　这位是我的妻子。
　　　　　这　妻子　CM-我的

(1071)　Uyu, muunandi.　　　　　　　这位是我的朋友。
　　　　　这　我朋友

(1072)　Uyu, muwaice wandi.　　　　 这是我弟弟/妹妹。
　　　　　这　弟弟/妹妹　CM-我的

(1073)　Ulu, luupili.　　　　　　　　这是一座山。
　　　　　这　山

(1074)　　Amaano, maaka.　　　　　　　　知识就是力量。
　　　　　　知识　力量

(1075)　　Ukukusha abana, muulimo uwakosa.
　　　　　　动名词抚养孩子 事情 CM-TM⁸-艰难
　　　　　　抚养孩子是件不容易的事情。

(1076)　　Umutima wa nsansa, muuti uusuma. 快乐的心是良药。
　　　　　　心　CM-的　快乐　药　CM-好的

10.1.2　ni(-)判断句

ni(-)判断句是以 ni 作为判断标记的判断句，自带对比、反差、强调的韵味。大多数情况下，ni(-)判断句的谓语名词是第④组名词即以 ba-/ø-作为词头的名词。

判断标记 ni 的位置因主语而异。分为以下两种情况：

其一，无主语或主语为指示代词时，判断标记 ni 前置于谓语。例如：

(1077)　　<u>Ni</u> Mfumu Charlie!　　　　　　他就是国王查理。
　　　　　　是 国王　查理

(1078)　　<u>Ni</u> Ba Pulofesa Musonda.　　　　他就是穆松达教授。
　　　　　　是　尊敬的　教授　穆松达

(1079)　　Aba①<u>ni</u> bayama.　　　　　　　这位是我舅舅。
　　　　　　这位　是　我舅舅

(1080)　　Uyu <u>ni</u> Mutale. Ulya <u>ni</u> Nkole.　这是穆塔勒，那是恩科勒。
　　　　　　这　是　穆塔勒　那　是　恩科勒

其二，当主语为第一、第二人称名词时，判断标记 ni(-)前置于主语，同 if-we、ine、imwe、iwe 合音为 nifwe、nine、nimwe、niwe。城镇居民偏爱在主语后面添加后缀-bo，乡村居民则一般不添加。后缀-bo 的有无是区分城乡居民的重要语言特征之一。例如：

(1081)　　——**Nimwe(bo)** banaani? / **Niwe(bo)** naani?

---

①　用 aba 这样的复数形式来指代单数对象"他"或"她"，可以传递一种敬意。

     _是-您/你们　谁　　　_是-你　谁

    ——您是谁？/ 你是谁？

    ——**Nine**(**bo**) Bwalya, cibusa wa kwa Mpuya.

     _是-我　瓦利亚　朋友 CM-_的　穆普亚

    ——我是瓦利亚，穆普亚的朋友。

(1082) ——Bushe **nimwe** bamuka Musonda?

    请问　_是-您　妻子　穆松达

    ——请问您是穆松达的妻子吗？

    ——Ee, **nine**.　　——Awe, **te ine**.

     对 _是-我　　　不　_{不是} 我

    ——对，我是。——不，我不是。

(1083) ——**Niwe** naani ishina?   ——你叫什么名字？

     _是-你　谁　名字

              (你的名字是谁？^①)

    ——Ishina lyandi **nine** Musonda. ——我的名字叫穆松达。

     名字 CM-我的　_是-我　穆松达

(1084) **Nifwe** bakasambilisha banenu. 我们是您一个学校教课的同事。

    _是-我们　教师　　同事

10.1.3　e 判断句

  e 判断句是以 e 作为判断标记的判断句，主语不能是第一、第二人称名词。

  判断标记 e 自带指示或提示的韵味，语气比 ni 稍弱，可译为"这是""那是""它是"等，可以添加在任何第三人称谓语名词或指示代词前。例如：

(1085) Aba **e** bataata.   这位，他是我父亲。

    这　_是　我父亲

(1086) Uyu **e** mukashi wandi.   这位，她是我妻子。

    这　_是　妻子 CM-我的

(1087) Indyabuluba **e** nama yalepesha pali shonse.

---

① 本巴语以及南岛语当中的印尼语、阿美语、夏威夷语、马达加斯加语等都问"你的名字是谁？"。

长颈鹿 是 动物 CM-TM⁸-高-最 在 所有 当中　　-lepa/-lepesha
长颈鹿,它是所有动物当中最高的。

(1088)　E co ndefwaya.　　　　　　　　那是我所希望得到的东西。

　　　　　是 所 我-TM¹¹-想要

(1089)　E bo tulefwaya.　　　　　　　　那些是我们所希望找的人。

　　　　　是 所 我们-TM¹¹-想要

(1090)　E muntu.　　　　　　　　　　他确实是个了不起的人。

　　　　　是 人

10.1.4　—ba 判断句

　　—ba 判断句以动词—ba 作为谓语兼判断标记。动词—ba 在判断句当中一般只采用—li 的形式,前面需要添加主格人称代词。例如:

(1091)　N<u>di</u> mwaume/mwanakashi.　　　我是男性/女性。

　　　　　我-TM⁸-是 男性/女性

(1092)　N<u>di</u> mwina China,**shili** mwina Japan. 我是中国人,不是日本人。

　　　　　我-TM⁸-是 主人 中国 不-是 主人 日本

(1093)　N<u>di</u> muChinese,**shili** muJapanese. 我是中国人,不是日本人。

　　　　　我-TM⁸-是 人-中国 不-是 人-日本

(1094)　Tu<u>li</u> bantu basuma.　　　　　　我们是好人。

　　　　　我们-TM⁸-是 人 CM-好的

(1095)　Mu<u>li</u> basambi bandi.　　　　　　你们是我的学生。

　　　　　你们-TM⁸-是 学生 CM-我的

10.2　存 在 句

　　存在句就是表示"在某处有某人/物"或"有某人/物在某处"的句子。

存在句语法上可以分割为"在某处""有""某人/物"三个部分。

第一部分是介宾结构,由介词和名词构成。介词主要有 ku、mu、pa,三者之间存在细微的语义差异。其中,ku 自带一种平行观测或往上看的感觉,画面有动态和静态两种可能;mu 表示"在……里面",是静态的;pa 给人一种从高处往下看的感觉,用来描述说话人可以"统揽""概括"的静态场景。

第二部分是谓语词节,由"一致关系标记＋时态标记＋系动词—ba"共同构成。系动词—ba 是一个表"存在"的动词,在描述当前状态的存在句当中一般采用—li 的形式。一致关系标记为 ku、mu 或 pa,一般与介宾结构"在某处"所使用的介词保持一致。大多数情况下可以对译为汉语的"那里"。

第三部分为"某人/物",名词采用长式。长式名词就是保留前缀的名词。在前接同样以 i 作为尾音的谓语词节时,前缀 i-因为连读可以省略。其他前缀一般不连读,也不省略。

例如:

(1096)　Pa lubansa pali fipuna fibili.　　= Pali fipuna fibili pa lubansa.
　　　　在 院子 那里-TM⁸-有 椅子 CM-二　　　　　　　　　　　　　　　　（鸟瞰式观测）
　　　　院子里有两把椅子。

(1097)　Ku lubansa kuli fipuna fibili.　　= Kuli fipuna fibili ku lubansa.
　　　　在 院子 那里-TM⁸-有 椅子 CM-二　　　　　　　　　　　　　　　　（平行观测）
　　　　院子里有两把椅子。

(1098)　Apo pali nsoka.　　　　= Pali nsoka apo.　　　　这里有蛇。
　　　　在-这里 那里-TM⁸-有 蛇

(1099)　Mu fyani muli nsoka.　　= Muli nsoka mu fyani.　　草丛里有蛇。
　　　　在 草 那里-TM⁸-有 蛇

(1100)　Ku cimuti kuli kolwe.　　= Kuli kolwe ku cimuti.　　树上有猴子。
　　　　在 树 那里-TM⁸-有 猴子

(1101)　Pa kamuti pali utuni tubili.　　= Pali utuni tubili pa kamuti.

在 小树 那里-TM⁸-有 小鸟 CM-二

小树上有两只小鸟。

(1102) Mu kalasi muli abasambi abengi. = Muli abasambi abengi mu kalasi.

在 教室 那里-TM⁸-有 学生 CM-多的

教室里有许多学生。

ku-有发展为存在句通用一致关系标记的趋势。因为无论"在某处"是否出现,也无论"在某处"的"在"具体用哪个介词,—ba 前面几乎都可以添加一致关系标记 ku-。例如:

(1103) **Ku**li basi ileisa. 　　　　　　　　有一辆公交车过来了。

那里-TM⁸-有 公交车 它-TM¹¹-过来 　(有一辆正在过来的公交车。)

(1104) **Ku**li utuni **mu** cimuti. 　　　　　有小鸟在树丛里。

那里-TM⁸-有 小鸟 在……里面 树

(1105) **Ku**li ntanda **mu** mulu. 　　　　　天上有星星。

那里-TM⁸-有 星星 在……里面 天

(1106) **Ku**li insoka **mu** pepi no mumana. 　河流附近有蛇出没。

那里-TM⁸-有 蛇 在……附近 河流

系动词—ba 与不同时态结合时,呈现出—li 和—ba 两种形态。其中,形态-li 仅限于 TM¹(往日过去时)和 TM⁸(今日当前一般时)两种时态,结合结果分别为—ali 和—li。—ba 则出现在所有其他时态当中,以时态 TM⁹(今日当前完成时)、TM¹⁰(今日即将时)、TM¹³(来日将来时)、TM¹⁵(连日一般时)和 TM¹⁶(连日惯常时)为例,结合结果分别为—aliba、—alaba、—kaba、—aba、—laba。例如:

(1107) Kw**ali** utuni mu cimuti. 　　TM¹ 　当时有小鸟在树上。

Ku**li** utuni mu cimuti. 　　　TM⁸ 　看,有小鸟在树上。

Kw**aliba** utuni mu cimuti. 　TM⁹ 　看,已经有小鸟在树上了。

Kw**alaba** utuni mu cimuti. 　TM¹⁰ 马上就会有小鸟在树上的。

Ku**kaba** utuni mu cimuti. 　　TM¹³ 以后会有小鸟出现在树上的。

Kw**aba** utuni mu cimuti. 　　TM¹⁵ 一般都会有小鸟在树上。

Ku**laba** utuni mu cimuti. 　　TM¹⁶ 经常有小鸟出现在树上。

如果要对存在句进行否定,可以在助动词—ba 所在谓语词节的最前方添加否定标记 ta-。例如:

(1108) **Ta**pali ubwafya. 没有问题。

不-那里-TM⁸-有 问题

(1109) **Ta**kuli ulutanda nangu lumo mu mulu. 天上一颗星星都没有。

不-那里-TM⁸-有 星星 哪怕 CM-一 在……里面 天

(1110) **Ta**muli amenshi yakaba mu kicini. 厨房没有热水。

不-那里-TM⁸-有 水 CM-TM⁸-热 在……里面 厨房

比较句分为两类:一是等比句,二是差比句。两者语义成分构成基本一致,区别在于前者表程度之等同,后者表程度之差异。

10.3.1 等比句

如果参比各方同为主语,中间用连词 na(和)连接即可,所在句子与其他陈述句基本无异。例如:

(1111) Imwe **na** ine, tuli bamo bene. 你和我,我们是一样的。

你 和 我 我们-是 CM-一样的

(1112) Iŋanda yandi **ne** ŋanda yobc shikalamba shonse.

房子 CM-我的 和 房子 CM-你的 CM-大的 CM-全部

我的房子和你的房子都大。

如果参比各方存在主语和宾语的差异,大多数情况下只需要在宾语前添加介词 nga 或 pamo na 即可。例如:

(1113) Ali **nga** ine. 他和我一样。

他-TM⁸-是 和……一样 我

(1114)　Ali mutali **nga** / **pamo na** ine.　　　他和我一样高。
　　　　他-TM⁸-是 CM-高 和……一样 我

(1115)　Umuti uyu walepa **nga** / **pamo na** ulya. 这棵树和那棵树一样高。
　　　　树 这 它-TM⁸-高 和……一样 那

如果要对等比状态进行否定，可以通过在谓语或表语上添加否定标记来实现。动词谓语的否定标记有-shi-和 ta-两个。主语为第一人称单数时用-shi-，其他情况下用 ta-。形容词表语的否定标记只能是 te。例如：

(1116)　**Ta**ali nga ine.　　　　　　　他和我不一样。
　　　　不-他-TM¹-是 和……一样 我

(1117)　Umuti uyu **ta**walepa nga ulya.　这棵树没有那棵树高。
　　　　树 这 不-它-TM⁸-高 和……一样 那

(1118)　Imwe na ine，**ta**tuli bamo bene.　你和我，我们是不一样的。
　　　　你 和 我 不-我们-TM⁸-是 CM-一样的

(1119)　Iŋanda yandi ne ŋanda yobe **te** shikalamba shonse.
　　　　房子 CM-我的 和 房子 CM-你的 不 CM-大的 CM-全部
　　　　我的房子和你的房子都不大。

10.3.2　差比句

差比句的比较对象和被比较对象之间通常有主语和宾语的区别。

差比句的谓语动词可以是—cila，意思是"超出"。比较对象通常采用宾格人称代词形式，置于紧贴—cila 的左侧位置。例如：

(1120)　Betty alin**cila** ubutali.　　　　贝蒂比我高。
　　　　贝蒂 她-TM⁹-我-超出 高度

(1121)　Betty an**cili**leko imyaka ibili iya kufyalwa. 贝蒂比我大两岁。①
　　　　贝蒂 她-TM¹-我-超出 过去形-来着 岁 CM-二 CM-的 动名词 出生
　　　　　　　　　　　　　　　　　　　　　　　　　　　　　　-cila/-cilile

谓语也可以是—cila 之外的动词或者表语形容词。

---

① imyaka 有"年"和"岁"两个意思，在后面添加略显累赘的定语 iya kufyalwa 有助于将其语义锁定为"岁"。

例如：

(1122) Ulukasu ulu lukulupo **ukucila pali**/**ukucila**/**pali** ulya.
锄头 这 CM-大的-来着　　　比　　　　　　那
那这把锄头比那把大。

(1123) Umunandi alepa **ukucila pa**/**ukucila**/**pa** munonko.
我朋友 他-TM⁸-高　　　比　　　　　你兄弟
我朋友比你兄弟高。

(1124) Ishina ilisuma lyawama **ukucila** amafuta ayasuma.
名声 CM-好的 它-TM⁸-好 比 油 CM-好的
好名声好过好膏油。①

(1125) Ine nshili musuma **ukucila** ifikolwe fyandi.
我 我-不-TM⁸-是 CM-好的 比 前辈 CM-我的
我没有自己的前辈那么优秀。

当比较对象为第一、第二人称名词以及第三人称 Aba 组名词时，既可以同时使用名词及其人称代词形式，也可以在两种形式当中"二选其一"。其中，人称代词必须采用宾格形式，并将其置于 uku- 和 -cila 的中间位置。例如：

(1126) Ndi mutali uku***ku***cila.　　　　　我比你高。
Ndi mutali ukucila ***iwe***.
Ndi mutali uku***ku***cila ***iwe***.
我-是 CM-高的 ᵈᵒⁿᵍᵐⁱⁿᵍᶜⁱ你-比（你）

(1127) Abantu tabakwata icibusa uku***mu***cila. 没有人比他更友好了。
Abantu tabakwata icibusa ukucila ***ena***.
Abantu tabakwata icibusa uku***mu***cila ***ena***.
人们 不-他们-TM⁹-有 友好 ᵈᵒⁿᵍᵐⁱⁿᵍᶜⁱ他-比（他）

---

① 这是一句格言，源自《圣经》第 21 章第 7 节第 1 句。

10.4 被动句

被动句是表示主语与谓语之间存在被动关系的句子。被动句通过将行为的受事者升格为主语、谓语词节当中的动词形态由原形变更为被动式来呈现。

相比于英语而言，本巴语被动句的使用频率偏低。施事者为人称代词或第一、第二人称名词时，一般都使用主动句而不是被动句。例如：

(1128)　Balefwaya ukumw**ipaya**!　　　　　他们想要杀他。

　　　　他们-TM[11]-想要 动名词他-杀

(1129)　Eo wine tulefwaya uku**ipaya**.　　　我们想要杀的人就是他。

　　　　是-他 CM-真的 我们-TM[11]-想要 动名词杀

大多数情况下，被动句强调的是一种结果。例如：

(1130)　A**ipaiwe**.　　　　　　　　　　　他被杀掉了。

　　　　他-TM[1]-杀-被过去形　　　　　　　　-ipaya/-ipaiwa/-ipaiwe

(1131)　Aly**uminwe** (a-ali-uminwe).　　　他挨打了。

　　　　他-TM[3]-打-被过去形　　　　　　　　-uma/-umwa/-uminwe

被动句可以通过介词 na/ku/kuli 来引出施事者。第④组名词，即以 ba-/ø-作为词头的名词前面只能用介词 kuli，其他名词前面用 na 或 ku 均可。例如：

(1132)　Akoni nake**katwa** (na-ka-ikatwa).　你看,小鸟被抓住了。

　　　　小鸟 TM[7]-它-抓-被　　　　　　　　-ikata/-ikatwa

(1133)　Ici caishibikwe **kuli** bonse.　　　这件事已经为众人所知了。

　　　　这 它-TM[1]-知道-被过去形被 大家　-ishiba/-ishibikwa/-ishibikwe

(1134)　Ninsumwa **ne** mbwa.　　　　　　哎呀,我被狗给咬了。

　　　　TM[7]-我-咬-被被 狗　　　　　　　　-suma/-sumwa

(1135)　Auminwe **kuli** wishi.　　　　　他被他父亲打了一顿。

　　　　他-TM[1]-打-被过去形被 他父亲

(1136)　　Balipaiwe **ku** balwani babo.　　　　他们被敌人给杀害了。
　　　　　他们-TM¹-杀-被 过去形　被 敌人 CM-他们的

(1137)　　Balamonwa **ku** bantu bekala nabo.　　他们总是受到四邻的关注。
　　　　　他们-TM¹⁶-关注-被 被　人 RP¹/CM-TM¹⁵-住 和-他们
　　　　　　　　　　　　　　　　　　　　　　　-mona/-monwa

被动句带给人一种书面语的感觉。例如：

(1138)　　Ubupiina buka**fumishiwa**po.　　　　贫困终将被消除。
　　　　　贫困　它-TM¹³-消除-被-来着　　　　-fumya/-fumishiwa

(1139)　　Amalwele ya lwambu yali no ku**cimfiwa**.　传染病终将被战胜。
　　　　　疾病　CM-的 传染 它-将 战胜-被　　-cimfya/-cimfiwa

(1140)　　Ubulwele bu**letwa na** kashishi.　　疾病是由细菌引起的。
　　　　　疾病　它-TM¹⁵-导致-被 被　细菌　　-leta/-letwa

(1141)　　Aya amashiwi ya**lembelwe na** Davidi.　这段话是戴维写的。
　　　　　这些 话 它们-TM¹-写-被 过去形　被 戴维
　　　　　　　　　　　　　　　　　　　　　-lemba/-lembwa/-lembelwe

(1142)　　Abana abengi bale**paiwa** (ba-la-ipaiwa) cila mwaka.
　　　　　儿童 CM-许多的 他们-TM¹⁶-杀-被　每　年　　-ipaya/-ipaiwa
　　　　　每年都有许多儿童遭受屠杀。

有些被动句需要翻译成主动句才符合汉语的表达习惯。例如：

(1143)　　Tu**sambilishiwa kuli** bakafundisha ukutemwana.
　　　　　我们-教导-被 被　老师 动名词 相亲相爱　-sambilisha/-sambilishiwa
　　　　　老师教导我们要相亲相爱。

(1144)　　Bushe mulafwaya uku**temwikwa**?　　您希望有人爱你吗？
　　　　　请问 您-TM¹⁶-希望 动名词 爱-被　　　-temwa/-temwikwa

有两个在汉语当中看似主动的概念在本巴语当中必须用动词的被动形式来表达。其一是"出生"，必须采用—fyalila（生下）的被动形式—fyalilwa；其二是"（因为亲人的死亡而）失去"，必须采用—fwila（死去）的被动形式—fwilwa。例如：

(1145)　　Na**fyalilwe** mwi tauni ilinono mu 1982.

我-TM¹-出生-被 过去形 在 城镇 CM-小的 在 1982

我1982年出生于一个小镇。　　　　　　-fyalila/-fyalilwa/-fyalilwe

(1146) Bonse babili bali**fwililwe** abalume.　　她们两个都死了男人。

全部 两人 她们-TM³-死去-被 过去形 男人 -fwila/-fwilwa/-fwililwe

本巴语的"结婚"概念也男女有别。男性的"娶"用动词——upa，女性的"嫁"用——upa的被动形式——upwa，后接出嫁对象时必须添加介词 ku 或 kuli。例如：

(1147) Bushe nani alefwaya uk**upwa kuli** ine?　　谁会愿意嫁给我呢？

请问 谁 她-TM¹¹-愿意 动名词娶-被被 我　　　　　　-upa/-upwa

(1148) Mulandu nshi tulefwaila uku**upa** nelyo uku**upwa**?

原因 什么 我们-TM¹¹-需要-为 动名词娶 或 动名词嫁 -fwaya/-fwaila

我们为什么要娶媳妇或者嫁人呢？

在英语、汉语和本巴语当中，英语被动句的使用频率较高，汉语较低，本巴语介于英语和汉语之间，但整体上也是偏低的。

10.5 感叹句

感叹句是指用来表示快乐、惊讶、悲伤、厌恶、恐惧等浓厚情感的句子。

根据感叹标记的异同，感叹句大致可以分为八大类，即 ø 感叹句、Ala 感叹句、Eya 感叹句、Iye 感叹句、Kwena 感叹句、Mwandi 感叹句、Yangu 感叹句以及复合感叹句。

10.5.1 ø 感叹句

ø 表示无，也叫零标记。零标记感叹句就是没有任何词汇层面的感叹标记，仅仅在语境的烘托下，通过语气来传递感叹情绪的句子。

(1149) Uli mwanakashi uwayemba.

你-TM⁸-是 姑娘 CM-TM⁸-美丽

你真是一位美丽的姑娘!

(1150) Davidi alemoneka bwino sana. 戴维看起来真不错!
戴维 他-TM[11]-看起来 好 非常

(1151) Ishi nkonde shalilowa! 这些香蕉好甜啊!
这些 香蕉 它们-TM[p]-甜

(1152) Nalyumfwile bwino sana! 我当时觉得好开心啊!
我-TM[3]-觉得[过去形] 好 非常   -umfwa/-umfwile

10.5.2 Ala 感叹句

Ala 表示"惊叹"或"警示"。

(1153) **Ala** nalyumfwile umwenso!
哎呀 我-TM[3]-觉得[过去形] 恐惧
哎呀,我当时真的很害怕。

(1154) **Ala** nalipapile ilyo asumiine!
哎呀 我-TM[3]-吃惊[过去形] 当 他-TM[1]-答应[过去形]
他答应的时候,我真的很吃惊。   -papa/-papile; -sumiina/-sumiine

(1155) **Ala** mulesakamana. 您真的要小心哦!
哎呀 您-TM[11]-小心

(1156) **Ala** ndomfwa (n-la-umfwa) bwino! 我真的感觉很好哦!
哎呀 我-TM[16]-感觉 好

(1157) **Ala** nalefwaisha ukuba nga iwe! 我真的想和你一样哦!
哎呀 我-TM[2]-想-很 [动名词]是 和……一样 你   -fwaya/-fwaisha

10.5.3 Eya 感叹句

Eya 表示"认同"或"喜悦"。

(1158) **Eya**, mukwai! 是的,先生!
是 先生

(1159) **Eya**, mwabombeni! 哇,干得不错!

哇 您-TM⁸-干活 ᵂᵀᵐ形   -bomba/-bombeni

(1160) **Eya**, cawama!   哇,太好了!
哇 它-TM⁸-好

(1161) **Eya**, naishiba!   好了,我明白了。
嗯 我-TM⁸-明白

10.5.4 Iye 感叹句

Iye 一般用来表示"恐惧""伤痛""祈求"。

(1162) **Iye**, iye.   哎呀!糟了!完了!
哎呀

(1163) **Iye** awe! Tekuti cibe!
哎呀 不 不可能 它-是ᵛⁱʳᵗᵘᵃˡ   -ba/-be
哎呀!不!不可能会这样!

(1164) **Iye**, ne muntu wa nkumbabulili ne!   哎呀!我真的好可怜!
哎呀 我 人 CM-的 可怜 我

(1165) **Iye**, Lesa wandi, mbeleleni uluse!
哎呀 老天爷 CM-我的 我-赐予ᵂᵀᵐ形 仁慈   -belela/-beleleni
哎呀!我的天啦!饶了我吧!

10.5.5 Kwena 感叹句

(1166) **Kwena** iyo!
真的 不是
真的不是啦!当然不是啊!

(1167) **Kwena** cilafya (ci-la-afya) ukucita ifi. 真的,做这些不容易!
真的 它-TM¹⁶-难   动名词 做 这些

(1168) **Kwena**, ubwikalo bwalyafishe.
真的 生活 它-TM³-难ᵖᵃˢᵗ形   -afya/-afishe
真的,当年的生活非常艰辛!

(1169) Ici **kwena** cali icabipa.   这真的是太糟糕了!

这 真的 它-TM¹-是 CM-TM⁸-糟糕

10.5.6 Mwandi 感叹句

Mwandi 表示"惊叹""喜悦"或"赞美"。

(1170) **Mwandi** uko kwali kwaluka kukalamba kuli ine!
哎呀 那 它-CM¹-是 改变 CM-大的 对于 我
那对我而言真的是一次巨大的改变!

(1171) **Mwandi** ico kuti caba cilubo!
哎呀 那 可能 它-TM¹⁵-是 错误
哎呀,那有可能是一次错误。

(1172) **Mwandi** cali buseko ukumona Alice!
哎呀 它-CM¹-是 开心 动名词看到 爱丽丝
哎呀,看到爱丽丝我真是太开心了。

(1173) **Mwandi** aba ni Cibusa wa cine!
哎呀 他-TM¹⁵-是 是 朋友 CM-的 真正
他的确是一位真正的朋友!

(1174) **Mwandi** lishiwi ilyawamisha!
哎呀 是-话语 CM-TM⁸-好-很   -wama/-wamisha
哎呀,这句话说得太好了!

(1175) **Mwandi** ubu busomboshi busuma!
哎呀 这 丰收 CM-大的
哎呀,这真是大丰收啊!

Mwandi 添加后缀-ini 后变成 Mwandini,给人更有礼貌的感觉。

(1176) **Mwandini** ikaba ni nshita yaibela iya kubombela abantu.
哎呀 它-TM¹³-是 是 时机 CM-TM⁸-不一样 CM-的 动名词服务-于 人们
哎呀,这真是一次特殊的为人民服务的好机会!

-bomba/-bombela

10.5.7 Yangu 感叹句

Yangu 多数情况下表示"惊叹""痛苦"。

(1177) **Yangu**, ne mulanda wine wine. 天啦,我是真正的可怜人!
　　　　天啦　我 可怜人 CM-真正的

(1178) **Yangu**, impanga imo yaluba. 天啦,有一只羊走丢了。
　　　　天啦　绵羊 CM-一 它-TM^8-迷路

(1179) **Yangu**, iŋombe shibili shafwa. 天啦,两头牛死了。
　　　　天啦　牛　CM-二　它们-TM^8-死

但是,有时候也表示"感慨"。

(1180) **Yangu**, uli mwaume wa cishinka! 哎呀,你是个真正的男人!
　　　　天啦 你-TM^8-是 男人 CM-的 真正

10.5.8　复合感叹句

同时出现两个相同或不同感叹标记的感叹句叫做复合感叹句。
"we＋名词＋we"是其中比较常见的一种。例如:

(1181) 　**We** shuko **we**! 哇,真的很荣幸!
　　　　We bulanda **we**! 哇,真的好可怜啊!
　　　　We bupusano **we**! 哇,真是天壤之别!
　　　　We buwelewele **we**! 哇,真是太愚蠢了!

其中,置于句尾的 we 可以省略,不影响表达效果。

(1182) 　**We** nabwinga wandi. 啊,真是我的新娘!
　　　　We nkashi yandi! 啊,真是我的姐妹!
　　　　We bulayo ubusuma! 啊,真是一份美好的承诺!
　　　　We cakumwenako cawama! 啊,真是好榜样!

we 前面还可以添加其他感叹标记。例如:

(1183) **Yangu**, **we** Calo ca Mutende. 哎呀,真是一个和平的世界!
　　　　哎呀　　世界 CM-的 和平

(1184) **Iye**, **we** mwana wandi! 哎呀,我的孩子呀!
　　　　哎呀　孩子 CM-我的

(1185) **Eya**, **we** musambi musuma! 哇色,真是不错的学生!
　　　　哇 天啦 学生 CM-好的

除了 we 之外，其他感叹标记也有同现的可能。例如：

(1186) **Ala kwena** waliyemba!　　　　哎呀，天啦，你真美！
哎呀 天啦 你-TM^9-美丽

(1187) **Ala mwandini** cilawama ukwafwa abantu!
哎呀　天啦　它-TM^{16}-好^{动名词}帮助 人们
哎呀，帮助他人真的很好！

(1188) **Iye，ala** ndakabila indalama sana.　　天啦，我真的很需要钱。
哎呀 天啦 我-TM^{16}-需要 钱 非常

(1189) **Yangu ifyo** kwawama ukwisa kwa bantu abaimba ifishima!
啊　多么　好　到来 CM-的 人 RP^1/CM-TM^8-挖 井
啊，太好了！打井的人来了！

10.6　疑　问　句

　　从形式上来看，疑问句是向对方提出疑问，要求做出适当应答的句子。但是，就语用功能而言，疑问句除了引发对于未知信息的关注、思索、解答之外，还可以发挥搭讪、问候、激励、批评等情感交流的作用。

　　根据实义疑问词的存在与否，我们把疑问句分为选择疑问句和特殊疑问句两大类。其中，选择疑问句是指没有实义疑问词，仅仅希冀应答者能够从包括"是"与"不是"等在内的多个备选答案当中做出某种选择的疑问句；特殊疑问句则是指有实义疑问词，希冀应答者对实义疑问词做出针对性答复的疑问句。

　　本巴语有三个常用的疑问标记 Bushe、ka、te。其中，Bushe 置于句首，适用于所有疑问句；ka 或 te 置于句尾，仅适用于积极选择疑问句和消极选择疑问句；Bushe 和 ka/te 有可能同时出现在同一个句子当中。

10.6.1　选择疑问句

　　选择疑问句可以细分为积极选择疑问句、消极选择疑问句以及中立选择疑问句。

10.6.1.1 积极选择疑问句

以肯定句(姑且把"肯定"看作是提问者态度上的一种"积极"倾向)作为基础,赋予其疑问的语气以及可能的疑问标记 Bushe、ka、te,希冀应答者在默认的 Ee/Eya(是)与 Awe/Iyo(不是)当中做出选择的疑问句,我们称之为积极选择疑问句。例如:

(1190) ——Muli fye bwino?　　　　　——您还好吧?
　　　　您-TM^8-是 还 好

　　　——**Ee**, ndi fye bwino.　 Nga iwe?　——是的,我还好!你呢?
　　　　是 我-TM^8-是 还 好　那么 你

　　　——Na ine, ndi fye bwino. Natotela.　——我也还好。谢谢!
　　　　也 我 我-TM^8-是 还 好 谢谢

(1191) ——Bali fye bwino, bonse ku ŋanda?　——家里人都还好吗?
　　　　他们-TM^8-是 还 好 所有人 在 家

　　　——**Ee**, bali fye bwino. Natotela.
　　　　是 他们-TM^8-是 还 好 谢谢
　　　——是的,他们都还好。谢谢!

　　　——Te bwino, mukwai.　　　　——不大好。
　　　　不　好 先生/女士

(1192) ——Walyupa, **ka**? / ——Walyupwa, **ka**?
　　　　你-TM^9-娶 吗(对男士)　你-TM^9-嫁 吗(对女士)
　　　——你结婚了吗?

　　　——**Ee**, nalyupa. / ——**Ee**, nalyupwa.
　　　　是 我-TM^9-娶(男士)　　是 我-TM^9-嫁(女士)
　　　——是的,我结婚了。

　　　——**Awe**, shilaupa. / ——**Awe**, shilaupwa.
　　　　不 不-还-娶(男士)　　　不 不-还-嫁(女士)
　　　——不,我还没结婚。

(1193) ——Naupyanga panshi?　　　　——我说,你扫地了吗?

TM⁷-你-扫 地面

——**Ee**, nimpyanga. / ——**Awe**, shilapyanga.

是 TM⁷-我-扫　　不 不-还-扫

——是的，扫了。/——不，还没扫。

(1194) ——Bushe walaya na ifwe, **te**?

请问 你-TM¹⁰-去 和 我们 对吗

——你待会儿跟我们一起去，对吧？

——**Eya**, mukwai. / ——**Awe**, mukwai.

是 先生/女士　　不是 先生/女士

——是的。/——不是的。

(1195) ——**Bushe** batata baleisa ku ŋanda lelo?　　——爸爸今天会回家吗？

请问 爸爸 他-TM¹¹-来 到 家 今天

——**Ee**, baleisa. Wisakamana.

是 他-TM¹¹-来 你-别-担心

——是的，会回来。别担心！

——**Awe**, tabese（ta-ba-ise）.　　　　　　——不，不会回来。

不 不-他-TM¹¹-回来虚拟形　　　　　　　　　　-isa/-ise

(1196) ——**Bushe** muli amenshi?　　　——里面有水吗？

请问 里面-TM⁸-有 水

——**Ee**, emo yali. / ——**Awe**, tamuli.

是 是-里面 它-TM⁸-有　不 不-里面-TM⁸-有

——是的，有。/——不，没有。

(1197) ——**Bushe** babosi epo bali?　　——老板在不在？

请问 老板 是-这里 他-TM⁸-在

——**Ee**, epo bali.　　　　　　——是的，他在。

是 是-这里 他-TM⁸-在

——**Awe**, tabalipo. Balabwela ili line.

不 不-他-TM⁸-在-这里 他-TM¹⁰-回来 马上

——不，不在。他马上就来。

10.6.1.2 消极选择疑问句

以否定句(姑且把"否定"看作是提问者态度上的一种"消极"倾向)作为基础,赋予其疑问的语气以及可能的疑问标记 Bushe、ka、te,希冀应答者在默认的 Ee/Eya(是)与 Awe/Iyo(不是)当中做出选择的疑问句,我们称之为消极选择疑问句。

本巴语消极选择疑问句的答复方式与汉语基本相同。以"你还没结婚吧?"为例,肯定回答是"是的,我还没结婚",否定回答是"不,我结婚了"。例如:

(1198) ——Taulaupa, **te**?　　　　　　——你还没娶媳妇吧?
　　　　　不-你-TM^{16}-娶 吧

　　　　　——**Ee**, shilaupa.　　　　　　——是的,还没娶。
　　　　　　是 不-TM^{16}-娶

　　　　　——**Awe**, nalyupa. / ningupa (na-n-upa).
　　　　　　不 我-TM^9-娶 / TM^7-我-娶
　　　　　——不,早就娶了。/刚娶。

(1199) ——Taulaipekanya, **ka**?　　　　——你还没有准备好吧?
　　　　　不-你-TM^{16}-准备好 吧

　　　　　——**Ee**, shilaipekanya.　　　　——是的,还没准备好。
　　　　　　是　不-TM^{16}-准备好

　　　　　——**Awe**, ninjipekanya (na-n-ipekanya).
　　　　　　不　TM^7-我-准备好
　　　　　——不,我刚准备好了。

(1200) ——Tawacitemwa (ta-u-a-ci-temwa) icisungu, **ka**?
　　　　　不-你-TM^9-它-喜欢　　　　英语　吧
　　　　　——你不喜欢英语吧?

　　　　　——**Ee**, shacitemwa.　　　　　——是的,我不喜欢。
　　　　　　是 不-TM^9-它-喜欢

　　　　　——**Awe**, nalicitemwa.　　　　——不,我一直喜欢。
　　　　　　不　我-TM^9-它-喜欢

(1201) ——**Bushe** taise (ta-a-ise)?　　　——他不会来吧?

请问 不-他-TM¹⁰-来 虚拟形   -isa/-ise

——**Ee**, taise.   ——是的，不会来。

是 不-他-TM¹⁰-来 虚拟形

——**Awe**, alaisa.   ——不，很快就会来。

不 他-TM¹⁰-来

10.6.1.3 中立选择疑问句

自带两个或两个以上并列选项（姑且把同时列出多个选项看作是提问者态度上的一种"中立"倾向），希冀应答者从中做出选择的疑问句，我们称之为中立选择疑问句。

中立选择疑问句的并列选项之间一般用介词 nangu 隔开。句首可以添加通用疑问标记 Bushe，但句尾一般不能添加疑问标记 ka/te。例如：

(1202) ——Bushe watemwa inkonde **nangu** amalubeni?

请问 你-TM⁸-喜欢 香蕉 还是 桑果

——你喜欢香蕉还是桑果？

——Inkonde.   ——香蕉。

香蕉

(1203) ——Bushe ulefwaya ukuya ku China **nangu** ku Britain?

请问 你-TM¹¹-想 动名词 去 往 中国 还是 往 英国

——你想去中国还是英国？

——China.   ——中国。

中国

(1204) ——Uli ne myaka 18 **nangu** 19?

你-TM⁸-有 年龄 18 还是 19

——你是18岁还是19岁？

——(Ndi ne myaka) 18.   ——（我是）18岁。

我-TM⁸-有 年龄 18

肯定选择疑问句可以通过添加 nangu awe 转变成中立选择疑问句。例如：

(1205) ——Kuti wakwela icimuti, **nangu awe**? ——你会爬树还是不会？

能 你-TM⁸-爬 树 还是 不

　　　　　——Ee, kuti nakwela.　　——Awe, teti nkwele.
　　　　　　是　能　我-TM⁸-爬　　　不　不能　我-爬虚拟形 -kwela/-kwele
　　　　　——是的，我会爬。——不，我不会。

（1206）——Kuti walanda icisungu, **nangu awe**?
　　　　　　能　你-TM⁸-讲 英语 还是 不
　　　　　——你会讲英语，对不对？

　　　　　——Ee, kuti nalanda.　　——Awe, teti ndande.
　　　　　　是 能 我-TM⁸-讲　　　不 不能 我-讲虚拟形 -landa/-lande
　　　　　——是的，我会。——不，我不会。

（1207）——Ulefwaya ukupwa kuli ine, **nangu awe**?
　　　　　　你-TM¹¹-想要 动名词嫁 给 我 还是 不
　　　　　——你想嫁给我还是不想？

　　　　　——Ee, ndefwaya.　　——Awe, shilefwaya.
　　　　　　是 我-TM¹¹-想　　　不 不-TM¹¹-想
　　　　　——是，我想。——不，我不想。

10.6.2　特殊疑问句

特殊疑问句就是包含实义疑问词的疑问句。

特殊疑问句可以根据所包含实义疑问词的异同进行分类和命名。

10.6.2.1　banani/nani

疑问词 banani/nani 形态上属于名词范畴，有复单数之分；语义上相当于汉语的"谁；哪位"；功能上可以对"人"以及"人名"进行提问。有时候也读作 bani/ani。

（1208）Bushe **nani** alefwaya ukupwa (uku-upwa) kuli ine?
　　　　请问　谁　她-TM¹¹-想要 动名词嫁 给 我
　　　　谁愿意嫁给我？

（1209）Bushe **nani** alefwaya ukungupa (uku-n-upa)? Ukangupa?
　　　　请问 谁 他-TM¹¹-想要 动名词我-娶 你-TM¹³-我-娶
　　　　谁愿意娶我？你会娶我吗？

(1210)　Incinga iyi ya **banani**?　　　　这辆自行车是谁的？
　　　　自行车 CM-这 CM-的 谁

(1211)　Icitabo ici ca **banani**?　　　　这本书是谁的？
　　　　书　CM-这 CM-的 谁

banani/nani 前面可以添加判断标记 ni-，成为全句的焦点。例如：

(1212)　**Ninani** wacitoba imbale?　　　　是谁打碎了盘子？
　　　　是-谁 他-TM6-打碎 盘子

(1213)　**Ninani** wingangafwilishako?　　　　谁能够帮助我？
　　　　是-谁 他-能够-我-帮助-来着

(1214)　**Nibanani** watemwapo sana pali batata nangu bamayo?
　　　　是-谁 你-TM8-喜欢-来着 很 对 你父亲 还是 你母亲
　　　　你更喜欢谁，你爸还是你妈？

(1215)　Bakafundisha **nibanani**?　　　　老师是哪位？
　　　　老师　是-哪位

banani/nani 可用于询问对方的姓名。

(1216)　——Ishina lyenu nimwe **banani**?　　——您叫什么名字？
　　　　名字 CM-您的 是-您 谁　　　　　（敬体）
　　　　——Ishina lyobe niwebo **nani**?　　——你叫什么名字？
　　　　名字 CM-你的 是-你 谁　　　　　（普通体）
　　　　——Ishina lyandi nine Tom.　　　　——我叫汤姆。
　　　　名字 CM-我的 是-我 汤姆

10.6.2.2　inshi

疑问名词 inshi 在句中作宾语，语义上相当于汉语的"什么"，常省略前缀 i-。例如：

(1217)　Baleefwaya (**i**)**nshi**?　　　　他想要什么？
　　　　他-TM11-想要 什么

(1218)　Iwe watemwa ukunwa (**i**)**nshi**?　　你想要喝点什么？
　　　　你 你-TM8-希望 动名词 喝 什么

inshi 可以和判断标记 ni-连用构成 ninshi，带强调的韵味，常常前移至句首。

(1219) **Ninshi** iyi? 这是什么?
　　　　是-什么 这

(1220) **Ninshi** yacitika? 发生什么事了?
　　　　是-什么 它-TM⁸-发生

(1221) Inambala yenu **ninshi**? 您的电话号码是多少?
　　　　电话号码 CM-您的 是-什么

如果独立成句,ninshi 表示"怎么了? 怎么回事?"。例如:

(1222) ——**Ninshi**? ——Tapali. ——怎么了? ——没事。
　　　　怎么了 没什么

ninshi 置于句首且后接谓语动词而动式时,表达"为什么"的概念。例如:

(1223) **Ninshi** ucelelwa lyonse? 你为什么总是迟到?
　　　　是-什么 你-TM¹⁵-迟到-为 总是　　　-celwa/-celelwa

(1224) **Ninshi** wacicelelwa leelo? 你今天为什么迟到?
　　　　是-什么 你-TM⁶-迟到-为 今天

(1225) **Ninshi** wamutemenwa? 你为什么喜欢她?
　　　　是-什么 你-TM⁸-她-喜欢-为　　　-temwa/-temenwa

inshi 添加前缀组合 fi-/ci- 之后生成疑问名词 finshi/cinshi,相当于汉语的"什么""什么事情""什么东西"。例如:

(1226) **Cinshi** ici? 这是什么?
　　　　什么东西 这

(1227) **Cinshi** wingacita? 你能做什么事情?
　　　　什么事 你-能-做

inshi 去除前缀 i- 之后变成非典型形容词 nshi。

nshi 紧随所修饰的名词(该名词只能用短式),与之构成疑问短语。例如:

(1228) Bushiku **nshi** lelo? 今天几号?
　　　　日子 什么 今天

(1229) Fintu **nshi** mwacilafwaya? 您想要什么东西呢?
　　　　东西 什么 您-TM⁵-想要

(1230) Bantu **nshi** mukasala ukuba ifibusa?
人　什么　你们-TM^{13}-选择 ^{动名词}成为　朋友
你们会选择什么人做好朋友？

(1231) Musalu **nshi** mukwete?　　　　　你们有哪些蔬菜？
蔬菜 什么 你们-TM^4-有^{过去形}　　　　　-kwata/-kwete

(1232) Mafya **nshi** ukwete?　　　　　你遇到什么困难了吗？
困难 什么 你-TM^4-有^{过去形}

(1233) Masambililo **nshi** mwacisambilila lelo?　你们今天学了哪些课程？
课程　　什么　　你们-TM^6-学习 今天

(1234) Nshita **nshi** twalaya?　　　　　我们什么时候出发？
时间　什么　我们-TM^{10}-出发

(1235) Uli mu mwaka **nshi**?　　　　　你读几年级？
你-TM^8-是 在 年级 什么

疑问短语前可以添加判断标记 ni-，有强调的韵味。例如：

(1236) Ninshita **nshi**?　　　　　现在几点？
是-时间 什么

(1237) Nilulimi **nshi** balanda?　　　　他们讲什么语言？
是-语言 什么 他们-TM^8-讲

(1238) Ninsoka **nshi** umwene?　　　　你看到的是什么样的蛇？
是-蛇 什么 你-TM^4-看到^{过去形}　　　　-mona/-mwene

(1239) Nimulandu **nshi** upangile?　　　你惹出什么麻烦了？
是-麻烦 什么 你-TM^4-制造^{过去形}　　　-panga/-pangile

(1240) Ninshila **nshi** akampani kesu kengamwafwilishishamo?
是-方式 什么 公司 CM-我们的 它-能-您-帮-以-来着
我们公司能为您做点什么呢？（我们公司能够以什么方式帮到您?）

10.6.2.3　---isa

疑问词---isa 语义上相当于汉语的"哪个"或"哪些"，用于表选择的特殊疑问句。

---isa 形态上属于形容词范畴，语法槽位置必须添加与中心名词词头相对应的短式一致关系标记,生成表47已然形。

表47 疑问形容词---isa 已然形汇总表

名词组合序号		③	④	⑤			⑥	⑦	⑧	⑨
形容词 ---isa	复数	/		yesa			fiisa	iisa	shiisa	twisa
	单数	/		liisa	bwisa	kwisa	ciisa	wisa	lwisa	kesa

以下为---isa 的已然形实例:

(1241)　Iliino **liisa**?　　　　　　　哪颗牙齿?
　　　　牙齿 CM-哪一

(1242)　Insapato **shiisa**?　　　　　哪一双鞋?
　　　　鞋子 CM-哪些

(1243)　**Ni**fiisa pali ifi ifitabo?　　是这些书当中的哪些?
　　　　是-CM-哪些 在……当中 这些 书籍

(1244)　——Ndefwaya ukushita ilaya.　——我想买一件上衣。
　　　　我-TM[11]-想要 动名买 上衣
　　　　——**liisa**?　　　　　　　　——哪一件?
　　　　CM-哪一

(1245)　——Mpelako icitabo ica cisungu apo!　——请给我拿那本英文书!
　　　　我-给-来着 书 CM-的 英语 那里
　　　　——**Cisa**?　　　　　　　　——哪一本?
　　　　CM-哪一

(1246)　——Mpelako icampepo!　　——请给我拿一件毛衣!
　　　　我-给-来着 毛衣
　　　　——**Cisa**? Ici?　　　　　——哪一件? 这件吗?
　　　　CM-哪一 这一

(1247)　——Mpelako ulukasu!　　　——请给我锄头!
　　　　我-给-来着 锄头
　　　　——**Lwisa**? Ulo?　　　　——哪一把? 那把吗?
　　　　CM-哪一 那一

(1248)　——Amabasi yaleisa.　　　——公交车来了。

公交　它-TM[11]-来

——**Yesa**?　　　　　　　　——几路？

CM-哪一

(1249) ——Utwana twalaisa lelo.　　——今天孩子们会过来。

孩子们　他们-TM[10]-来　今天

——**Twisa**?　　　　　　　——哪些孩子？

CM-哪些

(1250) ——Ni**shiisa** shilila ati muu, ni**shiisa** ishibosa?

是-CM-哪个　它-TM[15]-叫　道　哞哞　是-CM-哪个　它-TM[15]-吠

——哪个哞哞叫？哪个汪汪叫？

——Iŋombe ne mbwa.　　　　　——牛和狗。

牛　　和　　狗

---isa 可以和表时间的前缀 li-连用，生成疑问副词 liisa，表示"在什么时候"。例如：

(1251) ——Ukesa(u-ka-isa) **liisa**?　　——你什么时候过来？

你-TM[13]-来　何时

——Mailo.　　　　　　　　　——明天。

(1252) Amashindano yakafuma **liisa**?　考试成绩什么时候出来？

考试　它-TM[13]-出结果　何时

疑问副词 liisa 同 iliino liisa、ilaya liisa 等中定结构当中充当定语的 liisa 有着完全相同的形态，需要根据上下文做出区分和判断。

---isa 还可以和表地点的前缀 ku-、pa-、mu-连用，生成疑问副词 kwisa、pesa 和 mwisa，表示"在哪里""往哪里"等。kwisa、pesa、mwisa 可以缩略为 kwi、pe 和 mwi。例如：

(1253) Wafuma **kwi**?　　　　　　你从哪里来？

你-TM[8]-来　自-哪里

(1254) Mwikala **kwisa**?　　　　　您住哪里？

您 TM[15]-住　在-哪里

(1255) Kuti naikilila **pesa**?　　　我可以在什么地方下车呢？

能 我-TM⁸-下车 在-哪里

(1256) Ubukali buli **pe**? Sonteni apalekalipa.　　哪里痛？请指给我看一下。
　　　　疼痛 它-TM⁸-是 在-哪里 指出 敬祈形 位置-TM¹¹-痛　　-sonta/-sonteni

(1257) Wacifisama **mwisa**?　　　　　　你刚才躲在什么里面？
　　　　你-TM⁶-躲藏 在-哪里

(1258) Bushe calola **mwi** ukubombela abantu?　为人民服务意味着什么？
　　　　请问 它-TM⁸-指 向-哪里 动名词 服务-于 人们　　-bomba/-bombela

所有疑问副词前都可以添加判断标记 ni-，成为全句的焦点。例如：

(1259) **Ni**liisa umunobe akesa（a-ka-isa）ku China?
　　　　是-何时 你朋友 他-TM¹³-来 到 中国
　　　　你朋友什么时候到中国来？

(1260) Bushe **nikwisa** ukuli icimbusu mupepi?　请问附近哪里有厕所？
　　　　请问 是-在-哪里 那-TM⁸-有 厕所 在-附近

(1261) **Nikwisa** uko bashitisha ifyakulya fya kuChina?
　　　　是-在-哪里 RP² 他们-TM¹⁵-卖 食物 CM-的 自-中国
　　　　请问哪里卖中餐？

(1262) Bushe **nipesa** walembele?　　　你写在什么地方了？
　　　　请问 是-在-哪里 你-TM¹-写过去形　　　-lemba/-lembele

10.6.2.4　lilali

lilali 是个询问时间的疑问词，相当于汉语的"什么时候"，可以同 liisa 互换使用。例如：

(1263) Akesa（a-ka-isa）**lilali**?　　　他什么时候会来？
　　　　他-TM¹³-来 何时

(1264) Mwingatemwa tukesemutandalila **lilali**?
　　　　您-将-希望 我们-TM¹³-来虚拟形-您-拜访 何时　　-isa/-ise
　　　　您希望我们什么时候来拜访您呢？

(1265) Ubukali bwayambile（bu-a-ambile）**lilali**?
　　　　疼痛 它-TM¹-开始过去形 何时　　-amba/-ambile
　　　　疼痛什么时候开始的？

(1266) Musonda aleupa **lilali**? 穆松达什么时候结婚?
穆松达 他-TM¹¹-娶 何时

(1267) Bushe ukoopwa (u-ka-upwa) **lilali**?
请问 你-TM¹³-嫁 何时
你(女性)打算什么时候结婚?

(1268) Balebwela **lilali**? 他们什么时候回来?
他们-TM¹¹-回来 何时

(1269) Mwacipyanga mu ŋanda **lilali**?
你们-TM⁶-打扫 在 屋子 何时
你们今天什么时候打了扫屋子?

(1270) ——Mwafyelwe **lilali**? ——Mu 1973.
——您-TM¹-出生 过去形 何时——在 1973
——您是什么时候出生的? ——1973 年。 -fyalwa/-fyelwe

lilali 前面可以添加判断标记 ni-,成为全句的焦点。例如:

(1271) **Nililali** akesa (a-ka-isa)? 他什么时候会来?
是-何时 他-TM¹³-来

(1272) Bushe ni**lilali** mwingatemwa ukutendeka incito?
请问 是-何时 你们-将-乐意 动名词 开始 工作
你们打算什么时候开始工作?

(1273) **Nililali** ici cikacitika?
是-何时 这个 它-TM¹³-发生
这个到底什么时候会发生?

(1274) **Nililali** ukusefya kukatampa? 庆祝活动将什么时候开始?
是-何时 庆祝活动 它-TM¹³-开始

(1275) **Nililali** mukoopa nelyo ukuupwa? 你们将会在什么时候结婚?
是-何时 你们-TM¹³-娶 或者 动名词嫁 (你们打算什么时候娶或者嫁?)

10.6.2.5 ---nga

疑问词---nga 属于形容词范畴,相当于汉语"多少"的意思。

---nga 只能修饰复数名词,接短式一致关系标记,生成如表 48 已然形。

表 48　疑问形容词---nga 已然形汇总表

名词组合序号	③	④	⑤	⑥	⑦	⑧	⑨
---nga	限复数	banga	yanga	finga	inga	shinga	tunga

---nga 紧随在所修饰的名词后面，询问相关名词所对应事物的数量。例如：

(1276)　Bantu **banga** abakaya ku bwinga?　　有多少人会来参加婚礼？
　　　　人 CM-多少 RP[1]/CM-TM[13]-来 到 婚礼

(1277)　BaTom balefwaya amacungwa **yanga**?　汤姆先生要几个橙子？
　　　　先生-汤姆 他-TM[11]-想要 橙子 CM-多少

(1278)　Fintu **finga** tukabila?　　我们一般需要多少东西？
　　　　东西 CM-多少 我们-TM[15]-需要

(1279)　Cimicusha imiku **inga** mu mulungu?
　　　　它-TM[15]-您-折磨 次数 CM-多少 在 一周
　　　　你这种病一般每周发作几次？ （这个病痛每周折磨您几次？）

(1280)　Muli ne myaka **inga**?　　您多少岁？
　　　　您-TM[8]-有 岁数 CM-多少

(1281)　Ninshiku **shinga** mukekala nabo?
　　　　是-天数 CM-多少 你-TM[13]-呆 和-他们
　　　　你要和他们在一起呆几天？

(1282)　Nindalama **shinga** nabomfeshe uyu mweshi wapwile?
　　　　是-钱　CM-多少 我-TM[1]-用过去形　上个月
　　　　我上个月用了多少钱？　　-bomfya/-bomfeshe；-pwa/-pwile

(1283)　Pa lubansa pali utubwa **tunga**?　院子里有几只小狗？
　　　　在 院子 那里-TM[8]-有 狗 CM-多少

已然形 banga 和 shinga 可以独立使用，相当于 bantu banga 和 ndalama shinga，分别表示"多少人"和"多少钱"。

(1284)　——Abana bali **banga**?　　——一共是几个孩子？
　　　　孩子 他们-TM[8]-是 几人
　　　　——Bali batatu.　　　　　——一共是三个。

他们-TM⁸-是 三人

(1285) **Nishinga** inkonde ishi? 这些香蕉多少钱?
是-多少钱 香蕉 这些

10.6.2.6　shaani

疑问词 shaani 也可以拼写为 shani，属于副词范畴，语义上相当于汉语的"如何""怎么样"，一般紧跟在谓语动词后面，在句中充当表语或者状语。

(1286) ——**Shaani**?　/　Uli **shaani**?　——你好吗?[①]
　　　——Bwino.　/　Ndifye bwino.　——我还好。

(1287) ——Muli **shaani**?　——您好吗? 你们好吗?
　　　——Bwino, mukwai.　——很好，谢谢!

(1288) ——Bali **shaani** bonse ku ŋanda?　——家里人都还好吗?
　　　他们-TM⁸-是 如何 各位 在 家
　　　——Bali fye bwino, mukwai.　——他们都还好，谢谢!
　　　他们-TM⁸-是 还 好 先生/女士

(1289) ——Ili **shaani** incito?　——工作怎么样?
　　　它-TM⁸-是 如何 工作
　　　——Bwino sana.　——很好。
　　　好　非常
　　　——Taileyenda bwino.　——进展不顺利。
　　　不-它-TM¹¹-进展 好
　　　——Filya filya.　——一般般。
　　　——Te bwino.　——不大好。

(1290) ——Leelo umwela uli **shaani**?　——今天天气怎么样?
　　　今天 天气 它-TM⁸-是 如何
　　　——Bwino sana.　——很好。
　　　好　非常

(1291) ——Wacilala **shaani**?　——你睡得好吗?

[①] 询问"你"的身体状况时，Shaani 或 Uli shaani 较随意，Muli shaani 较礼貌，Bali shaani 最为庄重。

你-TM⁶-睡 如何

　　——Nacilala fye bwino.　　　　——睡得还好。

　　我-TM⁶-睡 还 好

（1292）　——Washibuka **shaani**?　　——你早上感觉如何？

　　你-TM⁸-醒来 如何

　　——Aa, nashibuka bwino.　　　——很好。

　　嗯 我-TM⁸-醒来 好

（1293）　Bushe kuti naenda **shaani** ukuya ku mwabo Mpuya?

　　请问 能 我-TM⁸-走 怎么 ᵈᵒⁿɢ名词去 往 家 穆普亚

　　请问去穆普亚家该怎么走？

shaani 的强调形式为 ni shaani 或 ni shaani fintu，通常置于句首，相当于汉语"究竟何以""到底该如何"的意思。

（1294）　Bushe **ni shaani fintu** imilandile isuma ingafwilisha icupo ukuba icansansa?

　　请问　　何以　　沟通　CM-好的 它-能够-帮助 家庭 动名词变得 快乐

　　良好的沟通何以有助于一个家庭变得快乐？

常用词汇表

注：

1. 所有词条都置于符号"【】"当中。

2. 所有词条释义前都标明词性。

3. 动词仅以原形作为词条，"【】"后面给出相对应的"过去形"。

4. 动词原形和过去形前都添加符号"—"，

5. 形容词前都添加符号"---"。

6. 名词复数和单数形式都可能作为词条，"【】"后面给出相对应的单数或者复数形式，没有则用正斜杠"/"表示。

7. 复单数并列时，采用复数在左，单数在右，中间添加正斜杠"/"的形式。

8. 复数名词词头做加粗处理。

9. 如果一个名词对应两个或两个以上单数或复数形式，中间用符号"^"隔开。

10. 举例时，符号"～"代表相关词条。

11. "→"表示相关词条"构成成分为"。

12. "＝"表示相关词条"也可以拼写为"。

【Aa】叹词:嗯;哦

【ababomfi】umubomfi 名词:工人;佣人

【abaChinese】umuChinese 名词:中国人 = amaChinese/umuChinese

【abafyashi】umufyashi 名词:父母

【abaice】umwaice 名词:孩子;少年 = abaaice

【abaJapanese】umuJapanese 名词:日本人 = amaJapanese/umuJapanese

【abakashana】umukashana 名词:未婚少女

【abakashi】umukashi 名词:妻子

【abalendo】umulendo 名词:游客;乘客

【abalimi】umulimi 名词:农民

【abalume】umulume 名词:丈夫

【abalumendo】umulumendo 名词:未婚男孩

【abalwani】umulwani 名词:敌人

【abalwele】umulwele 名词:病人

【abana】umwana 名词:儿童 = abaana
～ banandi 我的小玩伴

【abanaka】uwanaka 名词:体弱者

【abanakashi】umwanakashi 名词:女人;妇女

【abanandi】umunandi 名词:我的伙伴/同龄人

【abanobe】umunobe 名词:你的伙伴/同龄人 = abanoobe/umunoobe

【abantu】umuntu 名词:人;人们

【abantunse】umuntunse 名词:普通人;人类

【abasambi】umusambi 名词:学生

【abashilika】umushilika 名词:士兵;军队

【abasungu】umusungu 名词:白人;欧洲人

【abaume】umwaume 名词:男人

【abena】umwina 名词:特定(某些)人
→ aba-ina = abeena
～ Afrika 非洲人 ～ mwandi 我的爱人
～ China 中国人 ～ musumba 城里人
～ Roma 罗马人 ～ mupalamano 邻居
abena myabo/umwina mwakwe 他/她的爱人;伴侣

【abengi】/ 名词:许多人 → aba-ingi

【abeni】umweni 名词:游客;陌生人
→ aba-eni

【---abo】形容词:他们的;他的(尊敬)

【—abula】—abwile 动词:捞起来

【Afrika】/ 名词:非洲

【—afwa】—afwile 动词:临时帮助;援助

【—afwana】—afwene 动词:互助

【—afwilisha】—afwilishe 动词:长期帮助

【—afya】—afishe 形容动词：难

【akabanga】/ 名词：东方；东边

【akabungwe】utubungwe 名词：小组；组织

【akakashana】utukashana 名词：小女孩

【akampani】utwampani 名词：公司

【akantu】utuntu 名词：小事

【akanya】utunya 名词：婴儿

【akasalu】utusalu 名词：小纱布

【akashita】utushita 名词：片刻；一会儿

【akasuba】utusuba 名词：太阳；白天

【akati】/ 名词：中间

【akeyala】/ 名词：地址

【---akwe】形容词：他的；她的；它的

【Ala】叹词：哎呀！天啦！

【—aluka】—alwike 动词：有变化；被改变

【—alukila】—alukile 动词：变成；换成；转向；翻到

【—alula】—alwile 动词：使改变；变更；翻译

【amaawala】iawala 名词：小时

【amabala】ibala 名词：田地

【amabasi】basi 名词：公交车

【amabe】ilibe 名词：汗水

【amaboko】ukuboko 名词：手臂；力量

【amabondo】ulubondo 名词：蹄子

【amabotolo】ibotolo 名词：瓶子

【amabula】ibula 名词：叶子；页面；网页

【amabulwi】ubulwi 名词：战争；战斗

【amabuteko】ubuteko 名词：政府

【amabutotelo】ubutotelo 名词：宗教；信仰

【amabuyo】ubuyo 名词：目标；目的地

【amabwe】ibwe 名词：石头 = amabwe/ilibwe

【amacaca】/ 名词：黎明

【amacungwa】icungwa 名词：橙子

【amafilimu】filimu 名词：电影；节目；娱乐

【amafupa】ifupa 名词：骨头；骨架；骨肉

【amafuta】/ 名词：油脂；膏油；肥肉；菜油；香水

【amafya】ubwafya 名词：问题

【amainsa】/ 名词：雨季

【amaka】/ 名词：力量

【amakalata】kalata 名词：信件 = bakalata/kalata

【amakasa】ulukasa 名词：脚；脚印

【amakoti】ikoti 名词：外衣

【amakumi】ikumi 名词：十

【amakwebo】ubukwebo 名词：生意；商业

【amala】ubula 名词:肚子

【amalaiti】ilaiti 名词:电灯;电力

【amale】ubule 名词:玉米粉

【amalinga】ilinga 名词:墙;围墙;栏杆

【amalipoti】lipoti 名词:报道

【amalubeni】/ 名词:桑葚

【amalwele】ubulwele 名词:疾病

【amalyashi】ilyashi 名词:故事

【amamagazini】magazini 名词:杂志 = bamagazini/magazini

【amamaliketi】maliketi 名词:市场;集市

【amaminiti】miniti 名词:分钟 = baminiti/miniti

【amani】ilini 名词:鸡蛋

【amano】/ 名词:知识;智慧 = amaano

【amapa】ukwapa 名词:腋窝;胳肢窝 = amaapa/ukwapa

【amaofesi】iofesi 名词:办公室 = amaofeshi/iofeshi

【amapange】ipange 名词:计划

【amapi】ulupi 名词:手掌 = indupi/ulupi

【amasako】/ 名词:动物皮毛;羽毛

【amasamba】/ 名词:西边

【amasambililo】isambililo 名词:课程;教育

【amasambilisho】isambilisho 名词:知识

【amasanso】ubusanso 名词:危险;事故;意外

【amasengo】ulusengo 名词:大型动物的角;力量

【amashina】ishina 名词:名字

【amashindano】/ 名词:考试

【amashiwi】ishiwi 名词:声音;话语;措辞

【amashuko】ishuko 名词:机会;好运;特权

【amasukulu】sukulu^isukulu 名词:学校

【amata】ubuta 名词:弓;枪;战争

【amataba】itaba 名词:玉米;谷物

【amatafwali】itafwali 名词:砖坯

【amate】/ 名词:唾液;痰

【amatipa】/ 名词:泥

【amato】ubwato 名词:船

【amatololo】/ 名词:沙漠;偏僻角落

【amatunda】/ 名词:草莓

【amatundaca】/ 名词:黎明

【amatutumuko】/ 名词:狂妄;高傲

【amatwi】ukutwi 名词:耳朵

【amayanda】iŋanda 名词:房子 = iŋanda/iŋanda

【—ambukisha】—ambukishe 动词:传染给

常用词汇表

【ameno】ilino 名词：牙齿
→ ama/ili-ino = ameeno/iliino

【amenshi】/ 名词：水 = ameenshi

【amenso】ilinso 名词：眼睛；视线；脸
→ ama/ili-inso = ameenso/iliinso

【amepusho】ilipusho 名词：问题
→ ama/ili-ipusho = ameepusho/ili-ipusho

【—amfula】—amfwile 动词：爬

【amolu】ukulu 名词：后腿
→ ama/uku-ulu = amoolu/ukuulu

【---anakashi】性别形容词：女的

【---andi】归属形容词：我的

【—angala】—angele 动词：娱乐；放松

【—angasha】—angeshe 动词：把玩；玩（东西）

【—anguka】—angwike 形容动词：简单；轻松

【—angusha】—angwishe 动词：使……简单；简化；使……轻松

【—ansa】—anshile 动词：展开；铺开

【—ansula】—answile 动词：收拢；收起

【apa】指示代词或副词：这里；这儿

【apakalamba】程度副词：非常

【apo】指示代词或副词：那里；那儿

【—asuka】—aswike 动词：回答；答复

【atemwa】介词：或者

【ati】叹词：对吧；对不对；名词性连词，表示谈及的内容：（说、叫）道

【---aume】性别形容词：男的

【Awe】叹词：不；不是

【—ba】—li 特殊动词：有；在；是；变成；将要
~ mu tulo 在休息
~ na 有（情况；状态；感觉）
~ ne cilaka 有口渴感；口渴
~ ne milimo 有事情；忙
~ ne myaka … 有……岁
~ ne nsala 有饥饿感；饿
~ ne nsoni 感到害羞
~ no bulanda 感到难过
~ ba no kuV 将要/必须做某事
~ no mweo 有生命；活着

【ba bufi】uwa bufi 名词：骗子；说谎者

【ba bumbimunda】uwa bumbimunda 名词：伪君子

【ba bwananyina】uwa bwananyina 名词：兄弟

【ba kaele】uwa kaele 名词：正直的人

【ba makwebo】uwa makwebo 名词：商人

【babemba】bemba 名词：湖；海

【babili】/ 代词：两个人

【babosi】bosi 名词：老板

【bacibulu】cibulu 名词：哑巴

【bacibusa】cibusa 名词：朋友 = ifibu-

271

sa/icibusa

【bacolwa】colwa 名词:斑马

【bafulwe】fulwe 名词:乌龟

【bafwaka】fwaka 名词:香烟

【bakabalwe】kabalwe 名词:马

【bakacema】kacema 名词:牧羊人;牧师

【bakafundisha】kafundisha 名词:教师;老师

【bakalata】kalata 名词:信件
 =amakalata/kalata

【bakalemba】kalemba 名词:作者

【bakampingu】kampingu 名词:良心

【bakateka】kateka 名词:统治者;官员

【bakii】kii 名词:钥匙

【bakolwe】kolwe 名词:猴子

【bakompyuta】kompyuta 名词:电脑
 =amakompyuta/kompyuta

【bakoswe】koswe 名词:老鼠

【—bala】—balile 特殊动词:曾经;首先

【baLesa】Lesa 名词:神仙;菩萨;老天爷

【—balika】—balike 动词:照耀

【baloko】loko 名词:锁

【balunshi】lunshi 名词:苍蝇

【bamagazini】magazini 名词:杂志
 =amamagazini/magazini

【bamalaika】malaika 名词:天使

【bamashini】mashini 名词:机器;设备;仪器

【bamayo】mayo 名词:我的妈妈

【bamembala】membala 名词:成员;会员

【bamo】/ 代词:一些人

【bamotoka】motoka 名词:汽车

【bampumpumpu】mpumpumpu 名词:电动车

【bamuka】muka 名词:配偶;对象

【bamulamba】mulamba 名词:激流;洪水

【bamunyinefwe】munyinefwe 名词:我们的弟兄姊妹

【bamuŋwiŋwi】muŋwiŋwi 名词:蚊子

【banani】nani 疑问名词:谁
 =banaani/naani =bani/ani

【banabwinga】nabwinga 名词:新娘

【bandume nandi】ndume nandi 名词:我的兄弟

【banga】/ 代词:多少人

【bankashi nandi】nkashi nandi 名词:我的姐妹

【bapensulo】pensulo 名词:铅笔

【bapushi】pushi 名词:猫 =bapuushi/puushi

【basaca】saca 名词:公交车

【bashikulu】shikulu 名词:爷爷;老

天爷

【ba**tata**】tata 名词:我的父亲

【ba**wiso**】wiso 名词:你的父亲

【ba**yama**】yama 名词:我的舅舅

【—bela】—belele 动词:位于;存在于……;服务于……;适用于……

【—belela】—belele 动词:原谅
= —elela
～ uluse 发善心;原谅;宽恕

【—belenga】—belengele 动词:读

【benchi】ama**benchi** 名词:长椅
– ibenchi⌒ibenci⌒benci

【bene】wene 代词(一般用作同位语或介词宾语):他们

【—bepa】—bepele 动词:欺骗

【—bika】—bikile 动词:放;放置

【---bi】性状形容词:坏的

【---bili】恒定数量形容词:二;两(个)

【—bipa】—bipile 形容动词:坏;丑;糟糕

【—bipisha】—bipishe 形容动词:很坏;很糟糕

【—bipila】—bipile 动词:恶化;变糟糕

【---bishi】性状形容词:新鲜的

【---biye】数量形容词:另一(个)

【—bola】—bolele 形容动词:腐烂

【—bomba】—bombele 动词:工作;发挥作用;奏效

【—bombeka】—bombeke 动词:被实现;办妥

【—bombela】—bombele 动词:服务于;效力于
～ capamo 共同劳动;齐心协力;团结协作

【—bombesha】—bombeshe 动词:努力工作

【—bomfeshiwa】—bomfeshiwe 动词:被使用

【—bomfya】—bomfeshe 动词:使用;利用

【bonse】/ 代词:所有人

【—bosa】—bosele 动词:(狗)吠

【—buka】—bukile 动词:醒来;起床
= —buuka/—buukile

【bukali bukali】副词:严厉地;凶狠地

【—bula】—bulile 动词:缺乏;不足

【—bulisha】—bulishe 动词:严重缺乏

【—bulungana】—bulungene 形容动词:呈圆形

【—bunda】—bundile 动词:下沉

【busaka busaka】副词:整整齐齐地

【Bushe】疑问标记:请问

【—buta】—butile 形容动词:白;发白 = —buuta/—buutile
～ tutu 白花花

【—butisha】—butishe 形容动词:很白 = —buutisha/—buutishe

【—butukisha】—butukishe 动词:跑得快

【Bwalya】Ba Bwalya 人名:瓦利亚

【bwangu】副词:飞快地

【—bwekeshapo】—bwekeshepo 动词:重试

【—bwela】—bwelele 动词:回来

【—bwelela】—bwelele 动词:回归到

【—bwelelela】—bwelelele 动词:回来不走了

【—bwesesha】—bweseshe 动词:返还;让价;优惠

【bwino】副词:好

【—byala】—byele 动词:播种

【—ca】—cele 动词:破晓;迎来曙光 ～ bwino 迎来好天气;放晴

【capamo】副词:一起;一块儿

【—celwa】—celelwe 动词:迟到

【—cema】—cemene 动词:放牧

【—cemena】—cemene 动词:替……放牛

【—cena】—cenene 动词:损伤

【—cenjela】—cenjele 形容动词:小心;聪明

【—cepa】—cepele 形容动词:狭小;不足;缺乏

【—cepesha】—cepeshe 形容动词:很狭小;很不足;很缺乏

【—cetekela】—cetekele 动词:信任

【Charlie】Ba Charlie 人名:查理

【cibili】/ 序数词:第二

【Cibili】/ 代词:星期二
pali ～ 在星期二

【cibulu】bacibulu 名词:哑巴

【cibusa】bacibusa 名词:朋友

【cikulu（fye）】连词:只要

【cila】前置形容词:每一

【—cila】—cilile 动词:超出;超越

【—cili】/ 特殊动词:还;依然

【—cimfiwa】—cimfiwe 动词:被打败

【—cimfya】—cimfishe 动词:征服;打败

【—cimfyanya】—cimfyenye 动词:竞争;比赛

【cimo】/ 基数词:一

【Cimo】代词:星期一
pali ～ 在星期一

【—cina】—cinine 动词:揉;按摩

【—cinda】—cindile 动词:跳舞

【—cindama】—cindeme 形容动词:尊贵;珍贵

【cine】/ 序数词:第四

【Cine】代词:星期四
pali ～ 在星期四

【—cinga】—cingile 动词:保护

【—cingilila】—cingilile 动词:始终守护

【—cinjanya】—cinjenye 动词:交流,分享

【cinshi】finshi 疑问名词:什么东西

【cisano】/ 序数词:第五

【Cisano】代词:星期五
　pali～ 在星期五

【—cita】—citile 动词:做

【citatu】/ 序数词:第三

【Citatu】代词:星期三
　pali～ 在星期三

【—citika】—citike 动词:发生

【—citikila】—citikile 动词:因/为……而发生

【—citila】—citile 动词:因……而做;为……而做

【colwa】bacolwa 名词:斑马

【—cula】—culile 动词:受苦

【—culila】—culile 动词:因……而受苦;为……而受苦

【—cusha】—cushishe 动词:折磨;迫害

【Davidi】Ba Davidi 人名:戴维

【—dula】—dulile 形容动词:贵

【—dulisha】—dulishe 形容动词:太贵

【—eba】—ebele 动词:说;告知

【Ee】叹词:嗯;是的

【---eka】性状形容词:孤独;仅仅

【—elela】—elele 动词:原谅
　=—belela

【ena】/ 代词:他;她

【---ena】形容介词:至于;就……而言

【—enda】—endele 动词:走路;步行;旅行

【—endela】—endele 动词:以……方式出行

【—endesha】—endeshe 动词:快点;快走

【—ensha】—enseshe 动词:驾驭;驾驶;带领;率领

【---enu】归属形容词:您的;你们的

【epali】连词:以免

【—esha】—eseshc 动词:努力;

【---esu】归属形容词:我们的

【Eya】叹词(表应承、认可、赞同):嗯;是的

【fibili】基数词:二

【—fika】—fikile 动词:抵达

【—fikapo】—fikilepo 动词:达标;合格

【—fikilila】—fikilile 动词:完全抵达;直达

【—filwa】—fililwe 动词:没能;不能

【filya】副词:就那样;马马虎虎
　= filya filya

【—fimba】—fimbile 动词:覆盖

【—fina】—finine 动词：沉重；严重

【fine】基数词：四

【finshi】cinshi 疑问名词：什么东西

【—finya】—finishe 动词：加重；重视；强调

【—fisama】—fiseme 动词：躲起来

【fisano】基数词：五

【—fita】—fitile 形容动词：黑
 = —fiita／—fiitile
 ～ fititi 黑黝黝；黑漆漆

【fitatu】基数词：三

【—fitisha】—fitishe 形容动词：很黑

【—foloma】—folomene 动词：打呼噜

【foni】bafoni 名词：电话

【—fula】—fulile 动词：许多；滋生；充满；弥漫

【—fuluka】—fulwike 动词：期待；思念

【—fulukila】—fulukile 动词：因……而思念

【fulwe】bafulwe 名词：乌龟

【—fuma】—fumine 动词：离开；来自

【—fumya】—fumishe 动词：将……移除／驱离

【—funa】—funine 动词：折断

【—funda】—fundile 动词：教；启发

【—funga】—fungile 动词：锁上

【—funika】—funike 动词：破裂；碎掉

【—futauka】—futawike 动词：非常不安；难受之极；辗转反侧

【—futuka】—futwike 形容动词：干净；整洁

【—futumuna】—futumwine 动词：笼罩（于）

【—fwa】—fwile 形容动词：死

【—fwaisha】—fwaishe 动词：非常想要；渴望

【fwaka】bafwaka 名词：香烟

【—fwala】—fwele 动词：穿

【—fwaya】—fwaile 动词：想要；希望；寻找

【—fwila】—fwile 动词：为……而死；因……而死

【—fwile】／特殊动词：应该

【—fwililila】—fwililile 动词：彻底死亡

【—fwilwa】—fwililwe 动词：（因亲人死亡而）失去；没有

【—fyalilwa】—fyalilwe 动词：出生于（某地）

【—fyalwa】—fyelwe 动词：出生于（某时）

【fye】副词：还；仅仅；就是

【golde】／名词：黄金

【ibala】amabala 名词：田地

【i-】反身式标记：自

—ibimbamo 自愿参与

—ibomba 自己干

—icetekela 自信；相信自己

—icingilila 自我保护

—iipusha 自问

—ilekelesha 自暴自弃

—ilinganya 自比于

—ilumbanya 自我赞美

—imona 自我审视；自觉

—ipeela 自愿付出

—isalila 为自己做出选择

—itemenwa 自愿

—itemwa 自爱；自私

—iteyanya 做好准备

—yafwa 自助

【-i-】动词前缀，用于祈使否定：不要；别

Mwiya! 别去!

Mwilapeepa fwaka! 别老是抽烟!

【—iba】—ibile 动词：偷；抢

【—ibela】—ibelele 形容动词：不一样；特殊

【ibula】amabula 名词：叶子；页面；网页

【ibumba】amabumba 名词：群；组

【Ica kubalilapo】统领副词：首先

【Ica kumwenako】统领副词：举例而言

【icaice】/ 名词：青春状态；青春时期

【icalo】ifyalo 名词：地球；世界；国家；土地

～ icaumisha 非常干旱的土地

【icampepo】ifyampepo 名词：保暖物；毛衣

【icani】ifyani 名词：草 = icaani

【icasuko】ifyasuko 名词：答案

【icibelushi】ifibelushi 名词：星期六

pa Cibelushi 在星期六

【iciBemba】/ 名词：本巴语

【icibi】名词：ifibi 坏事；门；副词（= cibi）：很；非常；严重地

【icibote】/ 名词：和平；宁静

【icibukisho】/ 名词：记忆；回忆

【icibumba】ifibumba 名词：墙

【icibusa】ifibusa 名词：朋友

【iciChinese】/ 名词：汉语

【icifine】/ 名词：重感冒

【icifulefule】/ 名词：温热状态

【icifwani】/ 名词：田野；土地

【icilaka】/ 名词：饥渴

【icilonda】ifilonda 名词：伤口；伤痕

【iciloto】ifiloto 名词：梦；梦想

【icilubo】ifilubo 名词：错误

【icimbepa】/ 名词：虚伪

【icimuti】ifimuti ̂ ifimiti 名词：大树

【icina】/ 名词：具有区域特征的事物

～ China 中国特有事物；中国本土事物

~ Zambia 赞比亚特有事物；赞比亚本土事物

【icinabwingi】/ 名词：公众；大众

【icinama】ifinama 名词：动物

【icine】/ 名词：事实；真相
　ca cine 真的；事实上
　cine cine 真的；当然；毫无疑问

【icintu】ifintu 名词：事情

【icipande】ifipande 名词：文章

【icipatala】ifipatala 名词：医院；药房

【icipe】ifipe 名词：行李；货物；小篮子

【icipelwa】/ 名词：礼物

【icipingo】ifipingo 名词：约定

【icipuna】ifipuna 名词：凳子

【icishi】ifishi 名词：岛屿

【icishima】ifishima 名词：泉眼；井

【icishinka】ifishinka 名词：事实；细节

【icisungu】/ 名词：英语 = iciNgeleshi

【iciswebebe】ifiswebebe 名词：沙漠

【icitabo】ifitabo 名词：书；书籍

【icitemwiko】/ 名词：爱；仁爱

【icitente】ifitente 名词：社区

【icitetekelo】/ 名词：忠诚

【icitungu】ifitungu 名词：省份

【ico】指示代词：那个；名词性连词：所

【icuma】ifyuma 名词：财富

【icumbu】ifyumbu 名词：红薯

【icungulo】/ 名词：下午；黄昏；傍晚；夜晚
　cungulo bushiku 晚上
　mu/pa cungulo bushiku 在晚上
　cino cungulo bushiku 今晚；在今晚
　cilya cungulo bushiku 那一晚；在那一晚

【icuni】ifyuni 名词：鸟

【icupo】ifyupo 名词：婚姻

【icushi】ifyushi 名词：气雾；烟

【ifibala】icibala 名词：伤疤

【ifibanda】icibanda 名词：魔鬼

【ifibansa】icibansa 名词：广场，场地

【ifibashi】/ 名词：麻风病

【ifibimbi】icibimbi 名词：黄瓜

【ifibusa】icibusa 名词：朋友
= bacibusa/cibusa

【ififulo】icifulo 名词：地址；四周；环境；地位；特权

【ifikansa】/ 名词：争执；争吵；政治

【ifiko】/ 名词：脏东西；垃圾；不洁状态

【ifikondo】icikondo 名词：脚尖；脚趾

【ifikope】icikope 名词：照片；图像；地图

【ifikuko】icikuko 名词：瘟疫

【ifikulwa】icikulwa 名词：建筑；楼

房;大楼 = ifikuulwa/icikuulwa

【ifikumo】icikumo 名词:拇指

【ifikwatwa】icikwatwa 名词:财产

【ifila】icila 名词:音乐会
= ifiila/iciila

【ifilamba】icilamba 名词:眼泪

【ifilambu】icilambu 名词:奖励;奖金

【ifilayo】icilayo 名词:承诺;诺言

【ifilonda】icilonda 名词:伤口;伤痕

【ifiloto】iciloto 名词:梦;梦想

【ifilubo】icilubo 名词:错误

【ifimabwe】icilibwe 名词:巨石

【ifimato】icibwato 名词:大船

【ifimbusu】icimbusu 名词:厕所

【ifimiti】icimuti 名词:大树
= ifimuti/icimuti

【ifinama】icinama 名词:动物

【ifinkukuma】icinkukuma 名词:大地震

【ifintu】icintu 名词:东西;事物

【ifipailo】icipailo 名词:大祭台

【ifipandwa】icipandwa 名词:章节

【ifipatala】icipatala 名词:医院;药房

【ifipe】icipe 名词:行李;货物;小篮子

【ifipowe】icipowe 名词:饥荒

【ifipumbu】icipumbu 名词:傻瓜

【ifipupu】icipupu 名词:风暴;飓风
= ifipuupu/icipuupu

【ifipusho】icipusho 名词:问题

【ifisabo】icisabo 名词:果实;果树

【ifisendo】icisendo 名词:行李;包袱;负担

【ifishibilo】icishibilo 名词:信号;症状

【ifisungusho】icisungusho 名词:奇迹

【ifitwalo】icitwalo 名词:水果;果子

【ifumo】amafumo 名词:肚子;子宫

【ifunde】amafunde 名词:教诲;建议;法律;律法

【ifwe】ine 第一人称名词:我们

【ifyabipa】icabipa 名词:坏事;坏处;恶果

【ifyabu】icabu 名词:港口

【ifyabupe】icabupe 名词:礼物;天赋

【ifyakufwala】icakufwala 名词:衣服

【ifyakulya】icakulya 名词:食物

【ifyakuntanshi】icakuntanshi 名词:将来 = ifya ku ntanshi/ica ku ntanshi

【ifyakunwa】icakunwa 名词:饮料

【ifyalo】icalo 名词:土地;国家

【ifyani】icani 名词:草

【ifyashala】icashala 名词:其他东西;剩余物

【ifyasuko】icasuko 名词:答案

【ifyuma】icuma 名词:财富

【ifyuni】icuni 名词:鸟

【—ikala】—ikele 动词:坐下;落下;生活;居住;存在;保持安静

【—ikalilila】—ikalilile 动词:永远活着

【—ikata】—ikete 动词:抓住;套住;掌控

【—ikatana】—ikatene 动词:手牵手;团结一心

【—ikatanya】—ikatenye 动词:使……团结一心;将……团结起来

【—ikatilila】—ikatilile 动词:抓住不放;始终坚持

【ikumi】amakumi 名词:十

【ilaya】amalaya 名词:衣服;礼服

【ilelo】/ 名词:今天 = ileelo

【ili line】副词短语:立刻;马上

【ilino】ameno 名词:牙齿

【ilinso】amenso 名词:眼睛;眼前;当面

【ilipusho】amepusho 名词:问题

【—ilishanya】—ilishenye 动词:抱怨;嘀咕

【—iluka】—ilwike 动词:明白;意识到

【ilyashi】amalyashi 名词:故事;闲话;家常

【ilyo】连词:在……时候

【—ima】—imine 动词:站起来;起身;启程

【imansa】ulubansa 名词:庭院;广场
→ in/ulu-bansa

【—imba】—imbile 动词:挖;掘;打(井);唱歌

【imbalala】ulubalala 名词:花生

【imbale】imbale 名词:碟子;盘子

【imbali】imbali 名词:边;角;侧

【imbeketi】imbeketi 名词:桶子;提桶

【imbola】ulubola 名词:毒刺

【imbushi】imbushi 名词:山羊

【imbuto】ulubuto 名词:种子;谷粒

【imbwa】imbwa 名词:狗

【imembu】ulubembu 名词:罪
→ in/ulu-bembu

【imfula】/ 名词(仅用单数):雨

【imfumu】imfumu^ishamfumu^bashamfumu 名词:国王;酋长

【imfuti】imfuti 名词:枪

【imfwa】/ 名词:死亡

【imfwi】ulufwi 名词:白发

【imfyo】ulufyo 名词:肾脏

【imibango】umubango 名词:下巴

【imibele】/ 名词:习惯;传统 = imibeele

【imibili】umubili 名词:身体;躯干;机构

【imibombele】/ 名词:行为方式;活动

【imibomfeshe】/ 名词：运用；运用方式

【imicitile】/ 名词：行为方式；习惯

【imifwaile】/ 名词：愿望；目的

【imikalile】/ 名词：生活方式

【imikate】umukate 名词：面包

【imikonso】umukonso 名词：小腿

【imikoshi】umukoshi 名词：脖子

【imiku】umuku 名词：次数

【imikuni】umukuni 名词：羊圈；羊群

【imilandile】/ 名词：说话方式；表达方式

【imilandu】umulandu 名词：原因；故事

【imililo】umulilo 名词：火

【imilimo】umulimo 名词：工作；职责

【imilomo】umulomo 名词：嘴唇

【imilonga】umulonga 名词：溪流

【imimana】umumana 名词：河流；小溪

【imimbulu】umumbulu 名词：野狗；狼

【imimwene】/ 名词：看法；观点；印象

【—iminina】—ininine 动词：站着不动；站稳；坚定不移

【iminwe】umunwe 名词：手；手指头

【imipaka】umupaka 名词：边界

【imipepele】/ 名词：宗教；祈祷仪式

【imisalu】umusalu 名词：蔬菜

【imisana】umusana 名词：腰部；背部

【imisebo】umusebo 名词：道路；街道；交通

【imisela】umusela 名词：句子 = imiseela/umuseela

【imisepela】umusepela 名词：刚成年的动物；年轻人

【imishi】umushi 名词：乡村；村落

【imishishi】umushishi 名词（多用单数）：头发

【imishobo】umushobo 名词：民族

【imisu】/ 名词：尿

【imisumba】umusumba 名词：城市

【imitekele】/ 名词：统治；治理方式

【imiti】umuti 名词：树；药材

【imitima】umutima 名词：心；心灵

【imito】/ 名词：灰烬

【imitontonkanishishe】/ 名词：思维方式；看法

【imitoto】umutoto 名词：肚脐

【imitwe】umutwi 名词：头；标题

【impanga】impanga 名词：绵羊；野外；森林 = impaanga

【impango】/ 名词（仅用复数）：彩礼；聘礼

【impasa】/ 名词（仅用复数）：垫子

【impela】/ 名词（仅用单数）：终点

【impemfu】ulupemfu 名词：蟑螂

【impendwa】/ 名词（仅用单数）：

数字

【impili】ulupili 名词:山;丘陵

【impiya】ulupiya 名词:先令;钱

【impofu】impofu 名词:瞎子

【impumi】impumi 名词:前额;脸蛋

【impumo】impumo 名词:殴打;痛苦;瘀伤

【impunda】impunda 名词:驴

【impwa】impwa 名词:茄子

【impyani】impyani 名词:继承人

【imwe】iwe 第二人称名词:你(们);您

【—imya】imishe 动词:抬起;提升;改进

【imyaka】umwaka 名词:年;年龄;年级

【imyata】umwata 名词:习俗;文化

【imyefu】umwefu 名词:胡子

【imyeo】umweo 名词:灵魂;生命

【imyeshi】umweshi 名词:月亮;月份

【imyona】umoona 名词:鼻子

【imyulu】umulu 名词:天;天堂

【imyumfwile】/ 名词:感受;理解力;悟性

【—ina】—inine 形容动词:胖

【inama】inama 名词:动物;肉

【inambala】amanambala 名词:数字;目录

【inceshi】uluceshi 名词:柱子

【incinga】incinga 名词:自行车

【incito】incito 名词:工作;职业

【indalama】/ 名词(仅用复数):钱;现金

【indeke】indeke 名词:飞机

【indema】indema 名词:瘸子

【indimi】ululimi 名词:舌头;语言

【induko】uluko 名词:部落;民族;国家

【indupi】 ulupi 名词:手掌 = amapi/ulupi

【indupwa】ulupwa 名词:家庭

【indyabuluba】indyabuluba 名词:长颈鹿

【indyato】indyato 名词:凉鞋

【ine】ifwe 第一人称名词:我

【---ine ---ine】性状形容词:真正的

【-inga-】动词前缀:能够

【ingala】ulwala 名词:指甲;爪子

【---ingi】不定数量形容词:许多的

【—ingila】—ingile 动词:进入;进来

【—ingisha】—ingishe 动词:带入;包括

【—inisha】—inishe 形容动词:很胖

【injelwa】injelwa 名词:砖头

【inkalamo】inkalamo 名词:狮子

【inkanda】inkanda 名词:皮肤;肤色

【inkashi】inkashi 名词:姐妹 = bankashi/nkashi

【inkasu】ulukasu 名词:小锄头

【inkoko】inkoko 名词:鸡;母鸡;家禽

【inkolokoso】inkolokoso 名词:脚踝

【inkomamatwi】inkomamatwi 名词:聋子

【inkombo】ulukombo 名词:葫芦瓢;杯子

【inkonde】ulukonde 名词:香蕉

【inkondo】inkondo 名词:战争

【inkonto】inkonto 名词:拐杖;手杖;权杖

【inkuba】inkuba 名词:闪电

【inkulo】inkulo 名词:一代人;时代

【inkumbabulili】inkumbabulili 名词:悲伤;可怜

【inkuni】ulukuni 名词:柴火;木柴

【inondo】inondo 名词:锤子

【insala】/ 名词(仅用单数):饥饿

【insalu】insalu 名词:布;绷带;衣服

【insambu】insambu 名词:权利

【insansa】/ 名词(仅用复数):欢乐

【insapato】/ 名词(仅用复数):靴子;鞋子

【insase】ulusase 名词:火花

【inse】/ 名词(仅用单数):外面

【inseba】uluseba 名词:玉米芯;玉米棒子骨

【inseke】uluseke 名词:谷粒;谷物;种子

【inshi】/ 疑问名词:什么

【inshiku】ubushiku 名词:日子

【inshila】inshila 名词:道路;方向;方式

【inshimu】ulushimu 名词:蜜蜂

【inshindano】ulushindano 名词:针,针头

【inshita】inshita 名词:特定的某一时刻(一般单数);某一段时间;时期;时代(一般复数)

【inshiwa】inshiwa 名词:孤儿

【insofu】insofu 名词:大象

【insoka】insoka 名词:蛇

【insoni】ulusoni 名词:羞涩;难为情;尴尬;不好意思

【insoso】insoso 名词:短语;俗语;谚语

【inswa】inswa 名词:飞蚁

【intambi】ulutambi 名词:传统;文化

【intanda】ulutanda 名词:星星

【intanshi】intanshi 名词:前面;第一;过去;从前

【intulo】intulo 名词:源泉;来源

【intungulushi】intungulushi 名词:领导;导师

【inuma】/ 名词(常用单数):后面

pa numa 后来

pa numa ya … 在……之后/后面

【iŋyimbo】ulwimbo 名词:歌曲

【iŋanda】iŋanda 名词:房子 复数时也可用 amayanda 形式

【iŋanga】iŋanga 名词:赤脚医生;传统医师

【iŋano】iŋano 名词:小麦;粮食

【iŋoma】iŋoma 名词:鼓

【iŋombe】iŋombe 名词:牛

【iŋumba】iŋumba 名词:不孕女性

【iŋwena】iŋwena 名词:鳄鱼 = ing'wena

【—ipakisha】—ipakishe 动词:乐于;喜爱

【—ipaya】—ipeye 动词:杀

【—ipekanya】—ipekenye 动词:准备好 Nau～? 嘿,你准备好了吗?

【---ipi】性状形容词:小的;矮的

【—ipifya】—ipifishe 动词:使……变小;缩短 mu kwipifya 简而言之

【—ipika】—ipike 动词:煮;烧;炖

【—ipipa】—ipipe 形容动词:短;小;浅;窄

【—ipusha】—ipwishe 动词:询问

【—ipushiwa】—ipushiwe 动词:被询问

【---isa】维度形容词:哪个;哪些

【—isa】—ishile 特殊动词:来
 —isaba/—ishileba 变成;成为
 —isaishiba/—ishileishiba 认识到;逐渐了解
 —isashibuka/—ishileshibuka 醒来

【isabi】amasabi 名词(常用单数):鱼

【isamba】/ 名词:底部;下面

【—ishiba】—ishibe 动词:明白;了解;知道

【—ishibana】—ishibene 动词:相互了解

【—ishibikwa】—ishibikwe 形容动词:出名

【—ishibisha】—ishibishe 动词:告诉;告知

【ishina】amashina 名词:名字

【ishitima】amashitima 名词:火车;渡轮

【ishiwi】amashiwi 名词:话语

【ishuko】amashuko 名词:机会;运气;特权

【isonde】/ 名词:地球;世界

【isubilo】/ 名词:希望

【isukulu】amasukulu 名词:学校 = sukulu

【—isula】—iswile 动词:打开;形容动词:满～paa 满当当

【—ita】—itile 动词:叫;邀请

【itanga】amatanga 名词:畜舍(马厩,牛棚等)

【itauni】amatauni 名词:小镇

【—iteyanya】—iteyenye 动词:做好

准备

【ituka】amatuka 名词：商店
= ituuka

【iwe】imwe 第二人称名词：你

【Iye】叹词（表示"恐惧""伤痛"等）：
哎呀！

【iyo】叹词：不；不是；不对

【ka】句尾疑问标记：吗？呢？对
不对？

【—kaba】—kabile 形容动词：热
～se 热乎乎

【kabalwe】bakabalwe 名词：马

【kabelenga】bakabelenga 名词：读者

【—kabila】—kabile 动词：需要

【kabili】连词：并且

【—kabisha】—kabishe 形容动词：很
热；最热

【Kabiyeni!】口语：快去！

【Kabwe】城市名：卡布韦（中央省省
会）

【kacema】bakacema 名词：牧羊人；
牧师

【kafundisha】bakafundisha 名词：
教师

【—kaka】—kakile 动词：捆；绑

【---kalamba】性状形容词：大的；重
要的
bamayo mu～大姨
batata mu～大伯

kafundisha mu～校长
umusumba u～大城市；首都
ubushiku bu～重要的日子
ukubombesha ku～巨大的努力

【kalasi】amakalasi 名词：班级

【kalata】amakalata^bakalata 名词：
信件

【kale】副词：过去

【kalemba】bakalemba 名词：作者

【---kali】性状形容词：严厉的；凶
狠的

【kalibu】叹词：欢迎！

【—kalipa】—kalipe 动词：生气；发
怒；疼痛

【—kalipila】—kalipile 动词：严厉指
责；训斥

【kampingu】bakampingu 名词：心肠
～umusuma 良知；好心肠

【—kana】—kene 动词：不能；不愿；
拒绝 =—kaana/—keene

【—kaninina】—kaninine 动词：彻底
拒绝；矢口否认

【---kankala】性状形容词：重要的；富
裕的

【—kansha】—kanshishe 动词：培训

【kanshi】副词：因此

【—kanshiwa】—kanshiwe 动词：被
培训

【kapokola】bakapokola 名词：警察

【—kashika】—kashike 形容动词：红～ce 红彤彤

【kasunga】bakasunga 名词：护士

【kateka】bakateka 名词：统治者；官员

【kicini】amakicini 名词：厨房

【kii】bakii 名词：钥匙

【—kokosha】—kokweshe 动词：推迟

【—kola】—kolele 动词：抓（飞蚁）；使……喝醉

【—kolwa】—kolelwe 动词：被灌醉；醉

【kolwe】bakolwe 名词：猴子

【—koma】—komene 动词：击打；击杀

【kompyuta】bakompyuta 名词：电脑

【—konka】—konkele 动词：跟随

【—konkonsha】—konkonseshe 动词：叩（门）

【—kosa】—kosele 形容动词：坚强；坚硬～ndi 硬邦邦

【—koselela】—koselele 形容动词：百分百坚强 Nomba nshila～. 我不再百分百坚强

【—koseleshanya】—koseleshenye 动词：相互鼓励

【—kosesha】—koseshe 形容动词：更坚强

【—kosha】—koseshe 动词：强化

【koswe】bakoswe 名词：老鼠

【---kota】性别形容词：母的；雌的

【---kote】性状形容词：老的；旧的

【—kowela】—kowelele 形容动词：肮脏

【ku/kuli】介词：对于；关于；由于；源于 ku mwabo 去往他（们）家

【—kula】—kulile 动词：成长；成熟

【—kulilako】—kulileko 动词：不断成长；不断发展；不断增加

【---kulu】性状形容词：大的；重要的

【—kumana】—kumene 动词：碰面

【—kumanina】—kumanine 动词：在……碰面

【—kumya】—kumishe 动词：触碰 = —kumya(ko)/—kumishe(ko)

【—kusha】—kushishe 动词：开发；培养

【kuti】副词：能；会；可以；可能

【—kutika】—kutike 动词：听从

【—kutikisha】—kutikishe 动词：仔细听

【—kuula】—kuulile 动词：建造；改造 = —kula/—kulile

【Kwacha】名词：克瓦查（赞比亚货币单位）1 克瓦查 ≈ 0.36 元人民币

【—kwata】—kwete 动词：有；拥有

【kwati】介词：作为；连词：好像

【—kwatila】—kwatile 动词：对……

持有；为……举行

【—kwatisha】—kwatishe 动词：有很多

【Kwena】叹词：真的

【kwi】副词：哪里 = kwisa

【—labila】—labile 动词：因/为……而遗忘

【—lala】—lele 动词：睡觉；休息 = —laala/—leele

【—lamba】—lambile 形容动词：脏

【—lamfya】—lamfishe 动词：弄脏

【—landa】—landile 动词：讲；说

【—landila】—landile 动词：因/为……而讲

【—langa】—langile 动词：展现

【—langilila】—langilile 动词：充分展现

【—lanshanya】—lanshenye 动词：交流

【—leka】—lekele 动词：让（某人做某事）；任由；放任（某人做某事）；停止；放弃（做某事）

【—lekana】—lekene 动词：相互放弃；分开；形容动词：不同；有区别

【—lekanalekana】/ 形容动词：不同；有区别

【—lekelela】—lekelele 动词：彻底停止

【—lekelesha】—lekeleshe 动词：放

弃；抛弃

【lelo】名词或副词：今天；副词：但是

【lelo nangu】连词短语：尽管；虽然

【—lemana】—lemene 动词：变瘸

【—lemanika】—lemanike 动词：使……变瘸

【—lemba】—lembele 动词：写；写下

【—lembela】—lembele 动词：给/以/为……写信

【—lembeshanya】—lembeshenye 动词：相互写信

【—lenga】—lengele 动词：导致

【—lepa】—lepele 形容动词：高；大；远；长；深

【—lepesha】—lepeshe 形容动词：太高；最高；太大；太远；太长；太深

【Lesa】baLesa 名词：神仙；菩萨；老天爷

【—leta】—letele 动词：带来；导致；引发 = —leeta/—leetele

【—letelela】—letelele 动词：始终带来；纠缠；挥之不去

【---li ---onse】不定数量形容词：任何；所有

【libili libili】副词：经常

【—liila】—liilile 动词：吃；享用美食；饱餐一顿 = —lila/—lilile

【—liisha】—liishishe 动词：使……吃；喂；放牧；拼命吃；吃很多

= —lisha/—lishishe

【—lila】—lilile 动词:发出声音;叫喊;怒吼;鸣叫;哭泣

【lilali】副词:什么时候

【—lililila】—lililile 动词:哭个不停

【—lima】—limine 动词:耕;种
~ ifilimwa 种庄稼

【—limina】—limine 动词:为……而耕种

【limo limo】副词:有时候;偶尔

【—lingile】/ 特殊动词:应该

【lisa】疑问副词:何时 = liisa

【—lisha】—lishishe 动词:激发;拨动;弹奏

【—loba】—lobele 动词:消失;不见

【—lobolola】—lobolwele 动词:收获;收割

【loko baloko 名词:锁

【—lola】—lolele 动词:面对;指向;清醒;警觉

【—lolela】—lolele 动词:等待

【—lolesha】—loleshe 动词:注视;注重

【—loleshanya】—loleshenye 动词:相互注视

【—londoka】—londweke 动词:被找到;平安归来

【—londolola】—londolwele 动词:讲解;阐述

【—londolwela】—londolwele 动词:给……讲解;为……阐述

【—longa】—longele 动词:放入;收拾好

【—lowa】—lowele 形容动词:甜

【—loweshapo】—loweshepo 形容动词:很甜;更甜;最甜

【—luba】—lubile 动词:迷失;犯错误;迷路

【lubilo lubilo】副词:迅速地

【—lufya】—lufishe 动词:遗失

【—lufyanya】—lufyenye 动词:搞错;弄错

【—lumbanya】—lumbenye 动词:称颂;夸赞

【—lumbula】—lumbwile 动词:谈到;提及

【---lume】性别形容词:公的;雄的

【—lunga】—lungile 动词:打猎

【—lungama】—lungeme 形容动词:正确;正直

【Lusaka】城市名:卢萨卡(赞比亚首都)

【—lwala】—lwele 动词:生病

【---lya】维度形容词:(较远的)那儿;那里

【—lya】—lile 动词:吃

【magazini】amamagazini^bamagazini 名词:杂志

 常用词汇表

【lyena】统领副词：于是；后来

【mailo】/名词或副词：明天；昨天

【maka maka】副词：尤其是

【maliketi】amamaliketi 名词：市场；集市

【mashini】bamashini 名词：机器；设备；仪器

【mayo】bamayo 名词：我的妈妈

【Mbala】城市名：姆巴拉（赞比亚东北边境小镇）

【---mbi】不定数量形容词：其他的；别的

【membala】bamembala 名词：成员；会员

【—mena】—menene 动词：发芽；生长

【---mo】数量形容词：一个；某个；一些；某些

【---mo ---ine】性状形容词：一样；平等

【---mo ---mo】不定数量形容词：每一；一些；有些

【—mona】—mwene 动词：看；看到

【—monana】—monene 动词：相见

【—moneka】—moneke 动词：看上去；看起来

【monse monse】副词：在每一个角落

【motoka】bamotoka 名词：汽车

【mpaka（na）ku/mu/pa】介词：直到……为止

【mu/muli】介词：在……里面；以……方式

【mucinshi mucinshi】副词：毕恭毕敬地

【mukwai】名词：先生；女士

【mulamba】bamulamba 激流；洪水

【Mulamba】Ba Mulamba 人名：穆兰巴

【Mulenga】Ba Mulenga 人名：穆仁佳

【Mulungu】Ba Mulungu 人名：穆隆古

【mupepi】副词：接近；将近；大约

【mupepi na】介词：在……附近；副词：大约

【Musonda】Ba Musonda 人名：穆松达

【Mutale】Ba Mutale 人名：穆塔勒

【Mwandi】叹词：天啦！

【Mwandini】叹词（更有礼貌）：天啦！

【na】介词：和；同；对；被；也；还有；以……方式

～ kabili 再次

～ nomba 现在也；依然；

～ makasa/moolu 以步行的方式

【-na】互动式标记：相互

—afwana 相互帮助

—ikatana 手牵手；团结一心

—kumya<u>na</u> 相互接触

—mona<u>na</u> 相见

—pembela<u>na</u> 相互等待

—pepela<u>na</u> 为彼此祈祷

—sakamana<u>na</u> 相互关心

—taluka<u>na</u> 相隔

—temwa<u>na</u> 相亲相爱

【nabo】介宾结构:和他们;和她们

【nabwinga】ba nabwinga 名词:新娘

【—naka】—nakile 形容动词:累;疲惫;(价格)疲软;懦弱

【—nakilila】—nakilile 形容动词:极其柔和;非常谦卑

【nakuba】统领副词:事实上

【nalimo】副词:或许

【nangu】介词:或者;哪怕是;连词(=nangu cakuti):虽然;尽管

【nani】ba nani 名词:谁=naani

【nankwe】介宾结构:和他;和她

【napamo】副词:或许;说不定

【ndakai】副词:立刻;马上

【ndi】谓语词节:我是;副词:很

—kosa ~ 硬邦邦

—uma ~ 干巴巴

【Ndola】城市名:恩多拉(赞比亚铜带省首府)

【---ne】恒定数量形容词:四(个)

【---nga】不定数量形容词:多少

【nga】介词:那么……怎么样;像……那样;作为;连词:如果;是否;在……的时候;副词:那么;于是;后来

【nganshi】副词:非常

【ni】判断标记:是;就是

Ni shani fintu 如何;怎么样

【—nina】—ninine 动词:攀;爬;登

【ninshi】副词:于是;那么

【---nkalwe】性状形容词:冷酷的;无情的

【Nkole】Ba Nkole 人名:恩科勒

【---no】维度形容词:(近在眼前)这里;这儿

【nomba】名词或副词:现在;刚才

~ line 马上;就刚才

【---nono】性状形容词:小的;数量形容词:少的

【nshi】后置定语:什么

【—nukula】—nukwile 动词:拔除;采(蘑菇)

【—nunka】—nunkile 动词:闻起来;发臭 ~ pipi 臭兮兮;臭烘烘

【—nwa】—nwene 动词:喝

【—nwesha】—nweseshe 动词:拼命喝;喝太多

【—nwisha】—nwishishe 动词:让……喝;喂……喝
=—nwensha/—nwenseshe

【-nya】互动式标记:相互

—ambukisha<u>nya</u> 相互感染

—cimfya**nya** 相互竞争;打比赛

—cinja**nya** 相互改变

—koselesha**nya** 相互鼓励

—lansha**nya** 相互交流

—lembesha**nya** 相互写信

—llolesha**nya** 相互凝视

—posha**nya** 互致问候

—sambilisha**nya** 相互学习

【nyina】ba**nyina** 名词:他妈妈;她妈妈

【---obe】归属形容词:你的

【—oba】—obele 动词:划桨

【—oca】—ocele 动词:烧;烤

【Odi】叹词(也可以说 Odini,更有礼貌):喂!有人吗?

【—ona】—onene 动词:破坏

【—onaula】—onawile 动词:肆意破坏

【---onse】不定数量形容词:任一(个);整个的;所有的

【pa/pali】介词:关于;在(……时间/地方);以(……方式)

 pa kutampa kwa 在……开始时

 pa kupwa kwa 在……结束时

 pa mpela ya 在……终点

 pa menso ya 当着……的面

 pa mulandu wa 由于……原因

 pa mulandu wakuti 因为(后接从句)

 pa mulu wa 在……上面

 pe samba lya 在……下面

 pa ntanshi ya 在……前面

 pa numa ya 在……后面

 pa nse ya 在……外面

 pa kati ka 在……里面;在……当中

 pa kati kesu 在我们当中

 pa kati kenu 在你们当中

 pa kati kabo 在他们当中

【pakuti】连词:以便;从而

【—pala】—palile 动词:保佑;赐福

【—palama】—paleme 动词:走进;靠近

【—palana】—palene 动词:相似;契合

【pali】介词:在

 ~ Cimo 在星期一

 ~ Cibili 在星期二

【pambi】副词:可能

 kuti ~ 十有八九;很有可能

【—pamfya】—pamfishe 动词:令……感到困扰

【—panga】—pangile 动词:制造;发生

【pano】介词:在这(个)

【panono】副词:一点点地;慢慢地

【panse】副词:在外面

【panshi】副词:在地上

【pantu】连词:因为

【—panya】—panishe 动词:错过;

291

错失

【—papa】—papile 动词:感到惊讶;想知道

【—papata】—papete 动词:请求

【papita】介词:(时间)在……之前

【—pata】—patile 动词:讨厌;憎恨

【—patikisha】—patikishe 动词:强烈主张

【pe na pe】副词:永远

【pe】副词:哪里 = pesa

【—peepa】—peepele 动词:抽烟 = —pepa/—pepele

【—pekanisha】—pekanishe 动词:给/为……准备(东西)

【—pekanishisha】—pekanishishe 动词:给/为……精心准备(东西)

【—pela】—pele 动词:给 = —peela/—peele

【—pema】—pemene 动词:喘气;歇息

【—pembela】—pembelele 动词:等待

【—pembelana】—pembelene 动词:相互等待

【—pemena】—pemene 动词:因/为……而喘息

【—pena】—penene 动词:疯癫

【—penenena】—penenene 动词:彻底疯癫

【—penta】—pentele 动词:染(头发)

【—pepa】—pepele 动词:祈祷

【—pepela】—pepele 动词:为……而祈祷

【---piina】性状形容词:贫穷的

【—pima】—pimine 动词:检测

【—pimina】—pimine 动词:以……检测

【—pingula】—pingwile 动词:决定;判断

【—pita】—pitile 动词:经历;历经;流逝

【—pitilila】—pitilile 动词:径直经过

【—poka】—pokele 动词:得到;获取

【—pokelela】—pokelele 动词:完全接纳;欢迎

【—pokolola】—pokolwele 动词:保护

【—pola】—polele 动词:健康;无恙

【—polela】—polelele 动词:恢复;康复

【—polelela】—polelele 动词:彻底康复

【—pona】—ponene 动词:倒塌;失败;降临

【—ponena】—ponene 动词:降临(在);发生(在)

【—ponya】—poneshe 动词:使……倒下/降下

常用词汇表

【—popa】—popele 动词:嵌入;打入

【—popomenwa】—popomenwe 动词:感到忧郁

【—posa】—posele 动词:扔;抛;投掷;投入;花费
=—poosa/—poosele

【—posha】—poseshe 动词:诊治;问候

【—poshanya】—poshenye 动词:相互致敬

【—punda】—pundile 动词:大叫;大声朗读

【—pundila】—pundile 动词:读给……听

【—pupuka】—pupwike 动词:飞;飞翔

【—pusana】—pusene 形容动词:不同;不一样

【—pusanapusana】/ 形容动词:大不同;很不一样

【—pusanina】—pusanine 动词:因/为……而不同;有别于

【—pusaninina】—pusaninine 动词:完全不同

【pushi】bapushi 名词:猫 = puushi

【—pusuka】—puswike 动词:幸免;安全

【—pwa】—pwile 动词:完成;结束;完蛋;泡汤

【—pwililila】—pwililile 形容动词:彻底完成;完美

【—pwisha】—pwishishe 动词:使……完美;以……方式完成

【---pya】性状形容词:新的

【—pyanga】—pyangile 动词:清扫

【—sakamana】—sakamene 动词:关心;关注;担心

【—sakamika】—sakamike 动词:(事情)令人担心

【—sakamikwa】—sakamikwe 动词:(人)感到担心

【—sakula】—sakwile 动词:梳(头发)

【—salapula】—salapwile 动词:约束;管教

【—samba】—sambile 动词:清洗(身体部位)

【—sambilila】—sambilile 动词:学习

【—sambilisha】—sambilishe 动词:教;指导

【—sambilishanya】—sambilishenye 动词:相互教

【Samwele】Ba Samwele 人名:撒母尔

【sana】副词:相当

【—sanga】—sangile 动词:发现;找到

【—sanika】—sanike 动词:点燃;燃

293

烧;发光

【---sano】恒定数量形容词:五(个)

【—sansama】—sanseme 形容动词:高

【—sansamisha】—sansamishe 形容动词:非常高

【—sansamuka】—sansamwike 动词:感到开心

【—sapika】—sapike 动词:探寻;调查

【—seka】—sekele 动词:笑;开心

【—sekela】—sekele 动词:因/为……而开心

【—sekelela】—sekelele 动词:完全开心;热烈欢迎

【—sela】—selele 动词:(身体)移动 = —seela/—seelele

【—senda】—sendele 动词:携带;拿;取

【—sendama】—sendeme 动词:睡觉

【—sendela】—sendele 动词:占用;需要

【—sesema】—seseme 动词:占卜;预言

【—sesemena】—sesemene 动词:为……而占卜

【—sesha】—seseshe 动词:挪动

【—sha】—shile 动词:抛弃

【—shala】—shele 动词:留下;剩余;落后

【shani】副词:如何 = shaani

【—shibuka】—shibwike 动词:醒来

【—shibusha】—shibwishe 动词:使……醒来;叫醒;唤醒

【shifwe】bashifwe 名词:我们的父亲

【—shika】—shikile 动词:埋葬 = —shiika/—shiikile

【shikulu】bashikulu 名词:爷爷

【—shimikila】—shimikile 动词:述说;讲述

【—shimya】—shimishe 动词:使……熄灭～ amalaiti 熄灯

【—shininwa】—shininwe 动词:确信;有把握

【—shipa】—shipile 形容动词:勇敢

【—shita】—shitile 动词:买

【—shitisha】—shitishe 动词:卖

【—shupa】—shupile 动词:令……为难;给……添麻烦

【—shuta】—shutile 动词:射击;开枪

【silfere】/ 名词:银子

【—soka】—sokele 动词:警告;告诫

【—sokolola】—sokolwele 动词:揭示;发布;公开

【—sona】—sonene 动词:凿石块

【—sonena】—sonene 动词:为……凿石块

【—sonsomba】—sonsombele 动词:

挑战;挑衅

【—sonta】—sontele 动词:指向;指派

【—sosa】—sosele 动词:说;讲

【—sosesha】—soseshe 动词:不停地讲

【—suka】—sukile 特殊动词:最终;终于

【—sukusa】—sukwise 动词:漱;刷

【—sula】—sulile 动词:蔑视;漠视
　　= —suula/—suulile

【---suma】性状形容词:好的;美的

【—suma】—sumine 动词:叮;咬

【—sumina】—sumine 动词:相信;认同
　　= —sumiina/—sumiine

【—suminina】—suminine 动词:因……而相信

【—suminisha】—suminishe 动词:允许;批准

【—suna】—sunine 动词:切开

【—sunga】—sungile 节省;积攒;照顾

【—sungilila】—sungilile 动词:维护

【—sunina】—sunine 动词:为……切开

【—swa】—swile 动词:拔毛;采摘

【—tala】—talile 特殊动词:曾经;首先

【—talala】—talele 形容动词:冷;寒冷;冷清;清静
　　~ shilili 凉飕飕
　　~ tondolo 静悄悄

【—talalila】—talalile 形容动词:沉默寡言;幽静

【---tali】性状形容词:高的;长的;深的

【—taluka】—talwike 动词:远离

【—talukana】—talukene 动词:相隔

【—tamba】—tambile 动词:观看

【—tambalala】—tambalele 形容动词:直

【—tambisha】—tambishe 动词:尽情观看;供人欣赏;上映

【—tamfya】—tamfishe 动词:驱赶;赶走

【—tampa】—tampile 动词:开始

【—tandala】—tandele 动词:走动;串门

【—tandalila】—tandalile 动词:看望;拜访

【—tapa】—tapile 动词:汲(水)

【—tapila】—tapile 动词:因/为/以……汲(水)

【—tasha】—tashishe 动词:赞美;欣赏;祝贺

【---tatu】恒定数量形容词:三(个)

【te】句尾疑问标记:吗? 呢? 对

不对?

【—teba】—tebele 动词:拾(柴火)

【—teka】—tekele 动词:管理
= —teeka/—teekele

【---teku】性状形容词:绿的;嫩的;鲜的

【—tema】—temene 动词:砍(树、树枝)

【—temenwa】—temenwe 动词:因/为……而爱

【—temwa】—temenwe 动词:爱;喜欢;高兴

【—temwana】—temwene 动词:相爱

【—temwikwa】—temwikwe 形容动词:被爱;亲爱 umwana wandi uwa~ 我亲爱的孩子 aba~/umu~ 爱人;恋人

【—tendeka】—tendeke 动词:开始

【—tesha】—teseshe 动词:听懂

【—tetekela】—tetekele 动词:相信

【teti】副词:不能

【—teya】—tele 动词:踢(球);玩(游戏)

【—ti】—tile 特殊动词:说;道;以为;认为;思考;看待

【tii】/ 名词:茶~ wakaba 热茶

【—tila】—tile 特殊动词:说;道;以为;认为;思考;看待

【—tina】—tinine 动词:害怕
= —tiina/—tiinine

【—tinya】—tinishe 动词:威胁;恐吓
= —tiinya/—tiinishe

【—toba】—tobele 动词:打碎;破坏;违反

【—toloka】—tolweke 动词:跳跃;雀跃;穿越(马路)

【—tolokela】—tolokele 动词:跳入

【—tompola】—tompwele 动词:削弱;打击

【—tona】—tonene 动词:流淌

【—tonena】—tonene 动词:因/为……而流淌

【—tontonkanya】—tontonkenye 动词:想;思考

【—totela】—totele 动词:感激;感谢

【—tubilisha】—tubilishe 动词:小住;歇息

【—tula】—tulile 动词:(太阳、星星)升起

【—tuma】—tumine 动词:送出;发出;打(电话)

【—tumina】—tumine 动词:因/为……而发出

【—tumwa】—tuminwe 动词:被派出;被寄出

【—tungilila】—tungilile 动词:支持

【—tungililana】—tungililene 动词:相互支持

常用词汇表

【---tuntulu】性状形容词：整个的；完整的；充分的

【—tusha】—tushishe 动词：休闲；放松 = —tuusha/—tuushishe

【—tushatusha】/ 动词：不停地休息

【tute】/ 名词：木薯
～ wakwe 他的木薯

【—twa】—twile 动词：捣碎；尖锐；敏锐

【—twala】—twele 动词：把……带来/去；传播；结（果子）

【—twalilamo】—twalilemo 动词：以……方式带去

【—twalilila】—twalilile 动词：继续

【—twishika】—twishike 动词：感到迷惘；怀疑

【ubowa】/ 名词：蘑菇

【ububifi】/ 名词：罪

【ubuci】/ 名词：蜂蜜

【ubucibusa】/ 名词：关系；友谊；交情

【ubucindami】/ 名词：荣耀；尊严；敬意

【ubucintomfwa】/ 名词：叛逆

【ubufi】/ 名词：假话；谎言

【ubukali】/ 名词：愤怒；严厉

【ubukumu】/ 名词：潜力；资源；财富

【ubulanda】/ 名词：忧伤；悲痛；苦难

【ubulangeti】amalangeti 名词：毯子；毛毯

【ubulayo】amalayo 名词：誓言；诺言；承诺

【ubulendo】amalendo 名词：旅行

【ubulimi】/ 名词：农业

【ubulwele】amalwele 名词：疾病
～ bwa lwambu 传染病
～ bwa nsala 营养不良
～ bwa kupolomya 痢疾

【ubumbimunda】/ 名词：欺骗；虚伪

【ubumi】/ 名词：生命；身体
= ubuumi

【ubunensu】/ 名词：友谊

【ubuntu】/ 名词：人性；人品

【ubuntungwa】/ 名词：自由

【ubupiina】/ 名词：贫困状态

【ubupilibulo】/ 名词：意义

【ubupingushi】/ 名词：判断

【ubupusano】/ 名词：差别

【ubusaka】/ 名词：干净；整洁；优雅

【ubusali】/ 名词：脏东西；粪便；肮脏；不洁

【ubusanso】amasanso 名词：危险；事故；意外

【ubuseko】/ 名词：喜悦

【ubushiku】inshiku 名词：天；日子；夜晚
buno bushiku 今天
cino cungulo bushiku 今晚

【ubusomboshi】/ 名词：丰收

297

【ubutali】/ 名词:高度;长度
【ubuteko】amabuteko 名词:政府
【ubutotelo】amabutotelo 名词:信仰
【ubutuntulu】/ 名词:健康状况
【ubuyo】amabuyo 名词:目标
【ubwafwilisho】/ 名词:援助;帮助;支持
【ubwafya】amafya 名词:问题;困难;危机
【ubwaice】/ 名词:儿童时代;童年
【ubwali】/ 名词:玉米粥
【ubwalwa】/ 名词:啤酒
【ubwananyina】/ 名词:兄弟情义
【ubwasuko】amasuko 名词:答案
【ubwaume】/ 名词:男子气概
【ubwesho】amesho 名词:考验;测试
【ubwikalo】/ 名词:生活;住所;归宿
【ubwinga】/ 名词:婚礼
【ukubikapo na】介词:包括……
【ukubuta】/ 名词:白色
【ukucila（pa）】介词:比……
【ukufika ku/mu/pa】介词:到……（终点）
【ukufikila】介词:到……为止
【ukufuma ku/mu/pa】介词:从……（起点）
【ukufumyako fye】介词:除了……之外
【ukukanalwala】/ 名词:无疾;无恙

【ukukansha】/ 名词:培训活动
【ukulanshanya】/ 名词:探讨
【ukulapila】/ 名词:忏悔
【ukulingana na】介词:根据……
【ukulobolola】/ 名词:收获;丰收
【ukulola ku】介词:对于……
【ukulolela】/ 名词:等待
【ukulongana】/ 名词:聚会
【ukulwala】/ 名词:生病(状态)
【ukulyo】/ 名词:右侧
【ukumfwana】/ 名词:交流;联系
【ukupitila mu】介词:通过……
【ukupula mu】介词:透过……
【ukupwa】/ 名词:终结;结尾
【ukusefya】/ 名词:庆祝活动
【ukushinguluka】介词:围绕;在……四周
【ukuso】/ 名词:左边;北方
ku kuso kwa … 在……左边/北方
【ukutali】副词:在远方;往远方
【ukutampa】/ 名词:开始;起点;初期
【ukutemwa】/ 名词:爱
【ukutendeka】/ 名词:开始;起点;起源
【ukuti】连词:后接宾语从句,表"内容"或"意愿"
【ukutula ku/mu/pa】介词:开始于……
【ukutwishika】/ 名词:迷惘;茫然;怀

疑;疑问

【ukuya】/ 名词:流逝
mu kuya kwa nshita 随着时间的流逝;最终

【ukwabula】介词:没有……(的情况下)

【ukwafwa】/ 名词:帮助;援助 = ukwaafwa

【ukwaluka】/ 名词:改变

【ukwampana】/ 名词:伙伴关系

【ukwangala】/ 名词:娱乐活动

【ukwishiba】/ 名词:理解能力;悟性

【ulubali】 imbali 名词:边;角;角色

【ulubanda】/ 名词:繁荣

【ulubansa】 imansa 名词:庭院;院子;广场

【ulubembu】 imembu 名词:罪

【ulubingu】/ 名词:火焰

【ulubondo】 amabondo 名词:蹄子

【ulubuto】/ 名词:光芒 = ulubuuto
~ lwa kasuba 阳光

【ulucelo】/ 名词:早上 = uluceelo

【ulufwi】 imfwi 名词:白发

【ulufyo】 imfyo 名词:肾脏

【ulukasu】 inkasu 名词:小锄头

【uluko】 inko 名词:部落

【ulukungu】/ 名词:灰尘;尘土

【ululimi】 indimi 名词:舌头;语言

【ululumbi】/ 名词:声誉

【ulupi】 indupi^amapi 名词:手掌

【ulupili】 impili 名词:山;丘陵

【ulupumo】 impumo 名词:灾祸;打击

【ulupwa】 indupwa 名词:家庭

【uluse】/ 名词:怜悯;宽容;同情心

【ulusengu】 insengu 名词(多用复数):竹子

【ulusuba】/ 名词:旱季;夏季

【ulutampulo】 intampulo 名词:步骤

【ulutanda】 intanda 名词:星星

【ulwambu】/ 名词:传染
amalwele ya lwambu 各类传染病
ubulwele bwa lwambu 某种传染病

【ulwendo】 inyendo 名词:旅行

【—uma】 —umine 形容动词:干旱

【—umfwa】 —umfwile 动词:听;听到;听懂;理解;感觉;感到

【—umfwana】 —umfwene 动词:相互理解;认同;达成一致

【—umfwikisha】 —umfwikishe 动词:理解;明白;清楚;懂得

【—umfwila】 —umfwilile 动词:听从;遵从

【—umisha】 —umishe 形容动词:非常干旱

【umo】代词:一个人;一个东西
~ no munankwe 彼此

【umubili】 imibili 名词:身体;躯干;机构

【umubomfi】ababomfi 名词：工人；佣人

【umucele】/ 名词：盐

【umucetekanya】/ 名词：悟性；洞察力

【umucinshi】/ 名词：荣耀，尊严；敬意

【umufimbila】/ 名词：嫉妒

【umufundo】/ 名词：肥料

【umufyashi】abafyashi 名词：父母

【umukaka】/ 名词：奶
～ wa ng'ombe 牛奶

【umukalamba】abakalamba 名词：哥哥；姐姐；长辈

【umukashana】abakashana 名词：未婚少女

【umukashi】abakashi 名词：妻子

【umukote】abakote 名词：老人

【umuku】imiku 名词：次数

【umulandu】imilandu 名词：缘由；原因；事物；业务；个案

【umulimi】abalimi 名词：农民

【umulimo】imilimo 名词：工作；职责

【umulinganya】/ 名词：公正；平等待遇

【umulu】imyulu 名词：上面；高处；顶上；天上；天堂 = umuulu

【umulume】abalume 名词：丈夫

【umulumendo】abalumendo 名词：未婚男孩

【umulungu】imilungu 名词：周；星期；星期天
pa Mulungu 在星期天

【umulwele】abalwele 名词：病人

【umumana】imimana 名词：河流

【umunandi】abanandi 名词：我的伙伴

【umunensu】abanensu 名词：我们的伙伴

【umunobe】abanobe 名词：你的伙伴

【umunofu】iminofu 名词：肉；肌肉

【umuntu】abantu 名词：人；人们
～ wainisha 很胖的人

【umupampamina】/ 名词：决心

【umupila】imipila 名词：足球
～ wa kumakasa 足球

【umuputule】imiputule 名词：房间；隔间

【umupwilapo】副词：完完全全地；彻底地

【umusalu】imisalu 名词：蔬菜

【umusambi】abasambi 名词：学生

【umusana】imisana 名词：腰；腰部

【umusango】imisango 名词：类型，方式

【umushi】imishi 名词：乡村

【umushili】/ 名词：土地

【umushilika】abashilika 名词：士兵；

军队

【umushimbe】abashimbe 名词：单身；未婚男；未婚女

【umusumba】imisumba 名词：城市；城镇

【umusunga】/ 名词：粥

【umusungu】abasungu 名词：欧洲人；白人

【umutemwikwa】abatemwikwa 名词：爱人；伴侣

【umutende】/ 名词：和平；副词：和平地

【umutenge】imitenge 名词：屋顶；房顶

【umutengo】imitengo 名词：价格

【umuti】imiti 名词：树；药材

【umutika】imitika 名词：层；表层

【umutima】imitima 名词：心；心灵

【umutwe】imitwe 名词：头；标题

【umuyayaya】副词：永远地

【umwaice】abaaice 名词：年轻人

【umwaka】imyaka 名词：年；年龄；年级

～ uleisa 明年

～ wapwile 去年

【umwana】abaana 名词：孩子

【umwanakashi】abanakashi 名词：女性；女人

【umwata】imyata 名词：习俗；文化

【umwaume】abaume 名词：男性；男人

【umwela】imyela 名词：风；气流；空气；天气

【umwele】imyele 名词：刀；刀片

【umweni】abeeni 名词：游客；陌生人

【umwenso】/ 名词：恐惧感

【umweo】imyeo 名词：灵魂；生命

【umweshi】imyeshi 名词：月亮；月份

uyu mweshi wapwile 上个月

uyu mweshi uleisa 下个月

【umwina】abena 名词：特定（那些）人；他们

【—undapa】—undepe 动词：治疗

【—upa】—upile 动词：（男性）娶

【—upana】—upene 动词：结婚；结为夫妻

【—upwa】—upilwe 动词：（女性）出嫁

【utubushi】akabushi 名词：小山羊；小羊羔

【utubwa】akabwa 名词：小狗

【utukashana】akakashana 名词：小女孩

【utukoko】akakoko 名词：小鸡；鸡仔

【utukolwe】akakolwe 名词：小猴子

【utukondo】akakondo 名词：脚趾头

【utulo】/ 名词：小憩；片刻休息

【utumafya】akabwafya 名词：小问题

【utumalyashi】akalyashi 名词:简短对话;小故事

【utumashiwi】/ 名词:简短的话语;注解

【utumato】akabwato 名词:小船

【utumenshi】/ 名词:一点点水

【utumikate】akamukate 名词:小面包

【utuni】akoni 名词:小鸟 = utuuni/akooni

【utunya】akanya 名词:婴儿

【utupili】akapili 名词:小山

【utushishi】akashishi 名词:细菌

【utwana】akaana 名词:小孩子;小朋友

【utwakulya】/ 名词:一点点食物;小点心

【—wa】—wile 动词:落下;倒下

【—wama】—weme 形容动词:好;有益

【—wamina】—wamine 动词:有益于

【—wamisha】—wamishe 形容动词:更好;最好

【—wamishiwa】—wamishiwe 动词:被提高;被改善

【—wamya】—wemye 动词:改善;改进

【—ya】—ile 特殊动词:去;不断

【yangu】叹词:哎呀!天啦!

【—yemba】—yembele 动词:好看;漂亮

【yembe】/ 名词:芒果 = imyembe

【—yilila】—yilile 动词:一去不复返

【Zimba】Ba Zimba 人名:津巴

参 考 文 献

1. 中文文献

[1] 薄冰.薄冰英语语法[M].北京:开明出版社,1998.

[2] 戴庆厦.浪速语研究[M].北京:民族出版社,2005.

[3] 邓晓华.人类文化语言学[M].厦门:厦门大学出版社,1993.

[4] 冯志伟.现代语言学流派[M].西安:陕西人民出版社,2004.

[5] 胡壮麟,刘润清,李延福.语言学教程[M].北京:北京大学出版社,1988.

[6] 黄长著.各国语言手册[M].重庆:重庆出版社,2000.

[7] 黄长著.世界语言纵横谈[M].北京:人民邮电出版社,1991.

[8] 姜忠尽.中非三国:从部落跃向现代[M].成都:四川人民出版社,2005.

[9] 金立鑫.语言研究方法导论[M].上海:上海外语教育出版社,2007.

[10] 刘丹青.语法调查研究手册[M].上海:上海教育出版社,2008.

[11] 宁骚.非洲的语言和文字[J].西亚非洲,1983,(5):51-54.

[12] 钱冠连.语言全息论[M].北京:商务印书馆,2002.

[13] 钱冠连.语言:人类最后的家园[M].北京:商务印书馆,2005.

[14] 吴安其.多种多样的语言[M].北京:中央民族大学出版社,1999.

[15] 邢福义,吴振国.语言学概论[M].2版.武汉:华中师范大学出版社,2010.

[16] 叶蜚声,徐通锵.语言学纲要[M].北京:北京大学出版社,1997.

[17] 张琼郁.现代印尼语语法[M].北京:外语教学与研究出版社,1998.

[18] 章培智.斯瓦希里语语法[M].北京:外语教学与研究出版社,1998.

[19] 周有光.世界文字发展史[M].上海:上海教育出版社,2003.

2. 译文译著

[1] 恩斯特·卡希尔.人论[M].甘阳,译.上海:上海译文出版社,2004.

[2] 布龙菲尔德.语言论[M].袁家骅,赵世开,甘世福,译.北京:商务印书馆,1980.

[3] 肯尼思·卡兹纳.世界的语言[M].黄长著,林书武,译.北京:北京出版社,1980.

[4] 威廉·克罗夫特.语言类型学与语言共性[M].2版.龚群虎,译.上海:复旦大学出版社,2009.

[5] 海韦尔·戴维斯.赞比亚图志[M].武汉大学外语系英语专业,译.北京:商务印书馆,1976.

[6] 理查德·霍尔.赞比亚[M].史毅祖,译.北京:商务印书馆,1973.

[7] 詹姆斯·乔治·弗雷泽.金枝[M].徐育新,汪培基,张泽石,译.北京:大众文艺出版社,1998.

[8] 肯尼思·戴·卡翁达.卡翁达自传:赞比亚必将获得自由[M].伍群,译.上海:上海人民出版社,1976.

3. 外文文献

3.1 语言类

[1] Bhat D N S. Word Classes and Sentential Functions[C]. Vogel, Petra A, Bernard Comrie. Approaches to the Typology of Word Classes[A]. Berlin: Mouton de Gruyter, 2000: 47-63.

[2] Bickmore L S, Kula N C. Ternary Spreading and the OCP in Copperbelt Bemba[J]. Studies in African Linguistics, 2013, 42(2): 101.

[3] Bwembya, Joseph Mwila. "Pa Nsaka" Bemba Proverbs and Sayings[M]. Raleigh, www.lulu.com 2013.

[4] Corps, Peace. Peace Corps/Zambia PST 1995 Special Lessons: Bemba[J]. Washington: Peace Corps, 1995.

[5] Doke C M. Bantu Linguistic Terminology [M]. London: Longmans, Green and Company, 1935.

[6] Gray Andrew, Bwalya, Phallen. Bemba: A Learner's Guide to Zambia's Largest Language[M]. Milton Keynes: Lightning Sourse UK Limited, 2015.

[7] Hoch E. Bemba Pocket Dictionary: Bemba-English and English-Bemba[Z]. Ndola: The Society of the Missionary for Africa. 1960.

[8] Kamfuli B A. A Grammar of Verbal Extensions in Bemba[D]. Zambia: The University of Zambia, 2012.

[9]　Kanwa M. Syntactic Tones of Nouns in Bemba[D]. Zambia: The University of Zambia, 2013.

[10]　Kasonde Alex, Dunham, Margaret. A Pedagogical Study of Tone Neutralization in Cibemba Phonetics and Phonology[J]. African Research Review, 2009, 3(1): 425-435.

[11]　Kasonde Gostave, Haig, Joan. A Beginner's Guide to Bemba[M]. Lusaka: Lembani Trust, 2010.

[12]　Kula, N C. The Phonology of Verbal Derivation in Bemba[M]. Amsterdam: Netherlands Graduate School of Linguistics, 2002.

[13]　Kula N C, Marten L. The prosody of Bemba Relative Clauses: A Case Study of the Syntax-phonology Interface in Dynamic Syntax[C]. Ruth Kempson, Eleni Gregoromichelaki, Christine Howes. The Dynamics of Lexical Interfaces. Stanford: CSLI, 2011: 61-90.

[14]　Lammond, William. Lessons in Chibemba, Being One Hundred Easy Graded Lessons, Second Edition[M]. Brussels: A. Vromant & Co. 1930.

[15]　Lewanika, Godwin A M. English-Bemba Phrase Book[M]. London: Macmillan and Co., Limited. 1955

[16]　Mann M. An Outline of IciBemba Grammar[M]. Lusaka: Bookworld Publishing House. 1999.

[17]　Marten L. Formal Syntax and African languages: Dynamic Syntax Case studies of Swahili, Bemba, and Hadiyya[J]. SOAS Working Papers in Linguistics, 2013(16): 195-213.

[18]　Ministry of Education. Zambian Languages[M]. Lusaka: Zambia Educational Publishing House, 2005.

[19]　Sambeek J Van. A Bemba Grammar[M]. Lusaka: Zambia Publications Bureau, 1955.

[20]　Schoeffers F, Madan A C, Sheane J H W. A Grammar of the Bemba Language as Spoken in North-East Rhodesia[M]. London: Clarendon Press, 1907.

[21]　Schroeder L. Bantu Orthography Manual[J]. SIL International, 2008:112.

[22]　Sendama, John. English Bemba Dictionary[Z]. Smashwords: Kitweonline Management Ltd, 2012.

[23]　Sims G W. An Elementary Grammar of Cibemba[M]. Fort Rosebery: Mansa Mission, Christian Missions in Many Lands, 1959.

3.2 文化类

[1] Badenberg, Robert. The body, Soul and Spirit Concept of the Bemba in Zambia: Fundamental Characteristics of Being Human of an African Ethnic Group[D]. Columbia: Columbia Biblical Seminary, 1999.

[2] Crehan K A F. The Fractured Community: Landscapes of Power and Gender in Rural Zambia[M]. Los Angeles: University of California Press, 1997.

[3] Gewald, Jan-Bart, Marja Hinfelaar, et al. One Zambia, Many Histories: Towards a History of Post-colonial Zambia[C]. Leiden: Brill, 2008:250.

[4] Kakeya M, Sugiyama Y. Citemene, Figure Millet and Bemba Culture: A Socio-ecological Study of Slash-and-burn Cultivation in Northeastern Zambia[J]. African study monographs 1985, 4: 1-24.

[5] Ng'andu J. Utushimi: An Emergent Approach to Musical Arts Education Based on the Inshimi Practice of Bemba Storytelling[D]. Cape Town: University of Cape Town, 2009.

[6] Roberts, Andrew. A History of Zambia[M]. London: Heinemann, 1976.

[7] Simpson, Andrew. Language and National Identity in Africa[M]. Oxford: Oxford University Press, 2008.

[8] Simpson, Anthony. Boys to Men in the Shadow of AIDS: Masculinities and HIV Risk in Zambia[M]. Basingstoke: Palgrave Macmillan, 2009.

[9] Taylor, Scott D. Culture and Customs of Zambia[M]. Westport: Greenwood Press, 2006.

后　　记

　　2010年至2012年的近两年时间,我游历于南亚和非洲两个地区。其中的酸甜苦辣,难以一一言表。唯一感到欣慰的是:即使是在我最彷徨、最孤独、最无助的时刻,内心深处总有一个声音传来——"不用担心,在那遥远的东方有你的祖国、你的家,她的名字叫中国!"这种感觉是出国之前从未有过的。因此,我首先要感谢祖国母亲,感谢她给予我的全部幸福、安全和荣耀。

　　恩师邓晓华是位德高望重、学识渊博的好老师,对学生在学术上严格要求,在生活中关爱有加。从邓老师身上,我进一步体会到了"学高为师、身正为范"这八个字的内涵。人生之中能够遇到这样的好老师,感觉非常幸运。我要借此机会向邓老师说声谢谢,谢谢您的每一堂课、每一次学术沙龙,还有每一份指导、激励和教诲。

　　厦门大学是个人才辈出的优秀学府,是无数莘莘学子梦寐以求的地方。从走进校园的那一刻起,我就深切感受到了那里的严肃与活泼——一边是拾阶可上的图书馆,另一边是俯首可见的芙蓉湖。踏踏实实地学习和健康快乐地生活在这里实现了完美的结合。每每回想起那简单快乐的厦大生活,除了满心的欢喜,还有几分离别的伤感。不过,"自强不息、止于至善"的校训将永远激励我在学术的道路上努力向前。

　　接下来要感谢的是华人导演吴宇森。他所执导的影片《风语者》带给我太多的震撼,也直接改变了我的人生轨迹。《风语者》让我不但对于美洲印第安人有了更多的了解,而且爱上了一门叫做纳瓦霍语的神奇语言。虽然命运的风帆最终将我带去了非洲而不是美洲,而且学会的是本巴语而不是纳瓦霍语,但我想这已经让我的人生足够跌宕起伏、精彩绝伦了。

  我还要感谢所有的老师、同学、家人、朋友、非洲赞比亚的黑人兄弟姐妹以及家乡的父老乡亲们。尤其是我的好友江西建工第二建筑有限公司赞比亚分公司总经理罗涛以及赞比亚华侨华人总会副会长王新。这本书虽然是我执笔的,但其中的许多智慧、热情和语言无疑来自你们无私的分享。谢谢你们!

  最后,祝愿我们的祖国繁荣昌盛!祝愿中赞友谊之树常青!祝愿所有的人平安、健康、吉祥!

笔 者

2022 年 4 月 15 日于厦门